リスクと保険の基礎理論

著 米山高生 *Takau Yoneyama*

同文舘出版

まえがき
―なぜ「リスクと保険」を学ぶのか―

　東日本大震災は，人智を越える自然の脅威の凄まじさをわれわれに嫌というほど見せつけました。その時，私たちは，人間の無力感に呆然とし，言葉を失いました。自然は，人類に豊かな恵みをもたらしてくれる存在です。とりわけ海は生命の母なのです。そのような海が，多数の人間の命を一瞬のうちに奪ってしまいました。われわれは，自然の脅威に対してほんとうになすスベをもたないのでしょうか。

　震災後の罹災地区のある小学校の卒業式の式辞の次の言葉が忘れられません。「悔しい。しかし天を恨まず，生きてゆきます。」人類史をひもとけば，人間はつねに自然の猛威と戦ってきたのであり，東日本大震災で人間の敗北が決まったわけではありません。『リスク』の著者で知られるバーンスタインは，将来の不確実性であるリスクへの人間の対応の仕方が，人類史を二分するのだと述べています。大胆な「リスク史観」といえましょう。彼によれば，人類は，将来の不確実性（リスク）を天（神）が与え給うた試練であると考えていた時代から，将来の不確実性を予測し，それをコントロールできる時代に入っているのです。今回のような自然の暴威に対しても，われわれは何もしていなかったわけではありませんでした。もし問題があるとしたら，津波の高さが「想定外」の程度であったことです。防災関係者を責めるわけではありませんが，われわれの将来起こりうる出来事に対する想像力が欠如していたことが問題であったといわざるをえません。

　本書の目的は，このような災害対策を具体的に学ぶためではありません。私たちが直面する経済的不確実性に焦点を絞り，その不確実性に対処するための仕組みをめぐる様々な知識を学ぶことです。つまり，世の中のあらゆる「リスク」を対象として考えるのではなく，「リスク」の中で金銭的に評価できる事

象を対象にしています。しかしこのことは，私たちがそれ以外の「リスク」について無関心であるというのではありません。私たちがリスクに立ち向かう際には，必ず何らかの意思決定が必要となりますが，そのような場合に本書で学ぶ基礎知識は，必ず役に立つはずです。

　私は，本書を書くにあたって，可能な限り数値例をとりいれながら，リスクおよびリスクマネジメントの基本を理解してもらうように心がけました。その結果，初歩的な数学の知識でも，本書を十分に理解していただけるものと思います。主たる読者層を，金融関連の専門課目を履修する直前の学生を対象とした入門的なテキストと想定いたしました。具体的にいえば，私の本務校である一橋大学の「リスクと保険」（夏学期週2回の講義）を履修する商学部2年生に標準を定めています。そうはいっても，実務家の皆様にとって無味乾燥な大学の教科書ではありません。たとえば，金融工学やファイナンスの初歩的な書物に挑戦してみたが，今ひとつ腑に落ちない思いを抱いている社会人の方々のために，お役に立つものと思います。私は，リスクは現代経済・社会の秘密を解く鍵だと考えています。この鍵を手に入れることによって，これまでに挑戦して理解できなかった金融やファイナンス関連の書籍をスルスルと読めるようになるはずです。

　保険・金融の世界は，非常に動きの激しい世界ですので，表面的な変化に幻惑される危険があります。本書で学ぶ基礎的なリスクの理論は素朴なものですが，このような変化をとらえる確固たる枠組みを提供します。本書を学ぶ読者の皆さんが，新しい金融・保険の展開の中で実務家あるいは生活者としてアクティブに生きてゆき，その結果，この書物で学んだということを忘れてしまうほどになってもらうことが，本書を世に出すにあたって抱いている私の大きな望みです。

2012年2月

著　　者

『リスクと保険の基礎理論』目　次

まえがき ——————————————————————— (1)

第Ⅰ部　リスクの基礎

第1章　リスクとは何か ——————————————— 2

1. リスクとは何か ……………………………………………… 2
2. 金銭に評価することが難しい「リスク」 ………………… 2
3. 不確実性としての「リスク」 ……………………………… 3
4. 不確実性の世界 ……………………………………………… 4
5. 確率分布 ……………………………………………………… 5
6. 確率分布の期待値 …………………………………………… 6
7. リスクと「リスク」の境界 ………………………………… 7
8. まとめ ………………………………………………………… 8

第2章　結果のバラツキとリスク ——————————— 9

1. 平均と分散 …………………………………………………… 9
2. 確率分布の比較 ……………………………………………… 9
3. 分散と標準偏差 ……………………………………………… 10
4. 結果のバラツキがない分布 ………………………………… 11
5. 期待値まわりの変動性 ……………………………………… 12
6. 期待値・分散・標準偏差 …………………………………… 12
7. まとめ ………………………………………………………… 13

第3章　確率分布図を読み解く ―――― 14

1. 確率分布を表わすグラフ ……………………………………… 14
2. 確率から確率密度 ……………………………………………… 15
3. 正規分布 ………………………………………………………… 16
4. 正規分布の形状とリスク ……………………………………… 17
5. まとめ …………………………………………………………… 18

第4章　リスクの実体とリスクの分類 ―――― 20

1. リスクの定義 …………………………………………………… 20
2. リスクの実体 …………………………………………………… 20
3. なぜ2つに分けて考えるのか ………………………………… 21
4. リスクの種類 …………………………………………………… 21
5. リスクの分類 …………………………………………………… 22
6. 価格リスク ……………………………………………………… 22
7. 信用リスク ……………………………………………………… 24
8. 純粋リスク ……………………………………………………… 25
9. 純粋リスクと保険 ……………………………………………… 26
10. まとめ …………………………………………………………… 27

第5章　リスクの計量化と正規分布 ―――― 29

1. 実務への応用 …………………………………………………… 29
2. 正規分布の利用 ………………………………………………… 29
3. 正規分布の性質 ………………………………………………… 30
4. 将来の収益の予想 ……………………………………………… 31
5. 予想最大損失 …………………………………………………… 32
6. VaR（バリュー・アット・リスク） ………………………… 33

7．正規分布への過信と金融危機 ……………………………………… 35
　8．まとめ ……………………………………………………………… 36

第6章　リスクプレミアム ——————————————— 37
　1．リスク愛好者 ……………………………………………………… 37
　2．リスク回避者 ……………………………………………………… 38
　3．リスク中立者 ……………………………………………………… 39
　4．リスクプレミアムはなぜ生まれるのか ………………………… 40
　5．まとめ ……………………………………………………………… 41

第7章　期待効用仮説 ——————————————————— 43
　1．リスクプレミアムが生まれる要因 ……………………………… 43
　2．リスク愛好者の効用曲線 ………………………………………… 44
　3．リスク回避者の効用曲線 ………………………………………… 45
　4．リスク中立者の効用曲線 ………………………………………… 46
　5．期待効用仮説 ……………………………………………………… 47
　6．個人や企業はリスク回避型 ……………………………………… 48
　7．まとめ ……………………………………………………………… 49

第Ⅱ部　リスクコストへの対応

第8章　リスクはコスト ——————————————————— 52
　1．リスクとは ………………………………………………………… 52
　2．なぜリスクがコストなのか ……………………………………… 52
　3．期待損失コスト …………………………………………………… 53
　4．不確実性のコスト ………………………………………………… 53

5. リスクコスト ……………………………………………………… 54
6. リスクコストの構成要素 ………………………………………… 55
7. リスクマネジメントの目的 ……………………………………… 57
8. リスクコスト軽減の困難性 ……………………………………… 58
9. まとめ ……………………………………………………………… 59

第9章 リスクを軽減する方法(1) ──── 61
― μの世界 ―

1. μの世界とσの世界 …………………………………………… 61
2. リスクマネージャの仕事 ………………………………………… 61
3. リスク軽減とは何か ……………………………………………… 62
4. 期待損失を軽減する方法 ………………………………………… 63
5. 損失予防 …………………………………………………………… 64
6. 損失軽減 …………………………………………………………… 64
7. その他のロス・コントロール …………………………………… 65
8. ロス・コントロール ……………………………………………… 67
9. まとめ ……………………………………………………………… 67

第10章 リスクを軽減する方法(2) ──── 69
― σの世界 ―

1. σの世界 …………………………………………………………… 69
2. もう1つのリスク軽減法 ………………………………………… 70
3. σの世界のリスクの軽減 ………………………………………… 70
4. プーリングアレンジメントによるリスク軽減 ………………… 71
5. ポートフォリオによるリスク軽減 ……………………………… 74
6. リスク軽減の方法：組織と市場 ………………………………… 74
7. まとめ ……………………………………………………………… 76

第11章　リスク軽減をはばむ要因 ── 78

1. リスク軽減をはばむ要因 …………………………………… 78
2. 損失の期待値（μ）を下げることができない理由 ………… 78
3. ロス・コントロールの合理的決定 ………………………… 79
4. 医薬の賠償責任に関する最適なロス・コントロールの事例 ……… 80
5. 限界コストと限界便益の一致 ……………………………… 81
6. 期待値まわりの変動（σ）の軽減をはばむ要因 ………… 83
7. 共分散と相関係数 …………………………………………… 84
8. まとめ ………………………………………………………… 86

第12章　リスクへの対応手段（リスクマネジメント） ── 88

1. 企業および個人がリスクに対応する手段 ………………… 88
2. ロス・コントロール ………………………………………… 89
3. ロス・ファイナンス ………………………………………… 89
4. 保　有（自家保険）………………………………………… 90
5. 保　　険 …………………………………………………… 91
6. ヘ ッ ジ …………………………………………………… 92
7. 保険以外の契約によるリスク移転 ………………………… 92
8. ロス・ファイナンスのコスト ……………………………… 93
9. 内部リスク軽減 ……………………………………………… 94
10. まとめ ……………………………………………………… 95

第Ⅲ部　保険の価格と制度

第13章　リスクのプライシングと保険の需要 ── 98

1. リスクのプライシング ……………………………………… 98

2．保険料の計算 …………………………………………………… 98
 3．保険数理の前提としている世界観 …………………………… 99
 4．保険によるリスクのプライシング …………………………… 100
 5．金融工学によるリスクのプライシング ……………………… 100
 6．保険の需給関係とマーケット ………………………………… 101
 7．保険供給の特殊性 ……………………………………………… 102
 8．保険需要の特徴 ………………………………………………… 102
 9．まとめ …………………………………………………………… 105

第14章　公正保険料(1) ─────────────── 109

 1．ロス・ファイナンスの一手段としての保険 ………………… 109
 2．公正保険料 ……………………………………………………… 110
 3．期待損失コスト（期待保険金コスト）……………………… 111
 4．資産運用の成果 ………………………………………………… 112
 5．割引現在価値 …………………………………………………… 112
 6．時間の金銭的価値を公正保険料に反映する方法 …………… 114
 7．ショートテールの保険とロングテールの保険 ……………… 114
 8．まとめ …………………………………………………………… 115

第15章　公正保険料(2) ─────────────── 118

 1．純保険料と付加保険料 ………………………………………… 118
 2．運営管理コスト ………………………………………………… 118
 3．運営管理コストの内訳 ………………………………………… 119
 4．投資家への公正な報酬 ………………………………………… 120
 5．リスク移転のための費用としての付加保険料 ……………… 121
 6．企業利潤が公正保険料の構成要素でない理由 ……………… 122
 7．公正保険料のまとめ …………………………………………… 123

第16章　保険の契約 ──────────── 125

1．保険契約とは何か……………………………………… 125
2．保険法の定義 …………………………………………… 126
3．保険する効果と保険契約 ……………………………… 126
4．保険契約という形式をとる３つの理由 ……………… 127
5．保険は「枯れた技術」………………………………… 128
6．保険契約の基本構造 …………………………………… 128
7．保険契約者・被保険者・保険金受取人 ……………… 130
8．ま と め ………………………………………………… 130

第17章　保険の法制度 ──────────── 132

1．保険契約法と保険監督法 ……………………………… 132
2．経済学からみた保険契約法 …………………………… 133
3．経済学からみた保険監督法 …………………………… 134
4．保険契約法と保険監督法の保険契約者保護 ………… 136
5．改正前商法と保険法の相違 …………………………… 136
6．保険約款 ………………………………………………… 138
7．ま と め ………………………………………………… 139

第18章　保険商品と保険の分類 ──────── 140

1．保険商品の特徴 ………………………………………… 140
2．保険料の前払いと確定保険料 ………………………… 140
3．ビットの世界とアトムの世界 ………………………… 141
4．商品性の特徴 …………………………………………… 142
5．保険の対象とする領域 ………………………………… 143
6．保険の分類 ……………………………………………… 144

7. 法律に基づく分類………………………………………………………… 144
8. 保険給付方法による分類 ……………………………………………… 145
9. 保険団体の所有者による分類 ………………………………………… 145
10. 利益処分による分類 …………………………………………………… 146
11. 保険加入の方法による分類 …………………………………………… 146
12. 保険の目的物による分類 ……………………………………………… 146
13. まとめ …………………………………………………………………… 147

第Ⅳ部　保険の需要

第19章　個人の保険需要 ─────────────── 150

1. 保険商品はなぜ購入されるのか………………………………………… 150
2. 保険商品購入による効果 ……………………………………………… 150
3. リスク選好のタイプによる相違………………………………………… 152
4. リスク回避度による需要の決定………………………………………… 152
5. 全部保険は合理的か …………………………………………………… 154
6. 個人の保険需要を左右する諸要素 …………………………………… 154
7. まとめ …………………………………………………………………… 155

第20章　企業の保険需要 ─────────────── 157

1. 企業の保険需要 ………………………………………………………… 157
2. 非公開会社と公開会社のリスクマネジメント ……………………… 158
3. 株主によるリスク分散 ………………………………………………… 159
4. 公開株式会社におけるリスクマネジメントおよび保険の必要性 … 160
5. 期待キャッシュフローを増大させる理由 …………………………… 160
6. まとめ …………………………………………………………………… 163

第21章　リスクの保険可能性(1) ―― 165
― 付加保険料 ―

1. 効率的な市場 …………………………………… 165
2. リスクの保険可能性 …………………………… 165
3. 付加保険料がある場合の意思決定ルール ……… 166
4. 付加保険料によるリスクの保険可能性の制約 … 168
5. 保険可能性の制約 (1)：低強度のリスク・エクスポージャ ……… 168
6. 保険可能性の制約 (2)：高頻度のリスク・エクスポージャ ……… 169
7. 保険可能性の制約 (3)：高い相関のリスク・エクスポージャ …… 170
8. 保険可能性の制約 (4)：パラメータの不確実性なリスク・エクスポージャ …………………… 171
9. まとめ ………………………………………… 172

第22章　リスクの保険可能性(2) ―― 174
― 逆選択 ―

1. 情報の非対称性によって生じる問題 ………… 174
2. 保険契約における逆選択の事例 ……………… 175
3. 逆選択で成立する均衡価格と内部補助 ……… 176
4. リスク区分できる保険会社の登場 …………… 177
5. リスクの保険可能性を制約する要因としての逆選択 ……… 178
6. 控除免責の利用：スクリーニングによる逆選択防止 ……… 178
7. 塡補限度額の利用：スクリーニングとシグナリング ……… 180
8. まとめ ………………………………………… 181

第23章　リスクの保険可能性(3) ―― 183
― モラルハザード ―

1. 情報の非対称性によるインセンティブ問題 … 183
2. モラルハザードの概念 ………………………… 183
3. リスクの保険可能性を制約する要因としてのモラルハザード …… 184

- 4．モラルハザードの抑制方法 ……………………………………… 185
- 5．経験料率によるモラルハザードの抑止 ………………………… 185
- 6．塡補範囲の制限・コインシュアランス ………………………… 187
- 7．ま と め ………………………………………………………… 188

第24章　リスクの保険可能性⑷ ─── 190
── 保険可能性に対応する契約諸制度 ──

- 1．保険会社の使命と保険制度の発展 ……………………………… 190
- 2．保険をめぐる基本法理 …………………………………………… 190
- 3．モラルハザードに関連する法理 ………………………………… 191
- 4．逆選択の緩和に関する法理 ……………………………………… 192
- 5．保険実務の効率性を促進する法理 ……………………………… 193
- 6．保険契約の確実な履行に関する制度 …………………………… 194
- 7．免責および評価済保険 …………………………………………… 195
- 8．ま と め ………………………………………………………… 197

第Ⅴ部　統合リスクマネジメント

第25章　企業形態と経済資本 ─── 200

- 1．保険業における企業形態 ………………………………………… 200
- 2．日本市場で元受保険業を営む保険会社・団体 ………………… 201
- 3．所有権理論による企業形態 ……………………………………… 204
- 4．保険に多様な企業形態が並存する理由 ………………………… 205
- 5．経済資本 …………………………………………………………… 206
- 6．インソルベンシーへの対応 ……………………………………… 207
- 7．ま と め ………………………………………………………… 208

第26章　保険の自由化と契約者保護 ―――― 210
― セーフティーネットとソルベンシー規制 ―

1. 保険の自由化と保険契約者保護 ………………………………… 210
2. セーフティーネットの必要性 …………………………………… 210
3. 生命保険契約者保護機構 ………………………………………… 211
4. 損害保険契約者保護機構 ………………………………………… 212
5. ソルベンシー規制 ………………………………………………… 214
6. 中期的な取り組みとしての経済価値ベースの評価 …………… 216
7. まとめ ……………………………………………………………… 218

第27章　保険会社のリスクマネジメント ―――― 220

1. 現行の財務会計の問題点 ………………………………………… 220
2. 保険会社のALM ………………………………………………… 220
3. 事業会社と保険会社のリスクマネジメントの相違 …………… 222
4. 保険会社のリスクマネジメント ………………………………… 223
5. リスクマネジメントの新潮流（1）：統合リスクマネジメント …… 224
6. リスクマネジメントの新潮流（2）：全社的リスクマネジメント … 225
7. まとめ ……………………………………………………………… 226

第28章　保険とリスクに関する4つの研究領域 ―――― 229

1. 保険とリスクに関する4つの研究領域 ………………………… 229
2. リスクマネジメントと保険 ……………………………………… 230
3. コーポレート・ファイナンスから統合リスクマネジメントへ …… 230
4. 保険数理の貢献と限界 …………………………………………… 232
5. 金融工学のプライシングと方向性 ……………………………… 233
6. 保険契約および保険制度 ………………………………………… 234
補．発展的な学習のための参考文献の紹介 ………………………… 235

練習問題解答例 ——————————————————— 239

あとがき ————————————————————— 261

索　引 —————————————————————— 263

リスクと保険の基礎理論

第 I 部

リスクの基礎

　ここでは統計学の成果の一部を利用して，第II部以降の内容を理解するために必要なリスクの基礎について学びます。

第1章　リスクとは何か

1. リスクとは何か

　「リスク」は，われわれの日常生活の中で，いろいろな意味で使える便利な言葉です。その反面,「リスク」という言葉が，ものごとの本質を曖昧にしたり，誤解を生んだりする危険もあります。

　そこで，企業や個人の経済活動の中で「リスク」を口にする場合には，明確な意味をともなって使う必要があります。われわれの経済活動に限っていえば，金銭的に評価できる成果や行為などが重要です。われわれが本書で取組むべき「リスク」は，金銭的な評価の世界，いいかえればマーケットを前提としたものなのです。このような「リスク」は，統計の知識を前提にして，明確に定義することができます。この定義は，後に説明することにして，ここからは，明確に定義された場合には，「リスク」から，「　」をはずして，リスクと表記することにしましょう。

2. 金銭に評価することが難しい「リスク」

　われわれは，金銭評価をすることが難しい様々なリスクに直面しています。たとえば，家族の「リスク」（離婚の危機），生物の「リスク」（絶滅危惧種），環境の「リスク」（環境汚染）などは金銭的に換算することが難しい「リスク」です。「リスク」概念に共通するのは，結果の不確実性ということであり，これらの「リスク」は結果の不確実性をともなっています。ただし，これらの「リスク」は，悪い結果になる場合を示しています。たとえば絶滅危惧種の生物の

個体数が増えることは「リスク」とはいいませんし，また環境汚染が改善することも「リスク」とはいいません。結果の不確実性というならば，必ずしも悪い結果ばかりでなく，都合のよい結果であっても不確実性に含めてもよさそうなものです。

ともあれ金銭的評価が難しい「リスク」が，社会的にみて大変重要な課題となる場合があります。本書は，このような社会的な問題としての「リスク」を直接の対象としていませんが，これらの「リスク」に合理的に対応するためには，「まえがき」にも述べているように，金銭的に評価できるリスクに限って考えられた仕組みや考え方を活用することができます。したがって，本書を学ぶことは，社会的な「リスク」に対応するためのワンステップであり，けっしてこれらの「リスク」から目をそらすものではありません。

3. 不確実性としての「リスク」

個人にせよ企業にせよ，将来の結果（成果）には不確実性がともなっています。このような不確実性が好きだという人間がいるかもしれませんが，普通はできるだけ確実な将来が好まれるのではないでしょうか。ちなみに，将来の結果の不確実な状態を好む人のことをリスク愛好型の人間といい，反対の人をリスク回避型の人間といいます。また将来の結果の不確実性には関心のない人のことをリスク中立型の人間と呼びます。要するに，結果の不確実な状態をリスクと呼び，不確実の度合いが大きい場合をリスクが大きいといい，反対に不確実性の度合いが小さい場合をリスクが小さいといいます。したがって，結果が変わらない場合，いいかえれば，結果が1つしかない場合のことを確実な状態といい，それを無リスク，あるいはリスクのない状態と呼びます。

個人や企業は，一般的には，不確実性を減らす努力をすることが多いことでしょう。なぜなら，マーケットは，リスクが大きい場合に，価値をより低く評価する傾向があるためです。つまりリスクは価値を減価させるという意味でコストを生じているのです。企業や個人が，リスクマネジメントを行う理由は，企業や個人のリスクをマネジメントすることによって，リスクから生じるコス

トを最小化し，それによって企業価値や個人の効用を最大化するためなのです。(この段落の内容は，第8章で詳しく学習します。)

いいかえれば，リスクマネジメントは，将来における不確実な結果をより確実なものにするために努力するものです。このような活動を合理的に実行するにあたって，不確実な結果が概念的に曖昧なものであったり，結果の相互間に共通性がなかったりする場合には，問題解決が難しくなりそうです。したがって，合理的なマネジメントを行うためには，その対象である不確実な結果，すなわちリスクを明確に定義することが大切なのです。われわれが，「リスクとは何か」を最初に考えるのはそのためです。

4. 不確実性の世界

結果の不確実性について考えてみましょう。世の中の不確実性を区分すると図1-1のようになります。宇宙あるいは地球の歴史の中で考えると，一体何が起こるのかわかりません。人類史という時間軸でみても，遠い将来のことについて，確かなことをいうことができません。人間の科学は進歩していますが，長い時間軸の中では，科学的な予知能力に限界があったことは，東日本大震災の津波被害の経験からも身にしみてわかりました。しかしながら，地震や津波

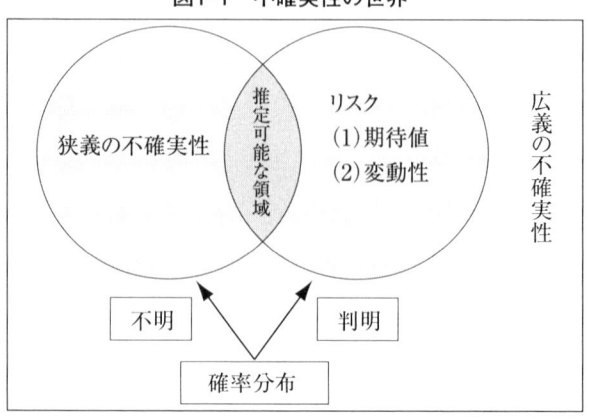

図1-1 不確実性の世界

の予知において，科学はまったく歯がたたないものではなく，将来においては，大いに予測技術が進歩する可能性があります。そこで，現在の科学技術・知識の水準では予測することが出来ないが，将来においては予測することが出来るかもしれないような不確実性のことを，「狭義の不確実性」として，人類にとって予測することがまったく不可能な事象である「広義の不確実性」と区別することができます。

「狭義の不確実性」であっても，現在の技術でも予測したり推定したりすることができる不確実性のことを，われわれは「リスク」と呼んでいます（図1-1で狭義の不確実性とリスクが重った部分に相当します）。したがって「リスク」と呼ぶ限りは，どのようなかたちでもよいので，数量的な計測が可能である必要があります。この点において，日常用語で漠然と使っている「リスク」という言葉とは異なっていることに注意してください。不確実性を予測し計量化する方法のもっとも有効な方法の1つは，確率分布を用いることです。

5. 確率分布

確率分布とは，起こりうる結果と対応する確率の組み合せを表わしたものです。もっとも単純な確率分布の事例をあげれば，表1-1に示されるようなコイン投げの結果があります。コイン投げとは，コイントスともいい，コインを投げて表か裏かを当てることです。均質に出来たコインならば，おそらく表と裏がでる確率分布は表1-1のようになるでしょう。

表1-1　コイン投げの確率分布表

表	0.5
裏	0.5

確率は，すべてが起こる場合を1としていますから，確率が1より大きい場合はありません。コイン投げの場合は，結果が表でも裏でもないという場合はないですから，均質に出来たコインを用いるならば，おそらく表の出る確率は

0.5で，裏の出る確率は0.5となることでしょう。この場合は，小数を用いるよりも1/2と分数を用いた方がわかりやすいかもしれませんが，どちらでも同じことです。

これを，横軸に結果，縦軸に確率をとって図1-2に示すと次のようになります。グラフで示した方が，確率分布の「分布」の意味がよくわかることでしょう。確率分布は，この図1-2のように，分布の「形状」を描くことができます。

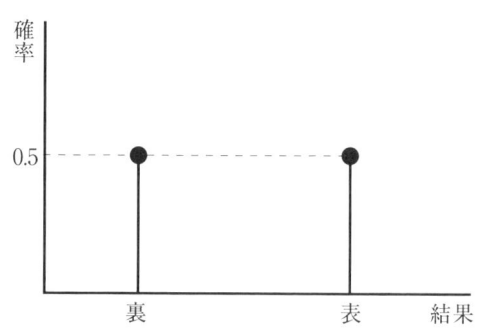

図1-2　コイン投げの確率分布を表わすグラフ

6. 確率分布の期待値

　コーシー分布のように平均をもたない特殊な確率分布も存在しますが，通常の確率分布には平均があります。コイン投げで表が出たときに100円をもらい，裏が出たときに100円を払うという賭けをしたとしてこの分布の期待値を計算してみましょう。表が出る確率は0.5なので，報酬100円を0.5の確率でもらえます。これは何回もコイン投げを繰り返せば，平均的に50円もらうことと同じになります。さて裏が出た場合も考えてみましょう。100円を支払う確率も0.5なので，100円を支払うことは，表の場合と同様に－100円×0.5＝－50円となり，50円支払うことと同じです。確率分布の平均といえる期待値は，起こりうるすべての場合の結果確率×報酬を計算し，それらの値をすべて足すことによって得られます。したがって，コイン投げの確率分布の期待値は，50円＋（－50円）＝0円となります。

表1-2　コイン投げの確率分布の期待値

結果	確率	報酬	確率×報酬
表	0.5	100円	50円
裏	0.5	−100円	−50円

期待値＝0円

　ここで注意しなければならないのは，もっとも頻繁に起こる結果が0円というわけではないことです。表1-2からもわかる通り，そもそも0円という結果は起こりません。確率分布の期待値である0円とは，このコイン投げを何回となく繰り返した場合に，平均的な報酬がいくらになるのかを示したものです。つまりこの賭けは，たくさんやればやるほど損も得もない結果，すなわち0円の報酬になることが期待されるということを示しています。本書では，通例に従って確率分布の期待値を μ（ミューと読みます）というギリシャ文字で表わします。

7. リスクと「リスク」の境界

　図1-1をもう一度ご覧ください。「リスク」とは，結果の不確実な状態のことを意味しますが，その中で確率分布が判明する場合を厳密な意味のリスクと呼んでいます。サイコロ投げとか，死亡表などは，確率分布が完全にあるいはほとんど判明していますので，われわれが計測することが可能なリスクに属します。それ以外にも，確率分布が完全には判明していないが，推定することができるようなリスクも数多くあります。図1-1ですと狭義の不確実性とリスクが重なった部分がこれに相当します。確率分布が完全には判明していなくても，それを推定することによって，相当程度リスクをコントロールする手がかりを得ることができます。金融工学などの発展により，このような部分が将来的に大きくなるものと期待されます。

　リスクのコントロールについて考える前に，第2章において，もう少しリスクについて学ぶことによって，リスクの本質に迫ってみましょう。

8. まとめ

　リスクという用語は、様々な意味で使われるので、第1章では、本書で扱う予定のリスクとは何かということを考えました。図1-1のように、世の中の不確実性は、狭義の不確実性とリスクに分けることができます。狭義の不確実性は、結果が確率的に決まることが予想されますが、確率分布がわからない事象、リスクは確率分布が明らかになっている事象です。リスクの場合は、分布がわかっているので、期待値や変動性がわかります。ただし狭義の不確実性は、結果が確率的に決まることが予想されている不確実性なのですから、確率分布を推定することができるかもしれません。図1-1においてリスクと重なっている部分は、そのような事象を示しています。

　狭義の不確実性でもリスクでもない事象は、広義の不確実性と呼ばれます。生物の進化は、確率論的ではなく定方的に進化しているようですが、自然史的な規模の事象などは、確率論的に決定されるということを前提にできないようなことがたくさんあるのです。本書の対象とする不確実性は、企業や個人の価値や厚生にかかわるものなので、確率分布が判明したり、推定したりして、リスクを計測できる範囲内の事象です。本章では、今後の学習の出発点として、確率分布と確率分布の期待値について具体的に学ぶことにしました。

練習問題

1. 金銭的に評価することの難しいリスクを1つ上げなさい。
2. サイコロの確率分布表を作成しなさい。
3. サイコロの確率分布を表わすグラフを作成しなさい。
4. サイコロの目の数の100倍の金額がもらえる場合の期待値（μ）を計算しなさい。
5. 4で計算された期待値の意味を説明しなさい。

第2章　結果のバラツキとリスク

1．平均と分散

　第1章では，確率分布の平均を計算しました。またそれを確率分布の期待値と呼ぶことにしました。しかし平均だけがわかったとしても，確率分布の特徴がわかるわけではありません。たとえば，日本人の20歳男性の平均体重が60kgであるといっても，60kgの人がほとんどである場合と，様々な体重の人がいた結果の平均が60kgである場合とはだいぶ異なります。このように，確率分布の平均である期待値が同じであっても，結果のバラツキが大きい場合と小さい場合があります。

2．確率分布の比較

　表2-1は，10,000ドルの投資から得られる金額の確率分布を3通り示したものです。それぞれの確率分布の期待値は同じですが，分布の形状は異なります。それぞれの確率分布を表わすグラフを描くと分布の形状の違いが明確になりますが，それは練習問題に譲ります。ここでは期待値およびバラツキの程度を示

表2-1　分散が異なる確率分布

分布1		分布2		分布3	
結果	確率	結果	確率	結果	確率
5,000ドル	0.33	5,000ドル	0.00	5,000ドル	0.20
10,000ドル	0.34	10,000ドル	1.00	10,000ドル	0.60
15,000ドル	0.33	15,000ドル	0.00	15,000ドル	0.20

す数値計算を行ってみましょう。

期待値の計算の仕方については，第1章で学習しました。それぞれの結果の確率×報酬を計算してそれらを足した合計が確率分布の期待値です。分布1の場合は，5,000×0.33＋10,000×0.34＋15,000×0.33＝10,000（ドル）です。同じように，分布2は，5,000×0＋10,000×1＋15,000×0＝10,000（ドル）。分布3は，5,000×0.2＋10,000×0.6＋15,000×0.2＝10,000（ドル）となります。いずれの確率分布も期待値は同じく10,000ドルです。

10,000ドルの投資から得られる金額の期待値が10,000ドルというのは，それぞれの結果に割り振られている確率が異なっていますが，平均的に考えると結果が10,000ドルになるということを意味します。つまりこれらの投資はいずれの分布であっても期待収益は0ということです。

3. 分散と標準偏差

分布の特徴を示す尺度のうち，とくに分布のバラツキを示すものは，分散と標準偏差です。表2-1のそれぞれの分布の分散と標準偏差を計算することによって，それぞれがどの程度の結果のバラツキをもった分布なのかが明らかになります。

分布1の分散と標準偏差を計算する手順を箇条書きで示した上で，分布1について分散と標準偏差を計算してみましょう。

分散と標準偏差を計算する手順
 (1) 確率分布の期待値を求める。
 (2) それぞれの場合の偏差を求める。偏差＝結果の値－確率分布の期待値。
 (3) 偏差を2乗したものに，それぞれの確率をかける。
 (4) (3)の結果をすべて足した数値を「分散」と呼ぶ。
 (5) 分散の平方根の値を「標準偏差」と呼ぶ。

期待値は，10,000ドルであることがわかっています。そこで偏差は，(2)に従

えば，5,000 − 10,000 = − 5,000，10,000 − 10,000 = 0 および 15,000 − 10,000 = 5,000となります。次に(3)により計算した値を，(4)に従ってすべて足してみると，$(5,000 − 10,000)^2 × 0.33 + (10,000 − 10,000)^2 × 0.34 + (15,000 − 10,000)^2 × 0.33 = (− 5,000)^2 × 0.33 + 0^2 × 0.34 + 5,000^2 × 0.33 = 16,500,000$となります。この数値を分散といいます。分散は，偏差を2乗した値を足したものなので，分布1の結果の偏差の程度を示す数値です。期待値からのバラツキには，正の偏差と負の偏差があるので単純に足し算をすると正負の符号によりバラツキが打ち消されてしまいます。そこでバラツキの大きさを計測するためには，絶対値をとって足し算をすればよいのですが，2乗すれば負になることはなく絶対値と同じように負にならない結果が得られるので2乗しています。さらに(5)に従って，確率分布の分散の平方根をとると約4,062となります。これを標準偏差と呼んでいます。ちなみに平方根をとってもバラツキの程度の順番は変わらないので，標準偏差も分散と同じく結果のバラツキの程度を示す尺度です。

4．結果のバラツキがない分布

　直感的に判断して，分布2は特殊な分布であることがわかるでしょう。つまり結果が1の確率で10,000ドルとなる分布です。結果が100%，10,000ドルとなるのですから，結果のバラツキはない分布です。つまりこれは不確実性をともなっていない確実な分布であるといえます。いいかえれば，分布2は，リスクのない分布といえます。練習問題で分布2と分布3の分散と標準偏差を計算してもらいますが，結論を先取りすれば，分布2については分散も標準偏差も数値は0となるはずです。

　リスクとは結果の不確実性なので，結果のバラツキが大きければ大きいほどリスクが大きいといえます。また分布2のように結果のバラツキがない状態のことをリスクのない状態であるといえます。リスクの大きさは，分散や標準偏差の数値の大きさによって示されることになります。

5. 期待値まわりの変動性

　確率分布の期待値が同じ場合，分散や標準偏差が大きい分布はリスクが大きく，またそれらが小さい分布はリスクがより小さいということができるのです。そもそも分散や標準偏差は，期待値からの結果の偏差（バラツキ）の大きさを計測した数値なので，分散や標準偏差の示す数値のことを「期待値まわりの変動性」と表現しています。したがって，分布1が分布2よりもリスクが大きいという場合には，期待値まわりの変動性を示す分散や標準偏差が大きいということなのです。よって，この場合のリスクとは，期待値まわりの変動性のことをいいます。（リスクの定義について詳しくは，第4章で学習します。）

6. 期待値・分散・標準偏差

　ここまでの説明を数式で一般化しておきます。教科書のここまでの記述をある程度理解していれば，数式が嫌いな人はとくに覚えなくても結構です。なお分散と標準偏差はともに結果のバラツキを示す尺度ですが，一般的には標準偏差が使われます。その理由の1つは，分散が桁の大きな数値になって扱いにくいということが上げられますが，別の理由として，標準偏差は，偏差を2乗したものの平方根をとっていますので，もともとの結果の単位と同じであると考えられることです。このことが後にリスクの計測の際に重要となってきます。

　なお本書では標準偏差をギリシャ文字の σ （「シグマ」と読みます）で示します。したがって，分散は σ^2 （「シグマのジジョウ」と読みます）と表記します。

$$期待値 = p_1 x_1 + p_2 x_2 + \cdots + p_M x_M = \sum_{i=1}^{M} p_i x_i$$

$$分散 = \sum_{i=1}^{M} p_i (x_i - \mu)^2$$

$$標準偏差 = \sqrt{\sum_{i=1}^{M} p_i (x_i - \mu)^2}$$

ただし，

μ（ミュー）＝期待値

x_i ＝起こりうる結果（$i = 1, 2, ..., M$）

$p_i = x_i$ が起こる確率（$i = 1, 2, ..., M$）

7．まとめ

　第2章では，確率分布の平均と分布のバラツキについて学習しました。その結果，確率分布の平均は期待値と呼び，ギリシャ文字の μ（ミュー）で表されること，また分布のバラツキの程度は，分散や標準偏差で計量化できることを学びました。分散は σ^2（シグマのジジョウ），標準偏差は σ（シグマ）と表記されます。

> 練習問題

1．表2-1の3つの分布について確率分布を表わすグラフを描きなさい。
2．表2-1の分布2と分布3の分散と標準偏差を計算しなさい。
3．分布1，分布2および分布3のリスクの大小関係について不等式を用いて表しなさい。
4．標準偏差がなぜリスクの指標なのかを説明しなさい。
5．分散と標準偏差の関係を述べなさい。

第3章　確率分布図を読み解く

1．確率分布を表わすグラフ

　図3-1はある企業の損失額の分布図です。損失の結果が，5,000ドルから段階的に25,000ドルまでしかないので，離散型の分布図が描かれています。この場合の縦軸は，確率となっています。15,000ドルの損失を被る確率が50％弱であり，10,000ドルと20,000ドルの損失額の確率がともに20数％ということがわかります。対応する確率分布表も作成でき，また期待値，分散，標準偏差も計算できそうです。

　本書では，すでにことわりなく「確率」を使用していますが，確率は，一般的に，小数，分数，および百分率で表すことができます。小数と分数の場合は，起こりうるすべての結果の確率を合計したものを1と考えています。これに対

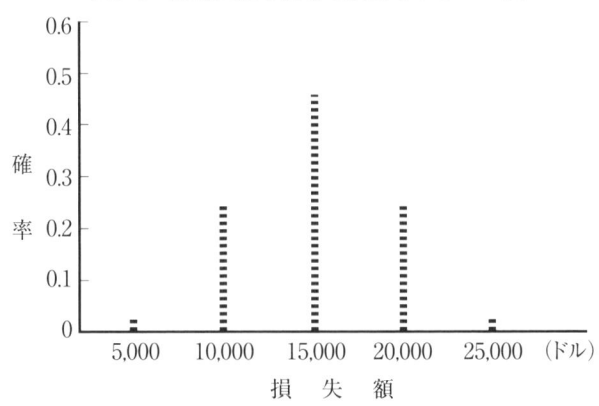

図3-1　離散型確率分布を表わすグラフの例

して確率を百分率で表す場合は，起こりうる結果の全体に対する確率を100％とします。本書では，基本的には，確率を小数または分数で表し，百分率による確率の表示は，記述的な場合に限ることにします。ちなみに確率の分数表記の初出は，ジロラモ・カルダーノ（Girolamo Cardano, c1500-1571）というイタリア人が1545年に出版した『アルス・マグナ』（Ars Magna）です（バーンスタイン著，青山護訳『リスク』日本経済新聞社，1998年，77頁）。

これに対して，図3-2のような確率分布を表わすグラフもよくみられます。これは，ある証券ポートフォリオの1カ月後の利益の確率分布を表すものですが，図3-1と違って，連続的な形状となっています。

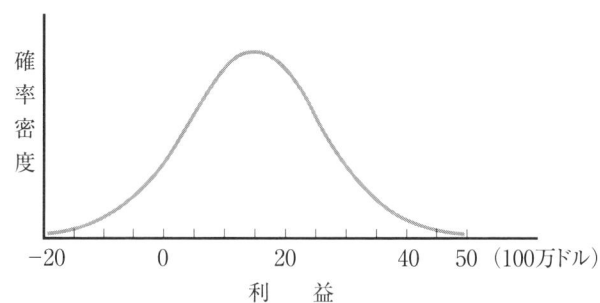

図3-2 連続型確率分布を表わすグラフの例

図3-1のように離散型だったものが，結果が無限に増えていくと図3-2のような連続型になっていくのは，直感的に理解できます。なお図3-2の場合は，西洋の釣鐘のような形状のため，ベルカーブ（釣鐘型曲線）とも呼ばれています。

2．確率から確率密度

離散型の図3-1の横軸の結果が無限に増えていけば，図3-2のような連続型になるということが直感的にわかるのですが，実は，大きな変化がともなっているのです。縦軸に注目すると，確率から確率密度に変わっています。つまり横軸が連続的になると，縦軸が確率から確率密度に変化するというわけです。

ここでは，このことについて詳しく説明するよりも，このことによって，図の読み方が変わるという点を強調したいと思います。図3-2においては，確率がベルカーブと横軸の間の面積となります。すなわち起こりうるすべての場合の確率は1ですので，ベルカーブと横軸の間の面積は1であると考えることができます。

3. 正規分布

図3-3に示したような期待値（μ）を中心にした左右対称のベルカーブの分布を正規分布と呼んでいます。正規分布は，統計的に様々な有益な性質をもっているため，数学や物理の理論において重要な役割を果たしています。図3-3を使ってその特徴を示すと，分布の期待値（μ）で左右対称ということは，大ざっぱにいえば，結果の起こる確率が期待値を境に50％ずつに分かれるといえます。また標準偏差（σ）が大きくなればなるほど，ベルカーブは扁平になっていきます。したがってベルカーブの形状をみれば，リスクの大きさを判別することができます。なお第5章「リスクの計量化と正規分布」であらためて学習しますが，正規分布を仮定すると平均と標準偏差がわかれば，分布の形状が特定化されます。つまりある結果以上や以上の事象が起こりうる確率を求めることができるので有益です。

図3-3　正規分布とその性質

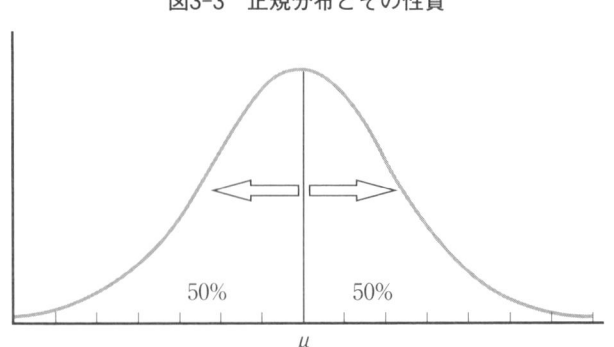

4．正規分布の形状とリスク

　図3-4の場合は，期待値が同一の場合の正規分布AとBが描かれています。この場合，どちらの分布のリスクが大きいのでしょうか。形式的にいえば，標準偏差（σ）が大きくなればなるほど，ベルカーブは扁平となりますので，分布Bのリスクが大きいことになります。AとBを山にたとえれば，Bの山の方が緩やかで安全にみえますが，リスクという尺度からいえば大きいのです。

　分布Bが分布Aよりリスクが大きい理由は，標準偏差（σ）が，期待値まわりの変動性をあらわす数値だからです。分布Bは，起こる結果のバラツキが大きいのですが，これは結果の不確実性が大きいことを表しています。これに対して分布Aは，期待値まわりに結果が起こる確率が集中しています。不確実性がより小さいので，リスクが小さいといえます。

　図3-5は，期待値も期待値まわりの変動性も異なる正規分布を比較したものです。期待値は，分布Aが分布Bよりかなり小さくなっています。また期待値まわりの変動性についても，分布Aが分布Bよりも小さくなっていることが視覚的に明らかですので，リスクの大小は明らかです。

　これまで学習したことを前提にして，第4章においては，あらためてリスクとは何かを考えてみたいと思います。

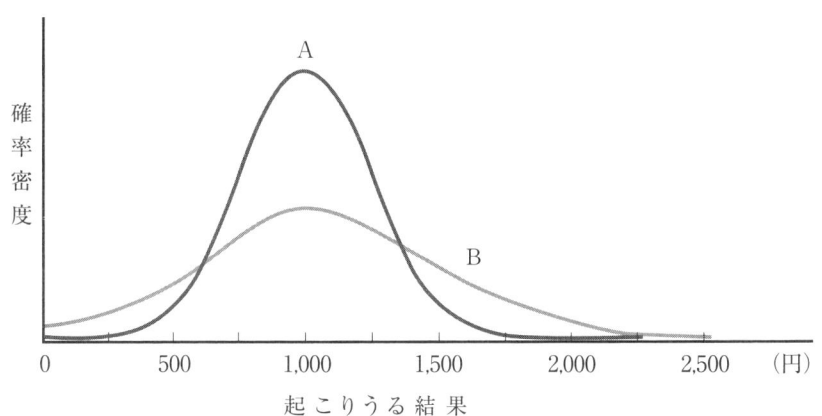

図3-4　正規分布の形状によるリスクの判定：期待値が同一の場合

図3-5　正規分布の形状によるリスク判定：期待値も標準偏差も異なる場合

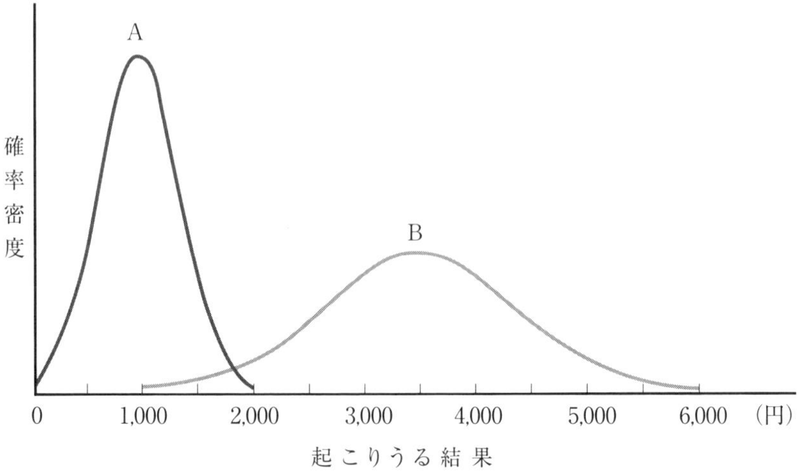

（縦軸：確率密度、横軸：起こりうる結果（円））

5. まとめ

　確率分布は，結果が連続していない場合には，表で示すことが可能ですが，連続している場合には表で示すことができません。しかし，その場合でも図に示すことは可能です。横軸に起こりうる結果を連続的にとると，縦は確率ではなく確率密度となります。ここでは，確率と確率密度の違いについての数学的な解説をしておりませんが，これから先に学習する上で，それを知る必要はありません。知らなければいけないことは，縦軸が確率密度となると，確率は，確率分布の曲線と横軸の間の面積に等しいということだけです。

　ここでは，正規分布という分布があることも知りました。不確実な事象が正規分布すると仮定すると，その事象におけるある結果が生じる確率が推定できるなど便利なことがあります。この便利さは，第5章で明らかになります。

練習問題

1．離散型確率分布を表わすグラフの場合，縦軸と横軸に何が示されているのか

答えなさい。
2．連続型確率分布を表わすグラフの場合，確率はどこで示されるのか説明しなさい。
3．連続型確率分布を表わすグラフを適当に書き，期待値以下の結果が起こる確率を図で示しなさい。
4．図3-2の確率分布を表わすグラフから2,000万ドル以上の利益を生じるおおよその確率を推定しなさい。
5．図3-2の確率分布を表わすグラフにおいて，いくら以上の価値になる確率が，0ドル以下の価値になる確率と同等であるか推定しなさい。

第4章　リスクの実体とリスクの分類

1. リスクの定義

　図1-1では，リスクを(1)期待値と(2)変動性と示しています。本書では，リスクをこの2つの概念で「定義」しています。すなわち，結果が損失をともなうとしたら期待値が大きければ大きいほどリスクが大きくなります。また期待値まわりの変動性が大きければ大きいほどリスクが大きいということになります。

　またわれわれが想定する事象は，確率分布ですから，まさに確率分布の期待値が重要です。

　リスクとしての「変動性」とは，期待値まわりの変動性を意味しています。本書では，バラツキと表現してきた概念と同じものです。期待値まわりの変動性は，分散または標準偏差を用いて数値化することができます。標準偏差はσ，分散はσ^2で表します。

2. リスクの実体

　リスクを「結果の期待値」と「期待値まわりの変動性」の両面から理解することは，保険やリスクマネジメントを考える上で重要なことです。期待値を前提としない変動性はありえません。また期待値まわりの変動性がない結果とは，確実な結果です。リスクを表現する上で，この2つの概念は切り離すことができないものであるということになります。

　いいかえれば，期待値（μ）と期待値まわりの変動（σ）は，どちらが欠け

ていてもリスクが成立しない要素です。あえて表現すれば、リスクの実体は、「σ をともなったμ」であるということができます。σのないμはリスクの本性である不確実性が失われてしまいますし、反対にμがなければμのまわりのバラツキとしてのσは無意味になってしまいます。本書では、リスクの定義を、「σをともなったμ」と考えることにします。要するにσとμのいずれが欠けていてもリスクとはいえないのです。

3. なぜ2つに分けて考えるのか

このような疑問が生じるかもしれません。それは、2つに分けて考えると、保険やヘッジの仕組みをよりわかりやすく理解できるからです。金融工学の書物で、リスクを2つに分けてリスク概念を丁寧に解説したものは見当たりません。金融工学は、統計学的の知識を前提にしていますので、期待値をもち、変動性（金融工学ではボラティリティを呼ぶことが多いようです）をともなっているリスクというのが当然のこととして理解されているためでしょう。しかしながら、「μの世界」と「σの世界」を区別して考えることにより、リスクマネジメントや保険をよりよく理解できるようになるはずです。具体的には、第6，7，8章でこのことを理解していただけることでしょう。

4. リスクの種類

本書では、リスクの実体を「σをともなったμ」と定義していますが、日常用語では、様々な文脈の中でリスクということが使われています。たとえば、結果の不確実性を生み出す要因となるモノやコトを「○×リスク」と表現することがあります。地震リスク、アスベストリスク、株主代表訴訟リスクなどはこれに類する表現です。ただしこれらが、企業や個人にとって、リスクであるのは、それぞれが「σをともなったμ」であるからです。このように要因となるモノやコトを網羅的にあげつらって「○×リスク」をリストアップすることは、原始的なリスクマネジメント手法の1つです。つまり人間は、リスクを認

知してはじめてリスクに対する対応を考えることができるので，リスクに名称をつけることが全く意味のないことではないのです。

しかしながら，リスクをリストアップしはじめたら際限なくリスクの数が増えそうです。それは動植物の分類学を想像すればよいでしょう。細分化するほど膨大な数のリスクが登場しそうです。あまり細分化したら，リスク認知の目的からはずれてしまうかもしれません。

5．リスクの分類

そこでリスクの分類方法についてよく考えてみる必要があります。細分化するのではなく，リスクそのものの性質，つまり確率分布のもつ性質を参考にして，大きな分類をする方法があります。本書では，ハリントン＝ニーハウスの教科書に従って，企業をとりまくリスクを3つのリスクで示すことにいたします。それは，図4-1に示したように，価格リスク，信用リスクおよび純粋リスクです。

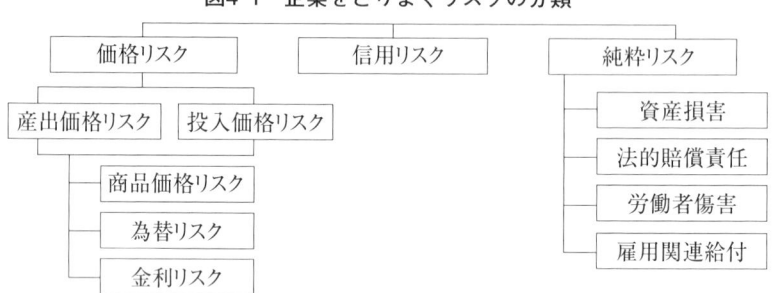

図4-1　企業をとりまくリスクの分類

```
            ┌─────────────┬─────────────┐
      価格リスク      信用リスク      純粋リスク
       ┌───┴───┐                    ├─ 資産損害
  産出価格リスク 投入価格リスク         ├─ 法的賠償責任
       ├─ 商品価格リスク               ├─ 労働者傷害
       ├─ 為替リスク                   └─ 雇用関連給付
       └─ 金利リスク
```

（出典）ハリントン＝ニーハウス著，米山＝著方監訳『保険とリスクマネジメント』東洋経済新報社，2005年，6頁。

6．価格リスク

価格リスクは市場リスクともいいます。企業は，産出価格と投入価格の変化

によって生じるキャッシュフローの不確実性をともなっています。産出価格リスクというのは，会社が作った商品やサービスの価格が変動することによって生じるキャッシュインフローの変動のことを意味しています。また投入価格リスクとは，会社が商品やサービスを生産するために投入する労働，原材料，設備の価格が変化することによって生じるキャッシュアウトフローの変動です。価格リスクを定義すれば，将来のキャッシュインフローと将来のキャシュアウトフローの変動によってもたらされる企業のキャッシュフローの変動性です。

　企業にとって，何をどのように作って，どこに販売するか，ということは戦略に関わる重要な課題です。したがって，価格リスクを分析することは，企業の戦略マネジメントという観点からも大変重要な役割を果たすものです。

　図4-1に示している，商品価格リスク，為替リスクおよび金利リスクは，いずれも特定の要素に特化した価格リスクであるといえます。商品価格リスクは，石炭，原油，天然ガスなどのような商品市況の変動から生じる不確実性です。為替リスクは，企業がグローバルな活動をしている場合にとくに強く意識されるリスクですが，グローバルな展開をしていない企業であってもマーケットを通して間接的に影響を受けていることを忘れてはなりません。産出価格も投入価格も金利リスクによって影響を受けます。たとえば固定金利のローンで商品を販売した場合，金利が上昇すれば企業収益は縮小します。金利が下落すれば，その逆の効果が生じます。

　価格リスクの分布の一例を示すと，図3-2に示したような形状です。このグラフは確率分布の期待値を中心にほぼ左右対称に，いわゆる正規分布をしています。価格リスクの変動要因は，人為的に操作することが難しいマーケットによるものなので，正規分布に近いものと想定することができるかもしれません。このグラフでわかるように，結果の期待値を中心とすれば，プラスの方向にも，マイナスの方向にも変動するものです。企業経営の観点からいえば，企業の価格リスクは，経営的な能力を一定とすれば，何もしなくても儲かるときと，何もしなくても損をするときがあるということです。

7. 信用リスク

　信用リスクとは，企業や個人の財務状態（信用状態）の悪化によって取引相手等に引きおこされる損失の期待値およびその変動のことをいいます。分布の形状は様々でしょうが，図4-2では価格リスクと同じようなベルカーブを描くものであると仮定しました。価格リスクと異なるのは，信用リスクは市場要因に加えてより複雑な要因によって生じるものである他，企業や個人に対するその効果（結果）が均等に生じるものではないことが特徴です。そのため，リスクの計測においては，市場リスクとは異なる手法が用いられることになり，市場リスクとは区別しています。

　信用リスクに影響する要因としては，経営者の資質や戦略など企業経営に特定される要因とか，取引相手先の信用リスクなど多岐にわたります。場合によっては人為的な要素も混入することもありえますので，その意味では計量化することが難しいリスクであるといえます。

　信用リスクの影響が均等に生じないことについては，図4-2から明らかでしょう。左の裾野の黒い部分の面積は，信用リスクによって企業が破綻する確率を示しています。この部分だけが，企業の信用リスクで重要な部分ではありません。点線の範囲も信用リスクとして重要です。この部分は，企業は破綻しないが，破綻に近い状態にあるため，資金調達コストが上がったり，取引先の支払い条件や納入条件が厳しくなったり，あるいは借入金の返済が滞ったりする

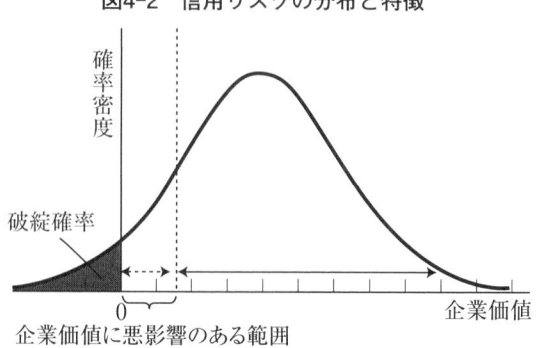

図4-2　信用リスクの分布と特徴

などの影響がありえます。信用リスクとは，破綻するリスクだけでなく，破綻率が高まることによって生じる様々なコストを引き起こすものを含んでいることに注意する必要があります。

8. 純粋リスク

　純粋リスクの特徴は，通常はそれほど大きな損害が起こりませんが，いったん生じると比較的大きな損害（負の結果）が生じることです。このことは図4-3の分布の形状からも直感的に確認することができるはずです。価格リスクが，誰かが損をすれば誰かが得をするように，結果が相殺されるようなリスクであったのに対して，損害と相殺するような対応物を見い出すのが難しいものです。つまり損害当事者と他の当事者の利得において簡単に相殺されるような関係を見い出しにくいリスクであるといえます。ただし，純粋リスクは，価格リスクや信用リスクと異なり，事前に対策をとることによってある程度小さくすることが可能です。この点についてはロス・コントロールを学ぶ際に詳しく学習してもらいます。

　図4-3における純粋リスクの主要なリスクとして，資産損害，法的賠償責任，労働者傷害および従業員福祉があげられています。このうち労働者傷害と従業員福祉については，企業の純粋リスクとして理解しにくい人がいるかもしれませんので，ここで説明しておきましょう。

　日本では労働者傷害に由来するほとんどのリスクは社会保険でカバーされていますが，米国のほとんどの州には社会保険としての労災保険制度がありません。ということは，労災に由来するリスクのほとんどは企業が直接的に負担することになるのです。米国の損害保険マーケットにおける従業員傷害関連の保険の比重は大変大きいのですが，その背景にはこのような制度的な相違があるのです。また雇用関連給付は，使用者側と労働者側との契約（約束）によってなりたっています。したがって，企業の財務状況が悪くなった場合には，その約束を守れない可能性があります。このリスクの分布の特徴は，純粋リスクのそれと変わらないため，企業は純粋リスクの1つとして認識するのです。図4-3

では，年間2,000万円以上の賠償責任を負う確率が斜線の部分で示されています。

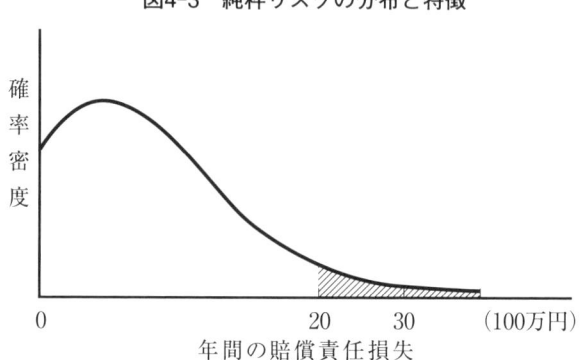

図4-3 純粋リスクの分布と特徴

縦軸：確率密度
横軸：年間の賠償責任損失　0　20　30　（100万円）

9. 純粋リスクと保険

　純粋リスクを得意としてきたのは伝統的な保険会社です。最後に，保険会社が，なぜ純粋リスクを得意としてきたのかの理由について検討してみましょう。

　図4-3の分布の期待値を描いてみてください。賠償責任損失の大きい金額に近い方ではなく，0に近い方に描かれるものと思います。後に学習しますが，他の条件を無視すれば，損失の期待値が保険料となります。図4-3でいえば，賠償責任による損失の可能性をもった企業は，万が一3,000万円の損害賠償を被った時のことを心配して，比較的少額の保険料（損失の期待値）を支払って，賠償責任保険の購入を検討するかもしれません。

　3,000万円以上の賠償責任損失を負う確率は，3,000万円から右の裾野の面積に相当するのですがゼロではありません。企業は倒産してしまったら無価値になってしまうような資産をもっていますので，確率的に小さいとはいえ，巨額な損害賠償責任を負う可能性を回避したいと望むでしょう。そのため，多くの企業は，このような純粋リスクの場合には，リスク移転にともなうコストが合理的と感じれば，個別に損失の期待値（リスク）を保有するよりも，それを保

険会社に移転したいと考えることでしょう。

　信用リスクについては，銀行が得意にしてきたものです。これは，銀行の主要な業務の1つが貸付業務であることから説明できます。計量化することが難しい点を取引関係の経験にもとづく情報で補うことができるかもしれません。また価格リスクについては，マーケットに近い金融機関がもっとも得意にしてきました。たとえば証券会社は，企業に対して価格リスクをめぐる様々なヘッジ商品を提供しています。

10. まとめ

　本章では，リスクの定義をしました。リスクとは，「確率分布をもった事象の結果の期待値であり，かつ期待値まわりの変動性である」という定義です。期待値がなければ，期待値まわりの変動性はありません。また期待値まわりの変動性がゼロならば，その期待値は不確実性をともなわない，いいかえればリスクのない期待値となります。つまり，期待値と期待値まわりの変動は，リスクを定義する場合に，切り離すことができないものなのです。リスクと保険では，これを2つにわけて考えます。このことは，企業のリスクマネジメントを考えていく場合に役立ちますので，今後の学習の中で皆さんにより深く理解していただけることでしょう。続いて，企業を取り巻くリスクを，分布の特徴にそくして3つに分類しました。価格リスク，信用リスクおよび純粋リスクです。

> **練習問題**
> 1．期待値まわりの変動を表わす尺度をあげなさい。
> 2．なぜμとσは切り離すことの出来ない概念なのかを説明しなさい。
> 3．企業をとりまく3つのリスクをあげ，それぞれのリスクの特徴を簡単に説明しなさい。
> 4．図4-2で点線より右側の場合ならば，信用リスクがゼロといえるのだろうか。考えを示しなさい。

5．図4-3を用いて，純粋リスクが，確率的には小さいがいったん起こったら大きな損害が生じるということを説明しなさい。

第5章 リスクの計量化と正規分布

1. 実務への応用

　これまでリスクの定義やリスクそのものの性質（分布の形状）に基づいたリスクの分類などについて学んできました。その結果，リスクという概念が，統計学の基礎知識から明確に理解できているものと思われます。しかしこれまで学んだことが，実務の中でどのように活用されているのかについて疑問を抱いている人もいるかもしれません。そこで，リスクの計量化が実務において活用される事例として，予想最大損失とVaR（バリュー・アット・リスク）を紹介します。

2. 正規分布の利用

　予想最大損失もVaRも，主要な分布のひとつとして正規分布の性質を利用している点で共通の考え方をもったものです。そこでまず正規分布について簡単におさらいしておきましょう。
　自然に存在する事象の多くは，平均値のまわりに多く集まり，平均値を離れるにつれて少なくなってゆき，また平均値よりも大きい場合と小さい場合は均等に分布していることが多いとされています。ある事象，たとえばランダムに抽出した18歳の男子学生の体重について，横軸に結果（体重），縦軸に累積人数を積み上げていくと，平均体重を頂点として左右に対称な釣鐘状の分布になるはずです。数学者のアブラアム・ド・モワブル（Abraham de Moivre, 1667-1754）が，1730年にその構造を提示した正規分布曲線は，このような釣鐘状の

分布と性質を同じくするものです。

　ランダムにデータを集めた自然の事象の多くが，正規分布の性質をもつということは，かなり昔から知られています。ベルギー人科学者ケトレー（Lambert Adolphe Jacques Quetelet, 1796-1874）は，1820年代から30年代に，自然の事象で正規分布に従う多くの事例を発見し，またケトレーに影響を受けたゴールトン（Francis Galton, 1822-1911）は，遺伝を含むあらゆる事象に潜む正規分布について検証しようと試みています。彼らの「努力」は，20世紀初めまで，何事にも正規分布を発見しようとする風潮を強めることになりました。またこの風潮は，批判をこめて「ケトレー主義」と呼ばれています。（以上について詳しくは，バーンスタイン著，青山護訳『リスク』日本経済新聞社，1998年，第9章を参照。）

3. 正規分布の性質

　われわれが，経済現象を予測する上で，その事象の確率変数が正規分布に従うと仮定すると，正規分布の性質を利用して様々な推測を行うことができます。ここでは正規分布の性質のうちで，推測においてもっとも利用される性質だけを説明します。次の図は，横軸を結果，縦軸を確率密度とした分布を表わすグラフです。

　第3章で述べたように，縦軸が確率密度となると，釣鐘型曲線ないしはベルカーブの内部の面積は確率を表すものとなります。ところで，正規分布の場合，期待値±標準偏差の範囲に挟まれる面積は，ベルカーブ全体の面積の約68.26%であることがあらかじめわかっています。図5-1によれば，－1と＋1の間の面積が約68.26%であるということです。ベルカーブの面積は，この事象の起こる確率を表しますから，この事象の確率変数が標準正規分布に従うとすれば，－1と＋1の間の結果が起こる確率が約68.26%であることがわかります。同じく，期待値±標準偏差×2の範囲の面積は約95.44%であることが知られていますので，－2から＋2の範囲の事象が起こる確率は約95.44%であることがわかります。

図5-1

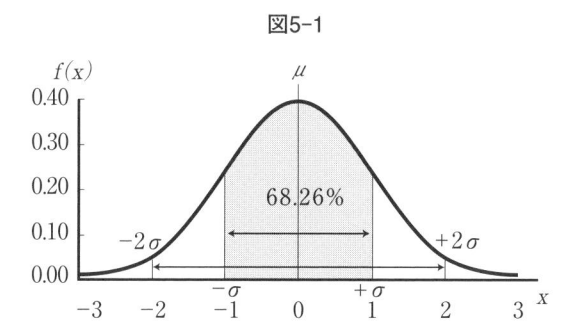

 あらゆる事象の確率変数が正規分布に従うとは限りませんが，正規分布の性質に従うと仮定できるとすれば，ある範囲の事象が起こる確率が推定できることになります。

4. 将来の収益の予想

 ある企業の1年後の収益の結果が確率的に分布しているものとすると，起こりうる最高利益と起こりうる最悪の場合を推定することができます。図5-2は，1年後の期待収益が1,500万円である企業の利益の確率分布を示したものです。これによれば1,500万円 ± σ の範囲内に収益が収まる確率が68.26%であり，こ

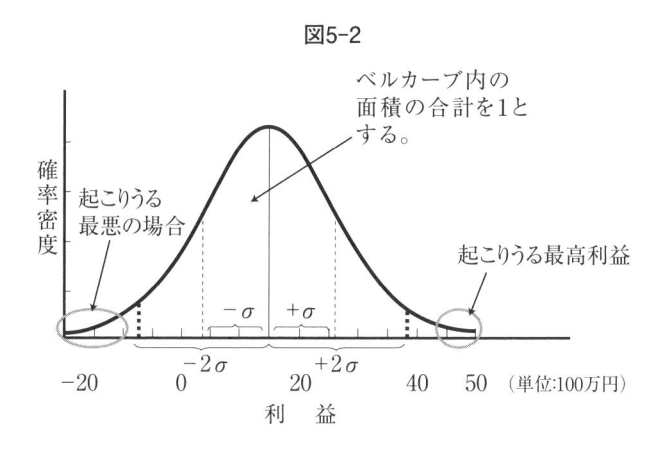

図5-2

の範囲外の確率が31.74％であることがわかります。また1,500万円＋2σをこえる高収益の実現が，2.28％の確率で生じる反面，収益（この場合は損失）1,500万円－2σ以下となる確率の同じく2.28％あるということがわかります。ちなみに2.28％の計算根拠は，（100－95.44）×0.5です。過去のデータから標準偏差がわかっていれば，この企業の1年後の収益の予想が可能となります。

収益が価格リスクに大きく左右される企業の場合には，このような推測の信頼性は大きいですが，実際には，企業収益を決定する要因は，企業によって様々であり，また人為的な要素が大きいために，正規分布を仮定することには無理があるかもしれません。しかしながら，確率分布が人為的に左右されないような経済事象の場合には，このような手法はより有効性を発揮するものと考えられます。

たとえば正規分布の性質を活用し，実務に応用されているツールとして，予想最大損失とVaRを紹介しておきましょう。

5. 予想最大損失

損害保険会社や事業会社は，あるリスク・エクスポージャの最大損失額を，どのように決定しているのでしょうか。リスク・エクスポージャとは，ある種の危険にさらされた独立した経済物であると考えてください。具体的にいえば，火災という危険にさらされたある企業の工場がそれに値します。もしこの工場がいくつかの建物からなっており，ある建物で火災が発生した場合，他の建物にも類焼する可能性がある場合には，それら建物全体がリスク・エクスポージャと考えられ，リスク・エクスポージャ・ユニットといいます。

図5-3に示した事例では，企業が1年間のうちに3,000万円以上の賠償責任を負う確率が0.01であることを表わしています。これを言いかえれば，この企業が3,000万円以上の賠償責任を追うのは100年に一度のことであるといえます。確率を0.001にすれば，1000年に一度ということになりますが，それにともなって3,000万ドルをはるかに超える金額となるでしょう。通常の経済活動においては，1000年に一度の損失に備えるのではなく，20年に一度，あるいは100

図5-3　予想最大損失

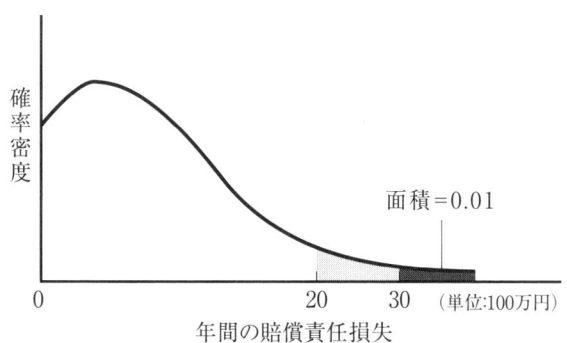

縦軸：確率密度
横軸：年間の賠償責任損失　0　20　30　（単位:100万円）
面積=0.01

（出典）　ハリントン＝ニーハウス著，米山＝箸方監訳『保険とリスクマネジメント』東洋経済新報社，2005年，71頁（一部変更）。

年に一度の損失に備えればよいでしょう。

　企業は合理的な方法で，予想される最大の損失額を決定する必要があるわけですが，その合理性の根拠となるのが「予想最大損失」という概念です。図5-3は，ある企業の年間の賠償責任損失の分布を示しています。この損失が正規分布に従うと仮定すると，分布の期待値（期待損失額）と標準偏差を過去のデータから知ることができれば，いくら以上の損失額が1年間に1％の確率で起きるかを推定することができます。すなわち逆にいえば，99％の損害が収まる損失額を推定することができるのです。

　保険会社や事業会社が予想する最大損失額には，株主等に説明するために合理的な根拠が必要です。損失分布が図5-3のような分布に従うと仮定して，損害の99％が収まる金額を推定する方法，すなわち予想最大損失の推定は，最大損失を合理的に推定する有力な方法といえます。

6．VaR（バリュー・アット・リスク）

　VaRは，資産損失の可能性を時価推移から推測する分析方法あるいは分析指標です。具体的な例で説明すると次のようになります。図5-4は，ある資産ポートフォリオの1カ月間の価値変化の確率分布図です。資産ポートフォリオの

内容が金融資産で構成されているとすると、そのリスクは価格リスクおよび信用リスクを内包していると想定することができます。そこで、分布を正規分布と仮定しても大きな誤りはないでしょう。図5-4では、750万円の損失までの間に99％の結果が収まるという推定結果が得られます。このように、ある資産が期間$T=1$カ月について信頼水準$X=99％$で、750万円である場合に、「この資産のVaRは、信頼水準99％で750万円である」といいます。いいかえれば、この資産ポートフォリオは、1カ月にわたり損失が99％で750万円に収まり、1％の確率で750万円以上になるものであると予測しているわけです。

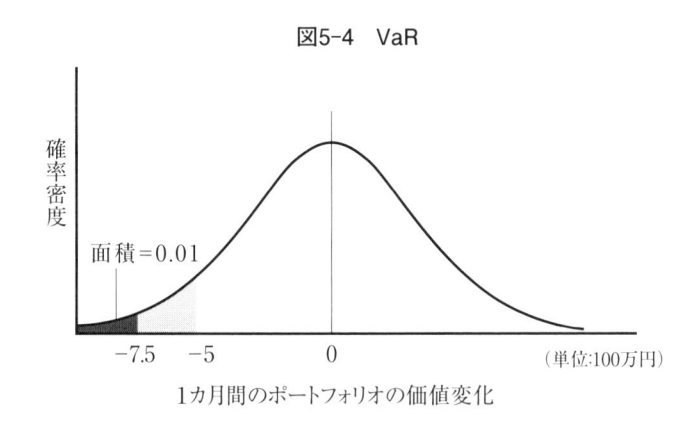

図5-4　VaR

では、750万円という数値を導き出すのには、どのようにしたらよいのでしょうか。簡単にいえば、予想最大損失と同じく、過去のデータからこの資産ポートフォリオの標準偏差を得ることができれば推定することが可能です。

正規分布の性質との関連で計算の仕方をもう少し詳しく説明しておきましょう。確率変数Xが期待値μと標準偏差σをもつ標準正規分布に従うと仮定すれば、（期待値-2.33σ）の結果よりも小さくなる確率が1％であり、（期待値-1.645σ）の結果よりも小さくなる確率が5％となることが知られています。このことを数式に直すと、次のようになります。

$$Pr(X < \mu - 2.33\sigma) = 0.01 \quad \cdots\cdots(1)$$
$$Pr(X < \mu - 1.645\sigma) = 0.05 \quad \cdots\cdots(2)$$

　この算式を覚えておくと，VaRを計算するのに便利です。$Pr(*)$ とは（*）となる確率という意味ですから，信頼水準99%のVaRを計算する場合には(1)式を，信頼水準95%を計算する場合には(2)式を利用すればよいでしょう。

7. 正規分布への過信と金融危機

　人為的な要因が排除された経済事象において，正規分布を仮定してよい確率分布が多いことは直感的に理解できます。しかしながら，当然であるが，正規分布には従わない，すなわち正規分布を仮定することが出来ないような分布もたくさんあります。さらに期待値近傍では正規分布に従っているようにみえるが，左右の裾野が厚い分布が多いといいます（これをファットテールと呼びます）。ファットテールの場合，99%信頼水準のVaRで計算した値が，実際には，はるかに低い信頼水準であることになります。

　企業の内部リスク管理では，リスクの計量化が必要であるため，VaRはそのための便利な手法を提供しています。しかし損失の確率分布が正規分布に従わなかったり，ファットテールの問題が生じているとすると，内部リスク管理が甘いものとなってしまう危険性があるので，注意が必要です。

　そこでリスク管理上，ファットテールを考慮したVaRの技法が開発されたり，リスクの計量化だけでなく，シナリオテストのような質的なリスク管理手法を採用したりして，正規分布の仮定の限界を補完する努力が行われています。

　しかしながら，リーマンショックの原因の１つに，サブプライムローンを含む証券化において，リスクのプライシングに失敗したことが指摘されています。もちろん，証券化のすべてが悪いわけではなく，また証券化という技法自体が金融危機を招いたわけでもありません。問題は，それを利用した人々の倫理と機会主義的行動に規律を与えることができなかったガバナンスにあるのではないでしょうか。

8. まとめ

　リスクの計量化の例として，予想最大損失とVaR（バリュー・アット・リスク）について学習しました。正規分布の性質を利用すると，確率分布する様々な事象を推計することができることがわかりました。ただしこれらの推計を鵜呑みにするわけにはいきません。金融工学の専門家にならなくても，推計の結果については，複眼的な見方により，慎重に解釈することが必要です。

練習問題

1. 自然事象において正規分布に従うと思われる事象を1つあげなさい。
2. 第4章であげた3つのリスクと正規分布の関係について述べなさい。
3. 本文の記述に登場する，資産ポートフォリオのVaRは，信頼水準99％で750万ドルであるという。$\mu=0$としてこの資産ポートフォリオの標準偏差を計算しなさい。
4. 上記の問いで算出した標準偏差を用いて，この資産ポートフォリオの信頼水準95％水準のVaRを計算しなさい。
5. マーキュリー社は，翌年の賠償責任損失全体の期待値と標準偏差をそれぞれ1,000万ドルと300万ドルと推定している。マーキュリー社の損失全体が，正規分布に従うと仮定するならば，5％水準での予想最大損失はいくらか。また1％水準ではいくらか。$\mu=0$として計算しなさい。

第6章 リスクプレミアム

1. リスク愛好者

　次の表は，ある本物の宝くじの期待値を計算したものです。1等賞の当せん金は，1億5,000万円で17本ありますが，1等賞が当たる確率は0.00001%なので，1等の当せん金総額（1億5,000万円×17）に確率をかけた値は，たった15円です。期待値は140.99円となります。

　かりにこの宝くじの発売枚数1億7,000万本を一括購入する人がいたとしら，1枚あたり140.99円が確実に戻ってくることになります。個人購入者にと

等　級	当せん金	本　数	確　率	当せん金総額×確率
1等	150,000,000	17	0.00001%	15
1等前後賞	25,000,000	34	0.00002%	5
1等の組違い賞	100,000	1,683	0.00099%	0.99
2等	5,000,000	170	0.00010%	5
3等	500,000	1,700	0.00100%	5
4等	50,000	34,000	0.02000%	10
5等	3,000	1,700,000	1.00000%	30
6等	300	17,000,000	10.00000%	40
春の訪れ賞	10,000	680,000	0.40000%	30
はずれ	0	150,582,396	88.57788%	0
		170,000,000	100.00000%	140.99

販売額	51,000,000,000
価格	300
発売枚数	170,000,000

　　（出典）グリーンジャンボ宝くじのデータを参照に作成。

っては、宝くじの価格は1枚あたり300円ですから、期待値との差額は1枚あたり159.01円です。

宝くじを購入する人は、期待値が140.99円のものを、なぜ300円も支払っているのでしょうか。その理由は、2億円が当たる夢を購入するためだと思われます。この夢を買うために支払うお金が159.01円ということになります。宝くじの価格は300円ですが、実際には期待値が140.99円ですから、159.01円が夢の「コスト」です。（実際には、2億円は、1等前後賞とあわせて2億円であるので、最低3枚900円の投資が必要です。）

仮に2億円の夢を購入する人が大金持ちで販売額に相当する出費を負担に思わない場合、この人は宝くじを買い占める（1等賞を買い占める）でしょうか。1等賞を当てるという夢が現実のものになるのですが、個別で購入する場合の不確実性が消滅してしまいます。

そもそも2億円の夢とは、2億円が手に入るかもしれないという可能性なのですが、そこには期待値まわりの変動性というリスク（不確実性）が存在しています。宝くじを購入する人は、このようなリスクを購入するために159.01円のコストを払ってでも購入するのです。宝くじを購入する人は、不確実な結果を得るために300円を払うのです。その意味で、リスクのある資産（宝くじ）を購入するために、期待値以上のコストを支払う用意のある人であり、このような人をリスク愛好者といいます。またリスクを購入するために支払う159.01円をリスク愛好者にとってのリスクプレミアムといいます。

2. リスク回避者

1,000円を支払って、サイコロの偶数がでたら0円、奇数がでたら2,000円をもらうような賭けを行うものと仮定しましょう。サイコロが不正でないものでしたら、この賭けの期待値は1,000円で、賭けの料金と同額です。この賭けに積極的に参加する人は、リスク愛好者であるといえます。つまり賭けない場合の財産の状況は確実な1,000円ですが、賭けをした場合の財産は、0.5の確率で2,000円、0.5の確率で0円ということになります。したがって、より変動のある後者の状

態（リスクのある状態）の方が好ましいと感じている人ということになります。

これに対して，確実な1,000円の方が，0.5で2,000円，0.5で0円という財産状況よりも好ましいと思っている人も多いことでしょう。このような人をリスク回避者といいます。リスク回避者を賭けに誘い込むためには，賭け率の条件を変える必要があります。賭けの料金を期待値の1,000円よりも安くする方法もありますが，掛け率を変更するという方法もあります。たとえば，偶数の場合は同じく0円ですが，奇数が出たときの結果を2,200円に変更することも考えられます。この場合，期待値は，$0 \times 0.5 + 2,200 \times 0.5 = 1,100$円となり，料金の1,000円よりも100円大きい期待値となります。この賭けは，リスクにこだわらなければ，賭ける側に有利な賭けであるといえます。自分の財産の変動という意味でのリスクを嫌う人であっても，期待値レベルで100円有利な賭けをするかもしれません。この賭けをした結果の財産状況は，0.5の確率で2,200円，0.5の確率で0円ということになります。賭けをしない場合は，確実な1,000円となります。リスクを嫌っていたとしても，掛け率が自分によって有利であるならば，賭けをするかもしれません。もしリスク回避的な人がこの賭けに参加するならば，1,100円 − 1,000円 = 100円がリスク回避的な人を賭けに誘い込むコストとなり，これをリスクプレミアムと呼んでいます。

3. リスク中立者

期待値が同一ならば，リスクの大きさは無差別である，すなわちリスクの大きさには無関心な者もいます。このような者をリスク中立者といいます。リスク中立者は，どんな大きさのリスクでもかまわないのですから，リスクプレミアムは生じません。そこで，リスク中立者にとっては，期待値だけに関心があるのです。

ここまで学んでくると，リスクプレミアムという場合のリスクは，期待値そのものではなく，期待値まわりの変動のことであるということがお分かりだと思います。本書では，本来は1つであるべきリスクの実体を2つに分けて考えているのですが，リスクプレミアムが期待値に対して支払われる対価ではなく，

期待値周りの変動，すなわち将来の不確実性に対して支払われる対価であることなどを理解する上で，この区分は有益なものだと思います。

4. リスクプレミアムはなぜ生まれるのか

　最初にお話した，宝くじの場合は，リスク愛好者は，リスクプレミアムを支払ってでもリスクがある状態を選択していました。雇用が安定し，堅実に暮らしている限り，庶民の生活には，大きな変化はありません。つまり比較的リスクのない状況ということができます。このような意味で安定している庶民が，一攫千金の夢を抱くことがある種のバランスを生み出す上で必要なのかもしれません。平凡で安定的であるからこそ，リスク（結果のバラツキ）が大きい宝くじに投資するのです。通常は，リスク回避的な行動パターンをとっている人が，宝くじを買うのは矛盾しているようにみえますが，人間は2つのポケットをもっていて，リスク回避的に行動する人も，限られた予算内でリスクをとるという行動を行う可能性があります。安定と不安定，確実と不確実は，1人の人間の中に同時に存在しているものといえるかもしれません。

　家計と企業は，一般的にいえば，リスク回避的であるといえましょう。その理由は，企業と家計では異なるかもしれません。企業については，バランスシートを考えれば，リスクを多く取り込んだ場合，資産と負債の変動が大きくなり，負債が資産を上回る支払い不能状態に陥る確率が大きくなります。このような確率を低位にとどめるためには，資本を厚く積むとか，保険に加入するとか，資産負債をオフバランス化するなどの手当てが必要となります。しかしいずれにしてもコストがかかります。よってリスクを多く取り込めば取り込むほど，それを手当てするためのコストがかかりますので，企業は一般的にいってリスク回避的であるといえるのです。

　家計についても，宝くじやギャンブルなどに使う費用は通常の生活費とは別の余裕資金で行われなければなりません。家計の場合は，自己破産制度や社会保障がありますので，万が一破綻しても，企業と異なり，生きてゆく権利は保障されています。そこでリスク回避的でなくてもよいように思われますが，自

己破産や生活保障が与える社会的烙印に対する抵抗があるために，一般的には，企業と同じくリスク回避的であると想定することができます。

　さらに人間の心理からいっても，失う悲しみと得る喜びが等価ではなく，悲しみの方が大きいため，リスク回避的な行動をとるという心理的な説明もあります。1,000円を支払って，0.5の確率で0円，0.5の確率で2,000円という結果となる前述のサイコロの賭けの例をもう一度振り返ってみましょう。賭けをしなければ，財産は確実な1,000円ですが，賭けをした場合には，0.5の確率で1,000円を失い，0.5の確率で1,000円を得ることになります。1,000円を失う悲しみが，1,000円を得る喜びよりも大きいということは直感的にも理解できます。賭け金1,000円を，その人の全財産に置き換えてみればよりはっきりします。たとえ0.5の確率で財産を2倍に増やしてくれる喜びよりも，0.5の確率で全財産を失ってしまう悲しみの方が大きいことでしょう。

　ところで，リスク愛好者がリスクを得るために支払いうる金額のことをリスクプレミアムといいますが，反対に，リスク回避者がリスクを負うために要求する金額のこともリスクプレミアムと呼びます。通常，経済学では，企業は家計をリスク回避的なものであることを前提としています。ただし，個別企業および個人のリスク回避度の程度はそれぞれ異なるリスク回避度をもっているものと考えています。

5. まとめ

　本章では，リスクに対する個人の傾向を，リスク愛好者，リスク回避者，およびリスク中立者の3つに分けて検討しました。宝くじの期待値は，宝くじの値段の半額程度ですが，夢を購入するために，宝くじを買う人がたくさんいます。宝くじの値段と期待値の差額が，リスクプレミアムです。リスク愛好者ばかりでなく，リスク回避者にもリスクプレミアムは生じます。後に学習するように，リスクはコストですから，リスク回避者にとってのリスクプレミアムが重要でしょう。当然ですが，リスク中立者にはリスクプレミアムは生じません。

練習問題

1. ウェブサイトから本文とは別の宝くじのデータを入手し，分布表を作成しなさい。
2. 1.で作成した分布表に基づき，その期待値と分散を計算しなさい。
3. 本文の宝くじとの違いを論じなさい。
4. リスク愛好者では，お金を失う悲しみと得る喜びの関係はどのように説明されるのだろうか。
5. リスク回避者について，自分の資産が1単位増えるのに対する効用の増分の比率はどのように変わるのだろうか。

第7章 期待効用仮説

1. リスクプレミアムが生まれる要因

　第6章において，リスク愛好者はリスクをとることに対してお金を払い，リスク回避者はリスクを回避することにお金を払うことを知りました。このようにリスクをとったり，回避したりすることに対して，人々が払ってもよいと思う最大の金額をリスクプレミアムと呼んでいます。

　なぜリスクプレミアムが生じるのかといえば，個人や企業にはリスクを好きな人とリスクを嫌いな人がいると考えることができるからです。ところでこの場合の「リスク」とは，何を指しているのでしょうか。本書では，リスクの実体を，結果の期待値と期待値まわりの変動に分けて考えていますが，この場合の「リスク」とは，期待値そのものの大きさではなく，期待値まわりの変動のことをさします。たとえば，1枚300円で1等賞が1億円の宝くじと，1等賞が1,000円の宝くじではどちらが魅力があるでしょうか。期待値が同じなら，前者の方がはるかに魅力的な宝くじといえましょう。このことは，宝くじにあっては，リスク（結果のバラツキ）が大きくなるほど，リスクプレミアムをたくさん払ってもよいという人が生じることを意味します。つまりリスク愛好者の需要を刺激する大きな要因は，期待値そのものよりも期待値まわりの変動であるといえましょう。

　ではグラフを用いてリスク愛好者，リスク回避者およびリスク中立者の性質とリスクプレミアムについて考えて見ましょう。グラフを読むのが苦手な人は，それぞれのタイプの特徴を覚えていただければ結構です。ここで理解したことは，リスクをより深く理解するためには役に立ちますが，先に進むために必要

不可欠ではありませんので，気楽に読み進めてください。

2. リスク愛好者の効用曲線

　これから示すすべてのグラフは，横軸に所得をとり，縦軸に効用をとったものです。最初にリスク愛好者の効用曲線をみてみましょう。リスク愛好者の効用曲線は，図7-1のようにx軸の方向にふくらんでいるのが特徴です。

　所得として900万円をもっている時の効用はy軸の$U(900)$に相当します。$U(900)$という記号は，900（万円を省略）の時の効用（utility）の大きさを示しています。通常は，所得が大きければ大きいほど効用も大きいと考えます。たとえば$U(900)$は$U(600)$よりも大きいし，$U(300)$は$U(600)$よりも小さいということです。

　ここである人が確実に600万円を得る場合と0.5の確率で300万円，0.5の確率で900万円を得る場合を考えてみましょう。期待値はともに600万円で同じですが，前者は必ず600万円となる確実なケース，後者は不確実な600万円であるという点にその違いがあります。図7-1の縦軸では前者に対応する効用は，$U(600)$，後者に対応する効用は$U(P)$で示されています。この$U(P)$は，0.5×

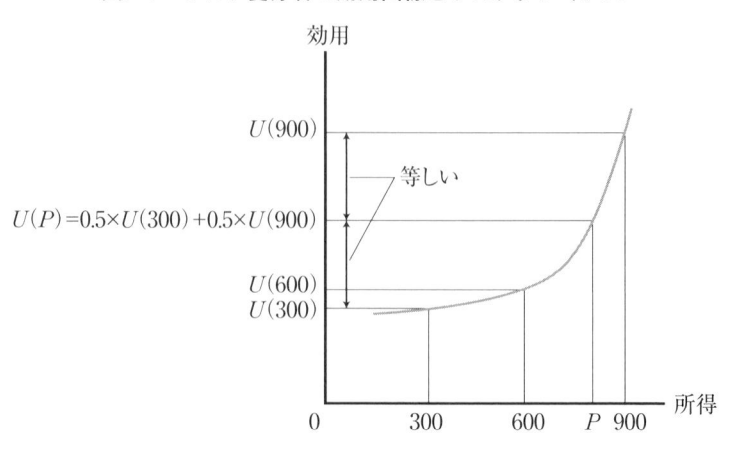

図7-1　リスク愛好者の効用曲線とリスクプレミアム

$U(300)＋0.5×U(900)$ として計算されるもので，300万円の所得に対する効用$U(300)$と900万円の所得に対する効用$U(900)$の期待値，すなわち期待効用を示しています．したがってPが意味するのは，不確実な600万円と同じ効用を与える確実な所得の水準ということになります．

このことから，リスク愛好者は，期待値が同じ600万円であった場合，確実な，つまりリスクのない600万円よりも，不確実な600万円の方が高い効用をもつことになります．逆にいえば，効用曲線がこのような形状の時に，よりリスクを好む人の特徴が示されることになるのです．

リスク愛好的な主体にとっていえば，リスクの無い600万円という状態と同じ期待値でしかもリスクのある状態である効用 $\{U(900)＋U(300)\}×0.5$を得られるのならば，$(P－600)$万円までならば支払ってもよいと思うはずです．この金額がリスク愛好者のリスクプレミアムとなります．リスク愛好者のリスクプレミアムとは，より多くのリスクをとることができるとしたら，支払ってもよい金額の上限のことをいうのです．

3. リスク回避者の効用曲線

次は，リスクの嫌いな人の効用曲線を考えてみます．リスク回避者の効用曲線は，横軸x軸と反対の側にふくらんでいる形状をしています．横軸と縦軸は図7-1と同じです．900万円の所得時の効用が$U(900)$であり，300万円の所得時の効用が$U(300)$となります．ここでもう一度，0.5の確率で300万円，0.5の確率で900万円となる結果をもつ所得を考えてみましょう．このような確率分布の効用は，300万円の時の効用$U(300)$と900万円の時の効用$U(900)$のそれぞれに確率をかけたものを足すことによって導かれます．このような確率分布の場合の効用を期待効用と呼んでいます．

図7-2で確認すると，確実な600万円の時の効用$U(600)$が，900万円と300円にそれぞれ0.5の確率で分布する場合の期待効用よりも大きいことがわかります．つまりこのような形状の効用曲線の場合は，期待値が同じであるならば，確実な600万円の方が，不確実な600万円よりも効用が高いといえます．よって

46　第Ⅰ部　リスクの基礎

図7-2　リスク回避者の効用曲線とリスクプレミアム

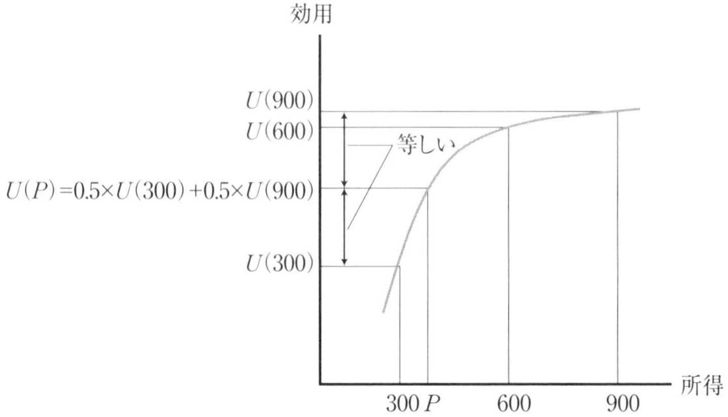

リスク回避者は，期待値が同じで確実な所得を得ることが出来るならば，$(600-P)$万円までなら支払ってもよいと考えているはずです。このようにリスクをなくすことができるならば，この程度までは支払ってもよいと思う金額のことをリスク回避者のリスクプレミアムと呼んでいるのです。

4. リスク中立者の効用曲線

　リスク愛好的でもなく，リスク回避的でもない主体のことをリスク中立者と呼びます。リスク中立とは，期待値が同じならば，どのようなリスクでも無差別である状態をいいます。無差別とは，どのようなリスクであっても効用が同じであるということですから，期待値以外のリスクには無関心でいられます。

　期待値が同じならば，期待値まわりの変動（リスク）がどのようであっても構わないということですから，このような主体にリスクプレミアムは生まれないはずです。このことを以下の図7-3でリスク中立者の効用曲線で確認してみましょう。リスク中立者の効用曲線は直線になります。

　ここでもリスクのある所得の状態とリスクのない所得の状態の効用を比較してみましょう。リスクのない確実な600万円の効用が$U(600)$となります。これに対して同じ期待値をとるようなリスクをもった所得，すなわち0.5で300万

図7-3 リスク中立者の効用曲線とリスクプレミアム

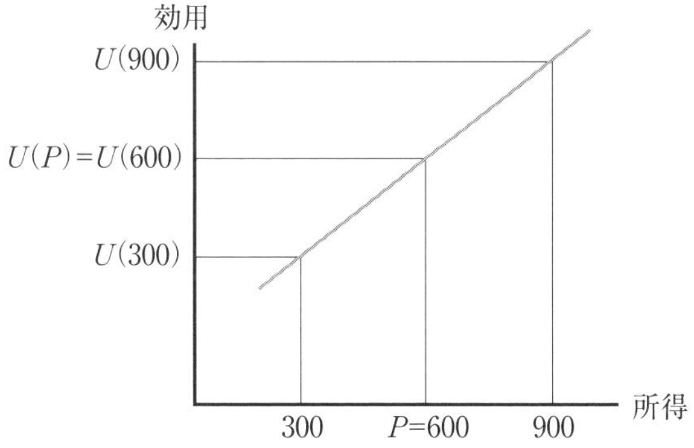

円，0.5で900万円となる所得の期待効用は，$U(600)$と同じになります。つまり，所得の期待値が同じならば，リスクがともなっていてもともなっていなくても同じ効用となるのです。したがって，リスク中立者の効用曲線である直線であるという形状では，リスクプレミアムの生まれる余地がありません。

5. 期待効用仮説

　以上では，リスク愛好型，リスク回避型，およびリスク中立型の3つのタイプの特徴について，グラフを用いて学びました。ここでは期待効用という概念が登場しました。期待効用とは，将来の所得に対する効用の期待値のことです。ここでは，数値例をあげてもう一度学習しておきましょう。

　0.5の確率で300万円となり，0.5の確率で900万円となる場合の期待効用を，$U(300) \times 0.5 + U(900)$万円$\times 0.5$という計算式で導きました。これまで所得の期待値を導くときには，300万円×0.5＋900万円×0.5＝600万円のように求めていました。効用であったとしても期待値（期待効用）を求めるためには，同様にして計算することが出来るはずであるという考え方が，期待効用仮説なのです。この仮説が成り立たない世界では，リスクプレミアムの存在を確認することが困難となりますが，この仮説が成り立つとすれば，これまでのグラフで確認したような，リスクプレミアムの存在を明らかにすることができ，リスク愛

好者やリスク回避者の特徴を理論的に理解することができるのです。

6. 個人や企業はリスク回避型

　世の中にリスク愛好者ばかりがいた場合，保険会社が存在する意義がなくなってしまいます。リスクを愛好することは，別の言葉で表現すれば，現在の財産の状態と比べて将来の財産の状態にバラツキがあるほうを好むということです。さらにいえば，確実な結果よりも不確実な結果を好むということです。第8章「リスクはコスト」でその理由を詳しく説明しますが，通常の個人や企業は，将来における不確実な結果よりも，確実な結果を好みます。

　保険経済学では，一般に，家計や企業はリスク回避的であるという前提でモデルをつくっており，このことは現実の経済を考えるとそれほど不自然な前提ではないと思います。また保険会社などは，リスクを大数の法則によって分散することが可能なので，限りなくリスクに中立な主体であると仮定することも出来ますが，大数の法則や再保険などを駆使しても，なお残存するリスクがあると考えられるため，完全に中立的な主体と考えるのは無理があるでしょう。

　なお最後に，リスク回避度についてお話しておきましょう。リスク回避度とは家計や企業がリスクを回避したいと思う程度のことをいいます。リスク回避度が大きい場合は，リスクプレミアムが大きくなります。つまりリスクを回避するためならば，より大きな金額を支払ってもよいというわけです。

　このことをグラフで考えてみますと，「リスク回避者の効用曲線」（図7-2）のグラフにおいて，リスク回避度が大きくなるということは，Pの位置が300万円にどんどん近づいていけば，リスクプレミアムはより大きくなります。グラフ上でこのような効果を導くためには，グラフの形状がもっとx軸と反対側にもっと突き出た形状になればよいということがわかります。つまり曲線の形状が平たい場合には，リスク回避度が低く，突き出た場合はリスク回避度が低いということになります。リスク回避度がゼロになるとリスク中立となりますが，平たい形状が直線になったのが，リスク中立者の効用の形状である直線となるわけです。

7. まとめ

本章では，期待効用という概念を用いて，リスク回避者にとってリスクプレミアムが生まれる理由を明らかにしました。本章で，リスクプレミアムの経済学的な意味がいっそう明らかになったものと思います。

練習問題

1. xを所得，yを効用とした場合の効用曲線の形状が$y=x^{1/2}$である時，この関数のリスク選好を示し，その理由を述べなさい。
2. リスク中立型の効用曲線の場合，リスクプレミアムが生まれない理由を述べなさい。
3. あなたが仕送りを受けて東京に下宿している学生であるとしよう。あなたが仕送り直前に道端で拾った1,000円と，仕送りが到着後に拾った1,000円ではどちらが嬉しいか，つまり効用が大きいか。もしそのような場合，あなたは自分がリスク回避的であるのか，それともリスク愛好的であるかを判別しなさい。
4. 次のような効用関数を考えた場合，リスクプレミアムがいくらになるか計算しなさい。Pの値を求めて$600-P$を計算すればよい。ただし計算値は，四捨五入して小数点第一位まで求めること。

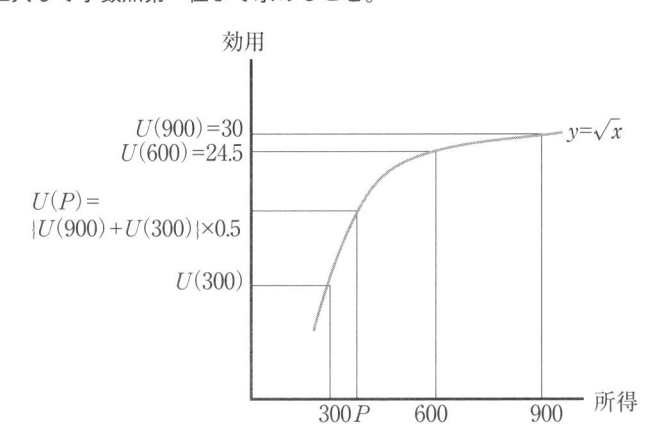

効用

$U(900)=30$
$U(600)=24.5$

$U(P)=$
$\{U(900)+U(300)\}\times 0.5$

$U(300)$

$y=\sqrt{x}$

$300\ P\quad 600\qquad 900$ 所得

5. 本章第6節で「リスク愛好者ばかりいた場合，保険会社が存在する意義」がなくなると述べています。その理由を述べなさい。

第Ⅱ部

リスクコストへの対応

　リスクがコストであるということを知り，リスクコストをマネジメントするため考え方を学びます。リスクマネジメントの手法には，期待値（μ）を軽減するロス・コントロールと損失時の資金繰りであるロス・ファイナンスなどがあります。

第8章 リスクはコスト

1. リスクとは

　ビジネスの世界では「リスクはコストである」といわれますが，ここではこの言葉の意味をより深く考えて見ましょう。ここまで学習してきた読者の方に，リスクを単なる危険だとか何か怖いことなどと漠然と考えている人はいないと思います。第4章では，リスクの実体は，「変動をともなった結果の期待値」であると学習しました。さらに「リスクと保険」を学ぶ上で，リスクを結果の期待値と期待値まわりの変動の2つの要素に分解して理解することが大切であると述べました。この2つの要素を確認した上で，なぜリスクがコストなのかということを考えてみましょう。

2. なぜリスクがコストなのか

　家計や企業にとってなぜリスクがコストなのかということを，事例をあげながら学習しましょう。リスクがコストであることは，期待損失コストおよび不確実性のコストという2つのコストから説明できます。

　まったく条件が同じである2,000万円の価値の家屋が2軒あったとします。このうち1軒は，1週間以内に10％の確率で隕石が衝突し全壊し家屋の価値がゼロになってしまいます。ただし住民にケガはなく，単純に家屋の損害だけですむものとします。いいかえれば，この家屋は10％の確率で価値がゼロとなってしまう資産であるといえます。

3. 期待損失コスト

　この2つの家屋はどちらの価値が大きいでしょうか。割引率を考えず，1週間のうちに住宅価格の変動がないと仮定すると，隕石が衝突する可能性のある家屋の価値は，2,000万円−（2,000万円×0.1）＝1,800万円となります。つまり損失の期待値（2,000万円×0.1＝200万円）が減価することになります。そこで，当然ですが，隕石が衝突しない家屋の方が，期待損失が差し引かれない分だけ価値が大きくなります。

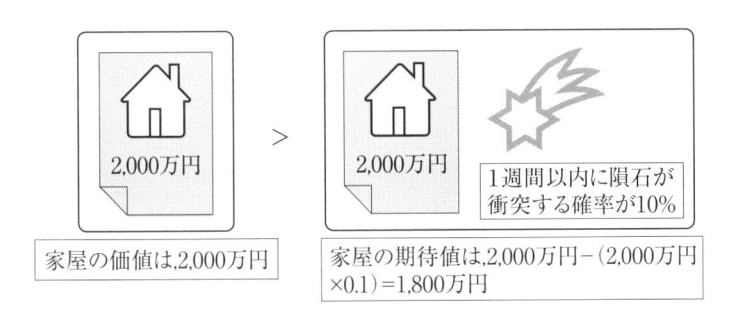

2,000万円　＞	2,000万円　　1週間以内に隕石が衝突する確率が10％
家屋の価値は2,000万円	家屋の期待値は，2,000万円−（2,000万円×0.1）＝1,800万円

　隕石が衝突する家屋から期待損失額が減価されて1,800万円となると考えましたが，別の考え方もできます。計算式は同じとなりますが，隕石が衝突する家屋の価値の期待値は，2,000万円×0.9＋0円×0.1＝1,800万円となります。要するに，隕石の衝突する可能性によって家屋の価格の期待値が落ちてしまったということです。

4. 不確実性のコスト

　では，期待値が同じであったらどうでしょうか。次の図は，隕石が衝突しない1,800万円の家屋と隕石が衝突する確率が10％である家屋の価値を比較しています。市場は，期待値を同じくするこの2つの家屋の価値を同じであると判断するでしょうか。結論的にいえば，市場は，期待値が同じだからといって両者が同一の価値であるとは評価しません。隕石が衝突する可能性のある家屋の

1,800万円 = 2,000万円 / 1週間以内に隕石が衝突する確率が10%

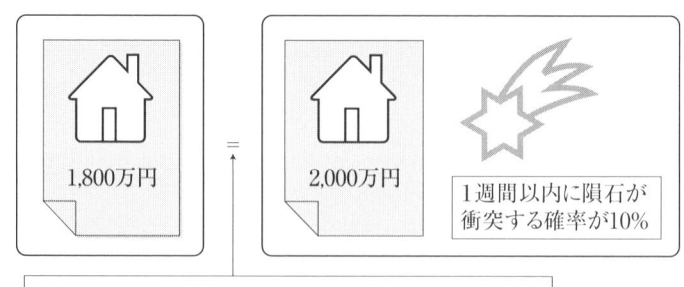

期待値は同じなので市場は同価値であると判断するか？

場合は，期待値が1,800万円であっても，10％の確率で価値がゼロになってしまうという不確実性をともなっています。市場は，この不確実性をマイナスに評価します。不確実な1,800万円という結果よりも，確実な1,800万円の方が価値は高いとされます。その理由は，市場を構成する個人や企業の多くが，リスク回避的であるためです。第7章では，リスクを選考するタイプが3つあるということを学習しましたが，市場経済においては，個人や企業は一般にリスク回避的であるという前提がおかれています。この前提が妥当であることは，本書を読み進めるうちによりはっきりと理解していただけることでしょう。ここで覚えていただきたいことは，リスク（不確実性）をともなう隕石が衝突する可能性のある家屋は，リスクのない価値から一定額が減価してしまうことです。

以上で見たように，リスクの存在は，価値を減価させる要因となります。そのような意味で，リスクはコストなのです。リスクがコストとなる要素として，第一義的には期待損失があります。次に，不確実性のコストがあります。このようなことを理解した上で，リスクコストについて学習を進めていきたいと思います。

5. リスクコスト

リスクの存在は，価値を減価させます。それをリスクによって生じるコストと考え「リスクコスト」という概念が生まれました。リスクコストには，期待損失コストと不確実性に由来するコストがあります。期待損失コストについて

は，防火施設の設置のように，期待損失そのものを低下させる活動が有効な場合がありますが，低下させることができないようなものもあります。不確実性のコストについても危険な活動を抑制するなどによって，期待損失を減らす活動が出来る場合があります。しかし期待損失そのものを軽減することができなくても，リスクを外部に移転したり，内部で分散したりすることもできます。単位あたりの期待損失は軽減されなくても，期待値まわりの変動性が小さくなれば，リスクが減ることによって価値が増大します。さらに，リスク移転などを行ってもなお残るリスクを残余的不確実性のコストと呼んでいます。それは，隕石が衝突する可能性のある家屋の場合のように，不確実性の存在によって市場がマイナスに評価するコストです。

6. リスクコストの構成要素

リスクコストの構成要素は，図8-1に示されているように，期待損失，ロス・コントロールのコスト，ロス・ファイナンスのコスト，内部リスク軽減のコストおよび残余的不確実性のコストです。リスクマネジメントの手法としての，ロス・ファイナンスとロス・コントロールについては，後に詳しく学習しますが，ここではこれら手法から生じるコストについて簡単に説明しておきましょう。

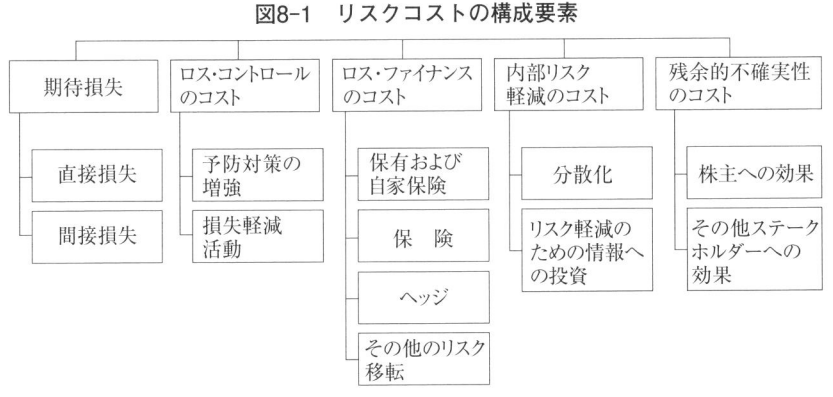

図8-1　リスクコストの構成要素

期待損失	ロス・コントロールのコスト	ロス・ファイナンスのコスト	内部リスク軽減のコスト	残余的不確実性のコスト
直接損失	予防対策の増強	保有および自家保険	分散化	株主への効果
間接損失	損失軽減活動	保険	リスク軽減のための情報への投資	その他ステークホルダーへの効果
		ヘッジ		
		その他のリスク移転		

（出典）ハリントン＝ニーハウス著，米山＝箸方監訳『保険とリスクマネジメント』東洋経済新報社，2005年，27頁。

期待損失は,主要なリスクコストです。(以下の記述では,期待損失のことを期待損失コストとも呼ぶことにします。) 期待損失コストは,直接損失であっても間接損失であっても,ロス・コントロールという手法を用いて,ある程度軽減することができます。これに対して,ロス・ファイナンスは,基本的には期待損失コストを変えずに,リスクを移転することによって企業のリスクを軽減させる手法です。内部リスク軽減とは,企業内部でリスクを分散する手法を採用することでリスクを軽減させることです。ロス・ファイナンスと内部リスク分散によるリスク移転やリスク軽減の場合のリスクとは,損失の期待値自体ではなく,期待値まわりの変動性(不確実性)にかかわることであることに注意しておきましょう。

さて,ここで「リスクはなぜコストなのか」ということを思い出してみましょう。家屋の価値がリスクによって減価するプロセスを2段階で理解していただきました。隕石が衝突することによって生じる期待損失こそが,リスクコストの構成要素のうち期待損失にあたる部分です。期待損失はリスクコストとして,価値(ここでは企業価値)から差し引かれます。リスクコストの最後の構成要素である,残余的不確実性のコストは,2段階目の不確実性のコストです。企業が完璧なリスクマネジメントをしてもなお残存するリスクを市場は不確実性コストとして企業価値から減価することでしょう。このように,リスクコス

表8-1 リスクコストの構成要素の一覧表

	便益	コスト	要素間の関連
期待損失コスト 直接損失	期待損失の減少	期待損失の増大	ロス・コントロールとのトレードオフ
間接損失	間接損失の減少	間接損失の増大	ロス・ファイナンスコストとトレードオフ
残余的不確実性のコスト	不確実性の減少	不確実性の増大	手法のコスト全体とトレードオフ
ロス・コントロールのコスト	期待損失を軽減	手法導入コストなど	期待損失コストとのトレードオフ
ロス・ファイナンスのコスト	リスク移転・結果のバラツキを軽減	リスク移転のために支払う費用など	間接期待損失コストとのトレードオフ
内部リスク分散のコスト	結果のバラツキを軽減	手法導入コストなど	期待損失コストとのトレードオフ

トの構成要素のうち最初と最後は，期待損失と不確実性というリスクのもつ2つの性格に由来するコストであり，両者に挟まれた3つの要素が，リスクマネジメントを行うための手法に要するコストです。（表8-1のリスクコストの構成要素の一覧表を参照。）

7. リスクマネジメントの目的

　これまでの説明では，家計や企業を特定しませんでした。リスクマネジメントを学ぶ場合は，個人や組織が何を目的にしているかによって，リスクマネジメントのあり方が変わってきますので，企業のリスクマネジメントということに特定して話を進めます。ただし，ここで学ぶことは，企業以外のリスクマネジメントなどにも応用できると思います。

　企業のリスクマネジメントの目的は，企業の目的との関連を重視する必要があります。企業の目標が企業価値の最大化であるとしたら，リスクマネジメントの目的も企業価値の最大化であることになります。企業価値といっても様々な評価尺度があり，具体的には，どのような評価尺度をもつかというところまでリスクマネジメントは関連する必要があるのですが，ここでは単純に企業価値の最大化を一般的なものとしてとらえて考えてみましょう。

　企業は何らかのリスクをともなった状況の中で企業価値が評価されます。つまり，実際の企業価値は，つねにリスクをともなっているものといえます。このようなリスクをマネジメントするのがリスクマネジメントの機能です。そこでリスクマネジメントの目的を定式化してみましょう。

　リスクの無い企業価値の状態は，ある意味で理想的な価値であり，企業価値が最大になる状態です。式に示したように，このような最大の企業価値を毀損するのがリスクコストであるといえます。そこでリスクの無い企業価値からリスクコストを差し引いたのが現実の企業価値，すなわちリスクをともなった企業価値です。

> リスクをともなった企業価値＝リスクの無い企業価値－リスクコスト

リスクマネジメントの目的は様々あるかもしれませんが，企業価値を最大化することにあると考えても大きな反対はないでしょう。上の式では，右辺にあるリスクコストを最小化すれば，企業価値最大化という目的が達成されることになります。よってリスクマネジメントとは，リスクコストを最小化する活動であるといいかえることができます。

8. リスクコスト軽減の困難性

リスクコストを最小化するためには，リスクコストを構成する5つの主要な要素を最小化すればよいことになります。しかしここで難しいのは，リスクコストを構成する諸要素がそれぞれ深く関連しているということです。リスクコストを最小化するためには，上にあげた5つの主要なリスクコストがすべて同時に小さくなってくれればよいのですが，実際にはそれぞれの構成要素の間にトレードオフ関係が存在します。トレードオフとは，1つの要素を改善させると，別の要素が悪化するというような，両立しない関係です。

現実のリスクマネジメントにおいては，リスクコストを最小化させるような一般式を解いて意思決定を行うようなことはできません。そこで，リスクコストを最小化するという大きな枠組みの下で，それを達成するための方向性をもった複数の副次的な目的をおいて，リスクマネジメントを実施することになります。またその際に認識しておかなければならないことは，リスクコストの構成要素のトレードオフ関係の特徴をしっかり理解しておくことです。

リスクコストの便益，コストおよび要素間の関連については，表8-1にまとめてありますので，これを参考にしながら，以下の説明を理解してください。期待損失コストと残余的不確実性コストは，損失の期待値と期待値まわりの変動性のいずれか1つ，あるいは両方を減少させることにより，リスクコストを軽減します。この2つの要素を軽減するためには，ロス・コントロール，ロス・ファイナンスおよび内部リスク軽減の方法を導入する必要がありますが，これらを採用するためには，コストがかかります。そこで，この両者の便益とコストの関係を重視しながら，結果としてリスクコストを最小化することにより，

企業のリスクマネジメントの目的は達成されるのです。

リスクコストを最小化するという課題を実行するためには，以下の5つの要素のコストと便益，そして要素間の関連に配慮しながら，将来のコストも勘案した上で計画的かつ合理的に行わなければならない難しい仕事です。本書はリスクマネジメントの実務書ではありませんから，リスクマネジメントのフレームワークを理解していただければ結構です。

9. まとめ

企業および個人のリスクマネジメントにおいては，リスクはコストです。本章では，リスクの存在が，企業の価値を二通りのやり方で減少させることを明らかにしました。第1は，期待損失コストであり，第2は，不確実性によるマーケットの評価です。本章では，リスクが存在することによって生まれるコストのことをリスクコストと定義します。リスクコストの構成要素は，3つのグループに分かれます。第1は，期待損失コストによる価値の毀損，第2は，リスク軽減や移転のためのコスト（ロス・コントロール，ロス・ファイナンスおよび内部リスク分散のコスト），第3は，リスクマネジメントを十分に行った上でなお残るリスクです。これらの要素の間には，トレードオフ関係にあるものもあり，リスクコストを最小化する解を実務的に求めることは難しいことです。

練習問題

1. 企業価値が2億円の企業Aが，1年以内に50％の確率で5,000万円の賠償責任を負うものとする。企業Aの期待損失額はいくらか。
2. 利子およびその他の条件を無視した場合，この企業Aの価値はいくらか。
3. 市場は，この企業Aの価値と企業価値が1億7,500万円の企業Bとのどちらを高く評価するだろうか。ただし企業Bは将来において賠償責任を負う可能性はない。
4. リスクコストの構成要素をリスクが存在することによる要素とリスクを軽減

するために費やす要素に分けて示しなさい。
5. 企業におけるリスクマネジメントの目的を, リスクコストという用語を用いて, 簡潔に述べなさい。

第9章 リスクを軽減する方法(1)
—μの世界—

1. μの世界とσの世界

　われわれが，家計や企業で直面しているリスクの実体は，期待値まわりの変動をともなった期待損失，いいかえれば「σをともなったμ」であるといえます。保険の実務および「リスクマネジメントと保険」という学問領域では，リスクのこの2面性に着目して，リスクを理解し，それをマネジメントしよう努めてきました。

　このような経験に基づいて，本書でも，「μ（期待値）の世界」と「σ（期待値まわりの変動）の世界」に分けて，企業のリスクマネジメントについて考える基礎を学びたいと思います。まずは「μの世界」から始めます。

2. リスクマネージャの仕事

　20世紀後半のアメリカ大企業では，リスクマネージャというポストが設置されました。企業をとりまく純粋リスクを認識し，あらかじめそれに対応することが主要な職務でした。その職務は企業保険の締結を中心とするものでした。一般に企業保険契約は「相対契約」（あいたいけいやく）であり，プロとプロの契約ですから，企業側にも保険に詳しい担当者がいる必要がありました。また企業保険のコストが高い時には，保有やキャプティブなどの代替的手段を検討することも重要な仕事でした。さらにコストの安い企業保険に加入するためには，企業内部の安全活動を強化し，損失の期待値を低める必要があり，そのような活動についても責任を負っているのがリスクマネージャでした。

リスクマネージャという職務は，企業をとりまくリスクが以前にまして多様で広範になったため，企業保険の専門家としてのリスクマネージャの重要性は後退しています。リスクマネージャが行っていたのは，伝統的なリスクマネジメントと呼ばれ，統合リスクマネジメント（Integrated Risk Management）や全社的リスクマネジメント（Enterprise Risk Management）が全盛となっている現代では古いように思われますが，企業の期待損失を軽減し，安いコストの保険に加入するという仕事自体についての重要性が失われたわけではありません。（IRMおよびERMについては，本書の第Ⅴ部で学習することにします。）

3. リスク軽減とは何か

リスクマネージャの主要な任務は，事業体がもっている特有なリスクを理解し，リスクを認知し，リスクを軽減することです。リスク軽減をする過程で，現代のようにリスクを移転したり，軽減したりする手法が多くなかった時代には，企業保険の役割がとりわけ大きかったのです。企業を主体と考えると，リスクは保有するか，回避するか，軽減するか，移転するかのいずれかの方法で対応することになります。このような個別主体のリスクの対応を考えるのがリスクマネジメントという学問なのですが，本書の第9章から第12章までは，基本的には，社会全体の観点からリスクの軽減の意味について検討したいと思います。（個別主体のリスク軽減手法を解説する箇所はそれを明示することにいたします。）

リスクの軽減は，これまでに学習したリスクの2つの側面から考えることができます。すなわち，損失の期待値を低くすること，および期待値まわりの変動性を小さくすることです。保険は企業のリスクを「軽減」するといいますが，保険料として損失の期待値が保険会社に移転するだけで，それだけではリスクが軽減されたことにはなりません。われわれが知らなければならないことは，保険会社が引き受けたリスクをどのようにして軽減するのか，そして保険会社が軽減するリスクとは何なのかということを明らかにすることです。この問いに対する答えは，第10章で示すことにして，ここでは，損失の期待値（μの世

界) だけに注目して，リスクの軽減を明らかにしたいと思います。

4. 期待損失を軽減する方法

　ある保険会社が首都圏直下型地震を想定した災害訓練を行ったところ，本社の自家発電装置が起動しないことが判明したといいます。理由は単純で設置した業者が配線を間違えていたためです。自家発電装置が起動しない状態で，首都圏直下型地震が起こってしまったとしたら，この企業に与える損害は，通常の何倍にもなっていたことでしょう。災害訓練を行うためには，仕事を中断するという機会コスト（もし仕事を中断しなかったら得られた仕事の便益が失われるというコスト）をはじめとして，大きなコストがかかります。しかしながら，首都圏直下型地震の際に自家発電装置が起動しないことによって想定される企業損失と比較すれば，無視できるほど小さなコストです。

　この事例から，災害訓練によって，企業の期待損失が軽減したことがわかります。確率分布の期待値のことを μ で表すことはすでに学習しました。期待損失を軽減するという意味におけるリスク軽減のことを，本書では「μ の世界」と呼んでいます。「μ の世界」におけるリスク軽減方法は，損失の期待値を「損失の頻度×損失の強度」に分解して考えるとより明確に理解することができます。

　損失の期待値を軽減させるには，損失の頻度あるいは損失の強度，またはその両方を低下させればよいことがわかります。つまり損失が起こる確率を小さくするか，損失が生じた時にその被害が小さくなるようにするか，あるいはその両方の効果が得られるようにするなどをすれば，結果として損失の期待値を軽減することができるのです。第8章において，損失の期待値（期待損失）が，リスクコストの構成要素であり，価値を減少させるものであることを学びました。損失の期待値を軽減することは，リスクを軽減するといってもよいでしょう。なお，「損失の頻度×損失の強度」で，損失の期待値が計算できるわけではありません。第1章の6節で定義したように，期待値とは，起こりうるすべての場合の「確率×結果」を計算し，それらの値を足算することによって得ら

れます。したがって,ここでの損失の強度は,正確には,「損失の強度の期待値」もしくは「条件付き期待強度」と考えなければなりません。

5. 損失予防

ここでは,家計や企業における期待損失を軽減する方法について考えてみましょう。ロス・コントロールを大きく区分すると,損失予防と損失軽減に分けることができます。損失予防とは,損失の頻度を減らすことを通して,期待損失を低下させる活動であり,損失軽減は,損失の程度を小さくすることによって,期待損失を低下させる活動です。

子供が道路で車に轢かれる事故を防ぐために家をフェンスで囲むという行為,製品の安全検査に時間と費用をかける活動,および工場現場での安全運動の展開などは,損失予防に属するものと考えられます。損失回避は,極端なかたちの損失予防といえます。損失を負わないことにすれば,期待損失はゼロとなります。リスクがゼロになることは理想的ではありますが,損失回避のために,多くの犠牲(コスト)を支払う必要があります。

たとえば,自動車事故による(通行人を除く)死亡者をゼロにするためには,自動車の運転を認めない,あるいは自家用車のすべてを装甲車なみの仕様にして,ぶつかっても死者がでないようにするなどの方法が考えられます。前者は損失回避の方法の実施であり,後者は過剰な安全投資の実施にあたります。この2つのロス・コントロールは,いずれも私たちの社会をよくしてはくれないですね。

6. 損失軽減

損失軽減は,損失発生以前の活動,損失発生後の活動,およびどちらともいえる活動の3つに区分することができます。消火器の設置は,火災そのものの確率は減らさないですが,火事があった時の損失軽減に役に立ちます。また自動体外式除細動器(AED)の設置は,心停止となった人の生存率を高めることによって損失軽減に役立ちます。人間の生命は金銭では買うことができませ

んが，便宜的に生命価値を金銭で評価することはできます。人間の生命価値を金銭的に評価すれば，死亡率が低くなることは期待損失が低下することになります。さらに巨大災害対策計画を策定しておくことも損失発生以前の損失軽減活動に属します。このような計画は，損失確率を変えることはありませんが，想定する巨大災害が生じた時に被害の拡大を防止します。

損失発生後の活動としては，台風で崩れた窓の修復などが考えられます。スプリンクラーも損失発生後に機能して損失発生の拡大を防ぎます。ただし，損失発生後に急いでスプリンクラーを設置することはできませんから，スプリンクラーの設置は，損失発生前の投資と考えるべきでしょう。

ロス・コントロールの手段は，スプリンクラーの例にみられるように，必ずしも明確に分類できるわけではありません。損失予防とも損失軽減ともいえる活動もあります。たとえば，防災運動は，防災意識を高めることによって，災害の頻度を下げるという意味で損害予防にあたります。それと同時に，災害が発生した時に迅速に対応を行えるという意味で，損失軽減であるともいえます。また前述した保険会社の災害訓練において自家発電が稼働しないことを発見した事例は，災害の頻度を低める活動ではなく，損失発生後の期待損失の軽減に役立つものであったということから，損失軽減であると考えるべきでしょう。

表9-1　ロス・コントロールの分類

損失予防	損失予防	損失の発生確率を低下させる活動
	損失回避（極端な損失予防）	発生確率をゼロにする活動
損失軽減	損失発生前の損失軽減	損失発生前に損失の程度を低下させる活動
	損失発生後の損失軽減	損失発生後に損失の程度を低下(抑制)する活動

7. その他のロス・コントロール

内部リスク分散によって，損失の期待値を下げることが可能です。ここでも，個別企業の手法について検討していきます。数値例をあげて考えてみましょう。ある企業に次のような2つの成長戦略があるとします。

戦略A　　30億円の価値をもつ既存工場に30億円追加投資し規模を倍増する。

戦略B　　別の地域に既存工場と同等の30億円の設備を建設する。

既存工場も新工場も等しく年間に5％の確率でそれぞれ独立に台風被害にあい，その被害は，どちらの地域でも全損（工場の価値がゼロとなる）であるとします。それぞれの場合の期待損失は，次のようになります。

	直接損失額	損失頻度（確率）	直接損失額×損失確率
戦略A	60億円	0.05	60億円×0.05＝3億円
	0円	0.95	0円×0.95＝0円
			損失の期待値＝3億円

	直接損失額	損失頻度（確率）	直接損失額×損失確率
戦略B	60億円	0.05×0.05＝0.0025	60億円×0.0025＝1,500万円
	30億円	2×0.05×0.95＝0.095	30億円×0.095＝2億8,500万円
	0円	0.95×0.95＝0.9025	0円×0.9025＝0円
			損失の期待値＝3億円

損失の期待値は，戦略Aでも戦略Bでも3億円と同じです。工場を分散投資した場合に異なるのは，損害を被る頻度です。戦略Aでは，損失頻度が5％でしたが，戦略Bで損失を被る頻度は9.75％と高まります。ここで損失の強度をSとおくと，戦略Bと戦略Aのそれは，次のように決まります。

戦略B	0.0975×S＝3億円	S≒30億7,700万円

戦略A	0.05×S＝3億円	S＝60億円

損失の強度を正確に表現すれば，第9章4節で示したように損失の強度の期待値のことです。戦略Bを選択すると，この企業は損失の強度の期待値を戦略Aより小さい約30億7,700万円に軽減することができるのです。損失強度の期待値が小額になれば，予想最大損失額も小さくなり，その結果，企業は予想最

大損失に対応するコストを削減することが出来ます。さらに巨大損失にともなう間接損失の期待値は，損失強度の期待値が小さくなれば，軽減されます。このような効果を考慮すると，工場の分散化に代表されるような，内部リスク分散手法は，期待値（μの世界）に関連するという意味でロス・コントロールの一種であるということができます。

8. ロス・コントロール

　ロス・コントロールは，純粋リスクのμを低下させる活動であるといえるのですが，本書では，リスク・コントロールと表記していません。その理由は，ロス・コントロールは，損失の期待値，すなわちμをコントロールするだけであり，期待値まわりの変動性をコントロールするわけではないからです。リスクの実体が，期待値まわりの変動をともなった損失（結果）の期待値であるとしたら，リスク・コントロールという呼称は，リスクのうち重要な部分である不確実性（σの世界）をコントロールしていないため誇張表現でしょう。

　ここでは，μの世界におけるリスク軽減について学習しました。次の章では，σの世界におけるリスクの軽減について考えてみましょう。

9. まとめ

　リスクを軽減する方法は，大きく分けて二通りあります。第1は，損失の期待値を軽減する方法，第2は，不確実性を減少させる方法です。本書では，前者を「μの世界」，後者を「σの世界」と呼んでいます。本章では，損失の期待値を軽減する方法であるロス・コントロールについて学習しました。

練習問題

1. 伝統的なリスクマネージャの主要な任務について要約しなさい。
2. アメリカで1980年代半ばに小型飛行機の事故が多発し小型飛行機メーカーに対する製造物賠償責任訴訟が頻出して，賠償責任が多額に上った。その結果，

賠償責任保険の保険料が高騰した。賠償責任保険の保険料が高騰した場合に，小型飛行機メーカーはどのようなロス・コントロールをしたと考えられるか。考えられる方法について述べなさい。

3．高速道路の中央分離帯に設置されたガードレールは，どのような種類のロス・コントロールといえるのか，説明しなさい。

4．スポーツクラブの施設内部の浅すぎるプールと深すぎるプールではそれぞれどのような危険が予想されるか。それぞれの危険から生じる損失に対する，考えられるロス・コントロールについて述べなさい。

5．ある製薬会社の医薬品Aは年商2億円であるが，1年以内に賠償責任が0.05の確率で発生し2億円を支払わなければならない。同社は，医薬品Aを年商4億円の規模まで増産するか，新薬Bを年商2億円規模で生産するかの戦略的意思決定をしなければならない。新薬Bの賠償責任の確率も0.05で支払額も2億円であるという。さらに製造コストをはじめとして一切の相違はないという。両戦略の損失の期待値および損失強度を計算しなさい。また両戦略をロス・コントロールの観点から比較して論じなさい。

第10章 リスクを軽減する方法(2)
—σの世界—

1. σの世界

　第9章では，ロス・コントロールは，損失の期待値を軽減する活動であることを学びました。ここでは，期待値まわりの変動性を軽減する活動について学習します。

　期待値まわりの変動性が軽減するということの意味は，将来の結果のバラツキが小さくなるということです。いいかえれば，不確実性が小さくなるということになります。よって，期待値（μ）が同じであるとすれば，期待値まわりの変動性が小さければ小さいほど，リスクは小さいといえます。図10-1には，期待値が等しい2つの確率密度関数のグラフが描かれています。BよりもAの方が期待値まわりの変動が小さいので，AはBよりリスクが小さいといえます。

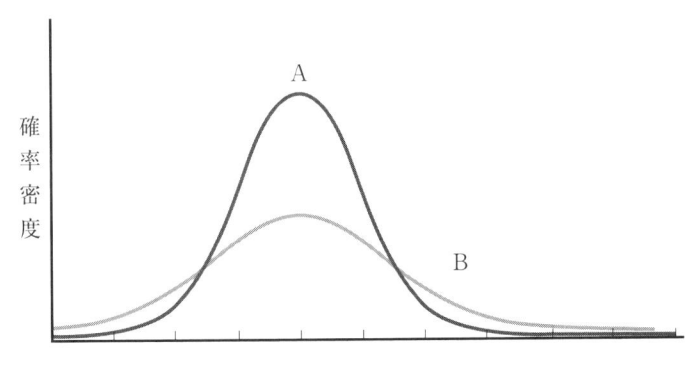

図10-1　期待値が同一で期待値まわりの変動が異なるグラフ

2. もう1つのリスク軽減法

　期待値そのものをリスクとみて，期待値を下げることがリスク軽減になるというのが，ロス・コントロールの考え方でした。第9章では，意識的に「損失の期待値」（期待損失）という言葉を使ってきましたが，これは暗黙のうちに純粋リスクを想定して考えていたからです。統計の基礎知識を学んだところでは，「結果の期待値」と表記していました。これは，確率分布図の横軸に何をとるかということに依存します。損失の期待値を横軸にとる純粋リスクの場合は，期待値を下げる活動ができますが，価格リスクのような場合は，結果がマーケットで決まるため，人為的に期待値を上下させる活動は不可能といってもよいでしょう。このことは，リスクマネジメントを検討するときにとても重要なことです。

　これに対し期待値まわりの変動は，純粋リスク，価格リスクおよび信用リスクの違いを問いません。また過去のデータがあれば，それぞれのリスクについて標準偏差を計算することによって数値化することが可能です。つまり，純粋リスク，価格リスクおよび信用リスクに共通するリスク尺度をもつことができるのです。そして，期待値まわりの変動性を軽減することが，もう1つのリスク軽減方法であるといえます。

3. σの世界のリスクの軽減

　ではσの世界のリスク軽減方法について説明します。期待値まわりの変動性の軽減は，リスクを分散させることによって達成できます。「リスク分散」という言葉は，理解することが少し難しいので，丁寧に説明しておきましょう。リスク，すなわち変動性（σ）をともなった期待値（μ）は，たくさん集めることによって，1件当たりの変動性（σ）の値が小さくなることが知られています。この場合リスクが必ずしも均質でなくてもよく，また逆相関であっても問題はありません。ただし，リスクが正の完全相関にある場合だけは，変動性（σ）の値は変わりません。リスク分散とは，このようにリスクをたくさん集

めることによって，1件あたりのリスク（σ）を軽減することをいいます。

ところで，1件当たりの期待値（μ）の値については，変動性（σ）をともなった期待値（μ）をたくさん集めても変化しません。しかし，変動性（σ）の値は，小さくなる傾向があるのです。この傾向を大数の法則と呼んでいます。

リスクを分散するには，プーリングアレンジメントを利用する方法や，ポートフォリオを利用する方法などがあります。またリスク分散を組織的に行う方法と市場を利用して行う方法があります。これらについて順を追って説明します。

4. プーリングアレンジメントによるリスク軽減

均質なリスクを多数集めるとリスク（σ）が軽減します。この方法をプーリングアレンジメントによるリスク軽減といいます。ここでは，ノブコさんとシゲコさんを例にして考えてみましょう。（本書が大いに参考にしているハリントン＝ニーハウス『保険とリスクマネジメント』東洋経済新報社では，エミリーとサマンサですので，日本名も古典的な名前をあてました。）

ノブコもシゲコもそれぞれ交通事故に遭遇する確率が0.01であり，事故にあった場合にそれぞれ5万円の出費が必要であるとします。さらにノブコとシゲコの交通事故は相関関係がなく，おたがいに独立であるという前提を置きます。独立であるという意味は，ノブコが事故にあうことが，シゲコの事故とは無関

表10-1

ノブコの確率分布

	確率	損失額	確率×損失額
事故あり	0.01	50,000円	0.01×50,000円＝500円
事故なし	0.99	0円	0 ×50,000円＝ 0円
			500円

シゲコの確率分布

	確率	損失額	確率×損失額
事故あり	0.01	50,000円	0.01×50,000円＝500円
事故なし	0.99	0円	0 ×50,000円＝ 0円
			500円

係に決まり，またシゲコが事故にあうことが，ノブコの事故とは無関係に決まるということです。ノブコとシゲコの交通事故に関する確率分布は，前ページの表10-1の通りです。

ここで，ノブコとシゲコが次のような契約を結んだとします。すなわち，ノブコが交通事故にあった時に，損失額の半分をシゲコが負担し，逆の場合は半分をノブコが負担するという契約です。このような契約をプーリングアレンジメントといいます。2人がプーリングアレンジメントを行った結果の確率分布は次の表10-2のようになります。

表10-2

ノブコとシゲコがプーリングアレンジメントをした場合の確率分布

場合	確率	損害額合計	平均損失額	確率×損失額
両者事故	0.01×0.01=0.0001	100,000円	50,000円	0.0001×50,000円=5円
ノブコ事故	0.01×0.99=0.0099	50,000円	25,000円	0.0099×25,000円=247.5円
シゲコ事故	0.01×0.99=0.0099	50,000円	25,000円	0.0099×25,000円=247.5円
両者無事故	0.99×0.99=0.9801	0円	0円	0.9801×0円=0円
				損失額の期待値500円

プーリングアレンジメントをしても1人当たりの損失の期待値（μ）は，500円と変わりません。しかしノブコとシゲコが別々にリスクを負担している場合とプーリングアレンジメントした場合とでは，損失分布の形状が変化しています。そのことを数値で確認してみましょう。個別でリスクを引き受けた場合とプーリングアレンジメントをした場合の分散および標準偏差を計算すると表10-3のようになります。

ノブコまたはシゲコが個別でリスクを負担した場合とプーリングアレンジメントした場合を比較すると，期待値まわりのバラツキは，明らかにプーリングアレンジメントした場合の方が小さくなっています。個別の場合の標準偏差（σ）の値が4,975であるのに対して，プーリングアレンジメントの場合には，3,518と減少しています。

プーリングアレンジメントに参加する人が多ければ多いほど，期待値まわりの変動性は小さくなりますが，その様子は図10-2のグラフから直感的に理解で

第10章 リスクを軽減する方法(2)―σの世界―　73

表10-3

単独の場合

	偏差の2乗	偏差の2乗×確率	標準偏差
事故あり	$(50,000-500)^2$	$(50,000-500)^2 \times 0.01 = 24,502,500$	
事故なし	$(0-500)^2$	$(0-500)^2 \times 0.99 = 247,500$	
		$\sigma^2 = 24,750,000$	$\sigma \fallingdotseq 4,975$

プーリングアレンジメントの場合

	偏差の2乗	偏差の2乗×確率	標準偏差
両者事故あり	$(50,000-500)^2$	$(50,000-500)^2 \times 0.0001 = 245,025$	
ノブコ事故あり	$(25,000-500)^2$	$(25,000-500)^2 \times 0.0099 = 5,942,475$	
シゲコ事故あり	$(25,000-500)^2$	$(25,000-500)^2 \times 0.0099 = 5,942,475$	
両者事故なし	$(0-500)^2$	$(0-500)^2 \times 0.9801 = 245,025$	
		$\sigma^2 = 12,375,000$	$\sigma \fallingdotseq 3,518$

図10-2　1人当たりの損失額の分布の比較

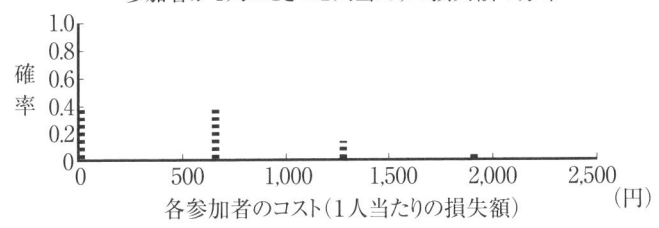

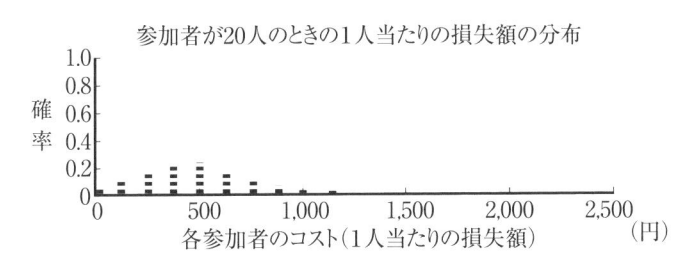

参加者が4人のときの1人当たりの損失額の分布

参加者が20人のときの1人当たりの損失額の分布

（注）　2,500円の損失を被る確率が各人ともに0.2であるとする。プーリング・アレンジメントへの参加者が4人のときと20人のときの1人当たりの損失額の確率分布の比較（参加者が20人のときのプーリングのほうが，極端な損失が起こる確率がより低く，そして損失の標準偏差がより小さい結果になっている）。

（出典）　ハリントン＝ニーハウス著，米山＝箸方監訳『保険とリスクマネジメント』東洋経済新報社，2005年，89頁。

きることでしょう。プーリングアレンジメントへの参加者が4名から20名に増加すると，分布の形状が損失の期待値を中心として，釣鐘状に近い形状になります。

5. ポートフォリオによるリスク軽減

　プーリングアレンジメントは，均質なリスクでないとリスク間の不公平が生じて契約自体が成立しません。しかしリスク分散は必ずしも均質なリスクでなくても，また逆相関であっても可能です。ポートフォリオによるリスク軽減は，同一のリスクの大量保有を，均質でないリスクに分散保有することによってリスク分散を図ろうとする手法です。

　投資ファンドの目的は，高い収益実績を上げることですが，期待収益が高い有価証券ばかりに集中投資すればよいというものではありません。期待収益が高い有価証券に限って期待値まわりの変動性（金融ではこれをボラティリティとも呼びます）が大きいという傾向があります。これまでに学んだように，リスク（σ）はコストですから，期待収益をできるだけ落とさないようにして，できる限りリスクを小さくしたいというのがファンドマネージャの希望です。

　そのためには，期待収益の高い有価証券に集中投資するよりは，期待収益は異なるが，多様な変動性（ボラティリティ）をもった異質な有価証券に投資することによって，リスクの分散が図られています。このようなリスク分散方法を，ポートフォリオによるリスク軽減と呼びます。

　この手法は投資以外の領域でもよく利用されます。たとえば，企業の多角化や分散投資も基本的には同じリスク分散手法であるといえます。

6. リスク軽減の方法：組織と市場

　リスク分散の方法としてプーリングアレンジメントとポートフォリオを示しましたが，このような方法の実現の仕方には，組織を利用する方法と市場を活用する方法があります。

組織を利用してプーリングアレンジメントのリスク軽減をはかる仕組みとしてもっとも重要なのは，保険です。保険会社の重要な役割は，プーリングアレンジメントを低廉なコストで効率的に運営することです。保険会社は，プーリングアレンジメントによって，引き受けたリスクをゼロにすることはできませんが，相当程度リスク軽減を達成します。分散できなかったリスクについては，再保険や資本によって手当が行われます。

再保険といっても市場を活用した契約がある一方で，元受保険者と再保険者間の長期的かつ持続的な契約関係を尊重したものもあります。契約ごとに条件を交渉して締結する任意再保険は市場を活用したスポット的な再保険ですが，特約再保険は一定の合意の上で持続的な契約関係の上に行われる再保険です。（再保険については，大谷光彦監修，トーア再保険株式会社編『再保険，その理論と実務［改訂版］』日経BP，2011年が参考になります。）

ここでは詳しく説明できませんが，市場を利用するリスク軽減方法として，これまで述べてきたリスク分散手法以外にも，リスクそのものをプライシングしてリスクを売買する方法が発展しています。リスクのプライシングができれば，リスクを市場で売買し，その結果，リスクが広く市場の投資家に分散所有され，リスクを社会的に分散するという効果を得ることができます。リスクを切り分けて市場で分散しても，全体としてみれば期待値（μ）はもちろん期待値まわりの変動性も軽減しないのですが，リスクを購入した投資家は，他のリスクと分散投資するという，ポートフォリオによるリスク軽減によってリスク分散を行えるため，結果としてリスクが軽減されるのです。

リーマンショックでは，このようなマーケットを通したリスク分散の仕組みがマヒしてしまい，AIGのような巨大保険会社を含む多くの金融会社が財務的困難に陥り，そのうちのいくつかは破綻しました。この主な理由は，プライシングの失敗，および市場がリスクを吸収しきれなかったため機能不全に陥ってしまったことです。その結果，保険のような伝統的なリスク分散手法の「枯れた技術」（バグの少ない技術）があらためて注目されています。しかし，今後のグローバル経済の発展とリスクの巨大化・多様化を考えると，新しいリスクプライシング手法がいっそう洗練されたものとなり，また利用者の経験知が増

えることによって，伝統的なリスク分散手法のように「枯れた技術」となることが期待されます。

リスク分散の手法（σの軽減）

プーリングアレンジメントによるリスク軽減	組織・継続性	保険・特約再保険
ポートフォリオによるリスク軽減	組織＋市場	多角化・分散化

リスクのプライシングを通したリスク分散

リスク証券化による投資家のリスク分散	市場	地震リスク証券化

7. まとめ

　期待値まわりの変動性が小さくなれば，それだけ不確実性が小さくなったことになります。本章では，期待値まわりの変動性を軽減する方法として，プーリングアレンジメントについて，具体的な数値例によって学習しました。たくさんのリスクを集めることによって単位あたりの期待値まわりの変動性を小さくすることを「リスク分散」ともいっています。リスク分散は，プーリングアレンジメント以外にも，様々なリスクのポートフォリオを組むことによっても可能です。

　リスク分散は，保険契約以外にも，組織や市場を利用して行うことができます。たとえば，リスクを証券化して市場で売買することは，たくさんの投資家が証券を購入することによって，リスク分散が図られます。

練習問題

1. 期待値が同じでリスク（σ）が異なる確率分布をグラフに描きなさい。
2. リスクの分散とは何か。説明しなさい。
3. 本文中のノブコとシゲコの事例で，2人が大変仲が良く，自動車に乗る時は例外なくいつも一緒であるという。プーリングアレンジメントの結果にどのような影響を及ぼすのかを述べなさい。
4. ノブコの事故率が0.02，シゲコの事故率が0.01であった場合，プーリングア

レンジメントが成立するだろうか。成立しないとしたらなぜなのかその理由を述べなさい。またどのような条件を与えたら成立するのだろうか。その条件についても述べなさい。
5．リスク分散の手法について，伝統的な手法と新しい手法の特徴を要約しなさい。

第11章　リスク軽減をはばむ要因

1. リスク軽減をはばむ要因

　リスクを軽減することは，損失の期待値そのものを軽減する方法と，期待値まわりのバラツキを小さくする方法があるということを学びました。前者をロス・コントロールと呼び，後者をリスク分散と呼んでいます。リスク分散手段としては，プーリングアレンジメントやポートフォリオなどがあり，これらについてもすでに学習しました。

　しかし，これらの手法を十分に活用してもリスクがゼロにならない場合やゼロとなるにもかかわらずゼロにすることが非合理である場合があります。ここでは，リスクの軽減をはばむ諸要因を明らかにします。

2. 損失の期待値（μ）を下げることができない理由

　損失の期待値（μ）は，損失の頻度または損失の強度，あるいはその両方を低下させることによって，軽減することができます。またそのための手法は，第9章で学びました。

　この手法をロス・コントロールと呼んでいますが，ロス・コントロールを徹底的に行えば，期待損失を相当程度低減させることが可能です。期待損失がゼロということは，ゼロリスクということですから，期待損失という意味でのリスクコストは生じません。

　しかしながら，ゼロリスクの状態を生み出すことが，理想的なリスクマネジメントといえるでしょうか。ゼロリスクを達成するのは損失回避です。損失回

避とは，リスクを生むようなプロジェクトをやらないということですから，そもそもリスクをとらないということです。リスクをとらなければリターンも生まれませんから，損失回避によるゼロリスクは，企業としては後ろ向きの戦略であるといえます。

損失回避は極端なので無視することにしましょう。では，期待損失を可能な限り小さくするという戦略は合理的でしょうか。つまり期待損失額を最小化することが，合理的なロス・コントロール水準といえるのでしょうか。ロス・コントロールにはコストを使うということを学びました。したがって，期待損失の減少による便益とロス・コントロールに費やすところのコストを勘案する必要があります。いいかえれば，ロス・コントロールには合理的な投資水準があって，それ以上のコストを使って期待損失（μ）を軽減することは，仮に技術的に可能であったとしても，合理的ではないということになります。

3. ロス・コントロールの合理的決定

「最小の費用で最大の効果をあげるのがリスクマネジメントの目的」だと書いてあるリスクマネジメントの書籍がありますが，これは正しいのでしょうか。「最小の費用」という意味を文字通り解釈すると，費用最小のポイントが最も合理的であることになりますが，そのポイントが「最大の効果」を達成するものであるかどうかはわかりません。またこの文章を，「出来るだけ小さな費用で，出来るだけ大きな効果をあげる」と通俗的に解釈することもできますが，「出来るだけ」というのは曖昧な表現であるため，単なる掛け声だけのリスクマネジメントといわざるを得ません。

私たちは，リスクマネジメントの目的を，リスクコスト最小化と定式化しましたが，リスクコストを最小化するためには，様々な要素のトレードオフ関係の中で決定するということを学びました。ここでは，リスクコストの構成要素のうち期待損失を軽減するロス・コントロール投資の最適水準を決定する方法について学習します。これによって，合理的な投資水準（最大の効果）は，「最小の費用」によって達成されるのではなく，限界コストと限界便益によって把

握すべきであるということを理解することができるでしょう。

4. 医薬の賠償責任に関する最適なロス・コントロールの事例

　コストと便益がわかっている場合には，最適なロス・コントロールへの投資水準を決定することができます。このことを医薬の賠償責任に関する事例で考えてみましょう。

　ある医薬会社が製造する医薬品の安全性を強化するための支出を増大すれば，賠償責任の発生確率は低下します。賠償金は3億円です。安全投資額を増大すると，次の表のように賠償責任発生確率が変化します。安全性を強化するための投資額は200万円単位でしか投資することができません。このように投資額の最小単位を限界投資額といいます。企業にとっては投資額はコストですので，限界投資額は限界コストともいいます。

安全投資額	発生確率	期待損失額	限界コスト	限界便益
0	0.100	30,000,000		
2,000,000	0.085	25,500,000	2,000,000	4,500,000
4,000,000	0.075	22,500,000	2,000,000	3,000,000
6,000,000	0.068	20,400,000	2,000,000	2,100,000
8,000,000	0.063	18,900,000	2,000,000	1,500,000
10,000,000	0.059	17,700,000	2,000,000	1,200,000
12,000,000	0.056	16,800,000	2,000,000	900,000
----	----	----	----	----

　安全投資を行うと期待損失額が小さくなります。期待損失はリスクコストを構成する要素ですから，期待損失額が低下するということは，それだけコストが減少することになります。よってコストの減少分を企業の便益であると考えることができます。最小単位の投資を行ったときに生まれる便益のことを限界便益といいます。限界便益は上の表の1番右側の列に示されています。

　この医薬会社の賠償責任に対する最適な安全投資水準はいくらでしょうか。400万円から600万円に安全投資額を増やした時に期待損失は210万円減少しま

した。つまり限界便益が210万円増大したことになります。200万円のコストを投じて，210万円の便益が生まれるのならば，600万円の投資をすべきでしょう。ここで，さらに200万円を追加投資して800万円の安全投資をしたら，どうなるのでしょうか。その結果，200万円の追加投資をしたにもかかわらず，期待損失の減少は150万円にすぎません。つまり限界便益が，限界コストである200万円を下回る金額になってしまいます。投資額に見合わない投資を行うのは合理的ではありません。したがって，この事例の場合，ロス・コントロール投資額の最適な水準は，600万円の投資であるということがいえます。

この方法を，コスト便益分析と呼んでいます。コストと便益がわかっている場合の合理的な意思決定の方法として大切な考え方です。この事例は，投資額の1単位が200万円と固定しているという前提を置いていますが，実際には投資額は連続的であることが多いかもしれません。次に，グラフを使ってこのことを学んでみましょう。

5. 限界コストと限界便益の一致

安全投資は，1単位の投資額に比例して事故確率が単調に減少するわけではありません。この事例では，図11-1に示したように，投資すればするほど，事

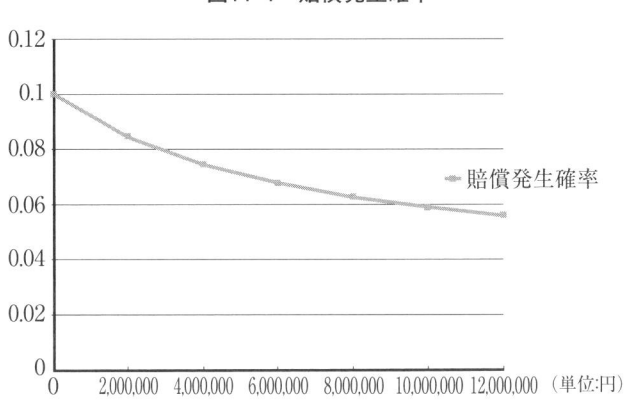

図11-1　賠償発生確率

故発生率の低下の効果は小さくなるものと仮定しています。ゼロリスク（この場合は期待損失がゼロという状態）に近くなればなるほど，ロス・コントロールの投資額が大きくなるということは，直感的にも理解していただけることでしょう。

このため安全投資1単位を行うのに対する期待損失の減少，すなわち便益の大きさは少しずつ小さくなります。次の図11-2は，この事例の限界コストと限界便益の関係を示したものです。投資の最小単位が200万円と決められていましたので，600万円の投資が最適投資水準ということがわかります。もし投資単位を連続的に決めることが出来る場合には，限界コストと限界便益が交わったところが最適の投資額になります。

図11-2　損害賠償のロス・コントロールに関する限界コストと限界便益

（単位:円）

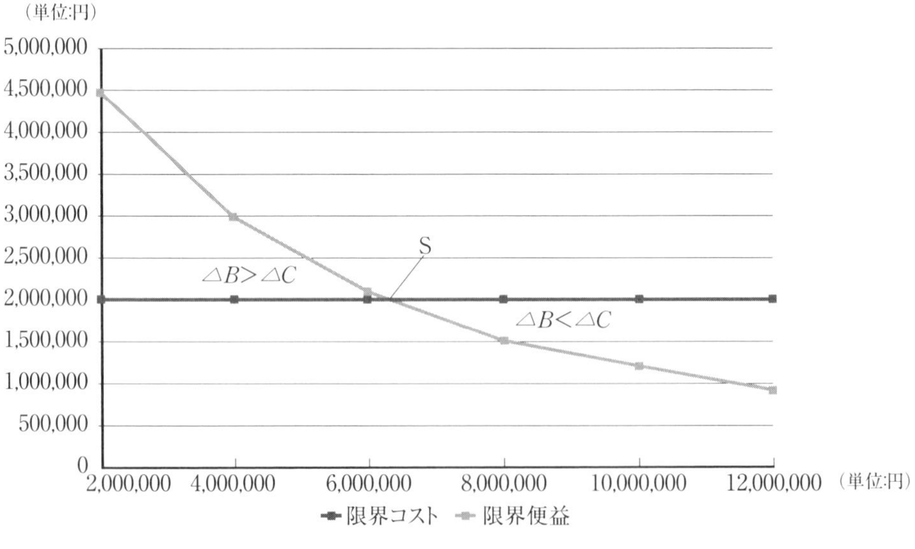

限界便益を$\triangle B$限界コストを$\triangle C$とすると，限界コストと限界便益の交点Sは，$\triangle B/\triangle C=1$となる点です。図11-2からもわかるように，交点Sより左側は限界便益$\triangle B$が限界コスト$\triangle C$を上回っています（$\triangle B/\triangle C>1$）。交点Sより右側は限界コストが限界便益を上回っています（$\triangle B/\triangle C<1$）。ここでなぜ交点Sが最適なロス・コントロールの最適な投資額なのかといえば，S

より右の投資では，△B＜△Cなので，投資を1単位増大しても便益の増大が1単位以下であるため投資する効果がありません。反対に，Sより左の投資では，△B＞△Cなので，投資を1単位増大すれば便益は1単位以上増大しますから，もっと投資すべきでしょう。結局，ロス・コントロールの最適な投資水準は，限界コストと限界便益が等しい△B＝△C（△B／△C＝1）の点になります。これはグラフでは，限界コスト曲線と限界便益曲線の交点Sであるということになります。

6. 期待値まわりの変動（σ）の軽減をはばむ要因

　リスク分散は，プーリングアレンジメント等により一件あたりの期待値まわりの変動性（σ）を軽減することですが，プーリングアレンジメントによって，どのような状況でもリスクを軽減できるわけではありません。たとえば，プーリングしたリスクが正の完全相関をしていた場合には，リスク（σ）が低下することはありません。

　プーリングアレンジメントによるリスク分散のケースとして，第10章では，ノブコとシゲコの事例をとりあげました。そこでは，ノブコとシゲコの交通事故は，それぞれ独立に起こるものと想定していました。つまり両者の事故の間が無相関であるという前提で考えました。その場合は，以下のグラフに示されているように，20件ほどリスクを集めただけで大幅なリスク軽減が実現します。では，ノブコとシゲコが大変仲良しで，自動車に乗る時はいつも必ず一緒だと考えてみましょう。このような場合は，ノブコに事故が起これば，必ずシゲコにも事故が起こることになります。このような関係を正の完全相関といいます。このような関係の場合には，プーリングアレンジメントをしてもリスク（σ）は軽減しません。

　このように期待値まわりの変動性（σ）というリスク軽減を阻む要因は，リスク間の相関関係であるといえます。相関関係が正の完全相関に近づけば近づくほど，リスク分散効果は小さくなり，したがってリスク軽減が制約されるのです。

図11-3 相関によるリスク分散の程度

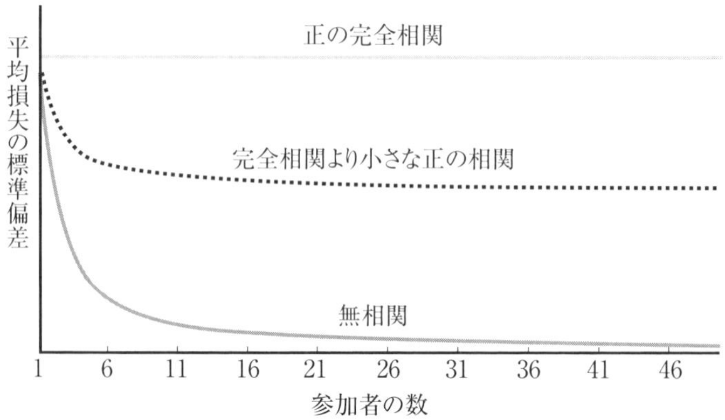

（縦軸）平均損失の標準偏差
（横軸）参加者の数

- 正の完全相関
- 完全相関より小さな正の相関
- 無相関

（出典）ハリントン＝ニーハウス著，米山＝箸方監訳『保険とリスクマネジメント』東洋経済新報社，2005年，96頁。

7．共分散と相関係数

　確率変数間の関係をはかる尺度として共分散（Covariance）という概念があります。共分散を，それぞれのリスクの標準偏差の積で割ったものが相関係数（Correlation coefficient）です。相関係数は，－1から＋1の間の値をとり，正の完全相関の場合は＋1，負の完全相関の場合は－1，無相関の場合は0をとります。

　共分散Cov(X, Y)と相関係数$\rho(X, Y)$を計算する式を参考のため示しておきますが，難しいと感じたら，相関係数の数値の意味だけを覚えれば，先に進んでいただいてもかまいません。なお本書では，相関係数はギリシャ文字ρ（「ロー」と読みます）を用いて表します。

$$\mathrm{Cov}(X,Y) = \mathrm{E}((x-\mu_X)(y-\mu_Y)) = \sum_{i=1}^{N} p_i(x_i-\mu_X)(y_i-\mu_Y)$$

　　$N=$ 起こりうる結果の数
　　$X=$ 起こりうる結果が，$x_1, \cdots, x_N$ である1つの確率変数
　　$Y=$ 起こりうる結果が，$y_1, \cdots, y_N$ であるもう1つの確率変数
　　$p_1, \cdots, p_N=$ 各結果が起こる確率

$\mu_X = X$の期待値

$\mu_Y = Y$の期待値

なお,この式は,XとYの同時分布として

Xの値 \ Yの値	y_1	y_2	---	y_N
x_1	p_1	0	---	0
x_2	0	p_2		0
⋮	⋮	⋮		⋮
x_N	0	0	---	p_N

$\sum_{i=1}^{N} p_i = 1$

が仮定されています。

より一般的に表わすと次のようになります。

$$\mathrm{Cov}(X,Y) = \sum_{i=1}^{m} \sum_{j=1}^{n} (x_i - \mu_X)(y_i - \mu_Y) p_{ij}$$

確率変数Xのとりうる値は$x_1, x_2, \cdots, x_m$

確率変数Yのとりうる値は$y_1, y_2, \cdots, y_n$

$p_{ij} = P(X = x_i かつ Y = y_j)$

μ_XはXの期待値

μ_YはYの期待値

$$\rho(X,Y) = \frac{\mathrm{Cov}(X,Y)}{\mathrm{Std}(X)\mathrm{Std}(Y)}$$

ただし,

$\mathrm{Std}(X) = X$の標準偏差

$\mathrm{Std}(Y) = Y$の標準偏差

8. まとめ

　ここでは，リスク軽減をはばむ要因を損失の期待値（μの世界）と期待値まわりの変動性（σの世界）にわけて検討しました。損失の期待値というリスク軽減を阻む要因として，一定水準以上にロス・コントロール投資を行うことが合理的でない場合があることを学習しました。

　また期待値まわりの変動性については，プーリングアレンジメントを行っても，正の完全相関の場合にはリスク（σ）が変わらないこと，また相関関係が強い場合には，リスクが独立に決まる時よりもリスク分散の程度が小さくなることを学びました。つまり，プーリングアレンジメントなどのリスク分散手法は，リスク間の相関によっては，リスク軽減の程度に一定の限界があるということがわかりました。

　これまでは，とくに断らないかぎり，家計や企業などの個別主体の視点ではなく，一般的な視点から，社会全体にかかわるリスク分散手法等について考えてきました。第12章では，個別経済主体の観点から，リスクへの対応手段としてのリスクマネジメントを解説していきたいと思います。

練習問題

1. 期待損失がゼロの場合を，ゼロリスクという。ゼロリスクを達成することが合理的であるとはかぎらないことを，簡単に説明しなさい。
2. 本文の事例と同じ賠償金3億円であるが，賠責発生確率が次の表のように異なる場合に，ロス・ファイナンスの最適投資額はいくらとなるか。以下の表に適当な数字をいれて答えなさい。

安全投資額	賠責発生確率	期待損失額	限界コスト	限界便益
0円	0.100			
2,000,000円	0.090			
4,000,000円	0.081			
6,000,000円	0.073			
8,000,000円	0.066			
10,000,000円	0.060			
12,000,000円	0.055			
───────	───────			

3. ロス・コントロールに関する限界コストと限界便益を示すグラフにおいて，S点より右側はなぜ最適な投資額ではないのかを説明しなさい。
4. 相関係数の値の範囲を示し，正の完全相関，負の完全相関（逆相関）および無相関に相当する値を示しなさい。
5. 企業の収入と費用が，経済状況によって，それぞれ以下のような確率分布をとるものとする。本文に示した公式に従って，収入および費用の標準偏差を計算し，その共分散を計算しなさい。また相関係数を計算しなさい。

経済状況	確率	収入	費用
高い成長率	1/3	850万円	700万円
低い成長率	1/3	800万円	650万円
ゼロ成長	1/3	500万円	600万円
期待値		717万円	650万円

（注）収入の期待値は1万円未満を四捨五入している。

第12章 リスクへの対応手段（リスクマネジメント）

1. 企業および個人がリスクに対応する手段

　これまでは，基本的には，企業や家計などの主体の観点ではなく，一般的な観点からリスク軽減およびリスク分散の意味について考えてきました。ここでは，企業や家計などの個別経済主体が，リスクをどのようにマネジメントするのかということを具体的に考えてみたいと思います。

　みなさんは，すでにリスクコストおよびリスクマネジメントの目的について学んでいます。そこで，個別経済主体のリスクマネジメントでも，リスクコストの最小化が鍵であることは理解していただいているものと思います。

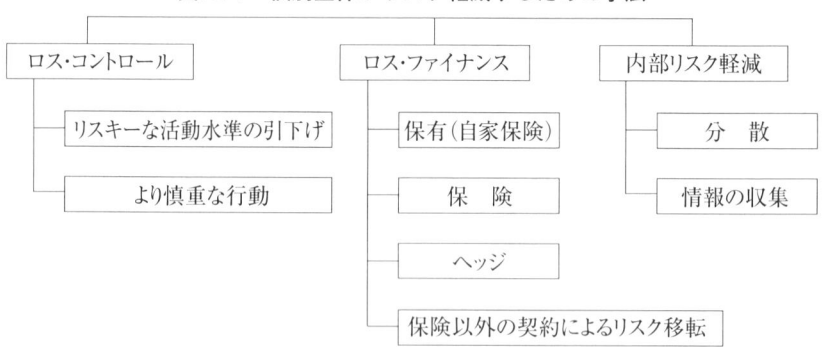

　リスクの実体は，「σをともなったμ」ですから，企業がリスクを軽減するための手法としては，μに対する対応とσに対する対応に分けることができま

図12-1　個別主体がリスク軽減するための手法

- ロス・コントロール
  - リスキーな活動水準の引下げ
  - より慎重な行動
- ロス・ファイナンス
  - 保有（自家保険）
  - 保険
  - ヘッジ
  - 保険以外の契約によるリスク移転
- 内部リスク軽減
  - 分散
  - 情報の収集

（出典）ハリントン＝ニーハウス著，米山＝箸方監訳『保険とリスクマネジメント』東洋経済新報社，2005年。

す。個別主体がリスク軽減をするための手法は、図12-1に示されていますが、ロス・コントロールは、損失の期待値（μ）を軽減する活動、ロス・ファイナンスは、期待値まわりの変動にかかわる活動といえます。また内部リスク軽減という活動は、μにもσにもかかわる活動といえます。

2. ロス・コントロール

　価格リスクや信用リスクでは、その期待値を変えることは困難です。しかし、純粋リスクの損失の期待値を軽減することは不可能ではありません。ロス・コントロールは、純粋リスクの損失の期待値を軽減する活動です。損失の期待値を軽減するには、損失の頻度を低下させるか、損失の強度（厳密には損失の強度の期待値）を低下させるか、あるいはその両方を行うことです。

> 損失の期待値＝損失の頻度×損失の強度

　損失予防は損失の頻度を低下させる活動であり、損失軽減は損失の強度を低下させる活動とされていますが、その効果は必ずしもはっきりとわけられるわけではありません。リスクの高い活動水準を低めれば、損失頻度が小さくなります。またより慎重な行動をとるようにすれば、損失強度が小さくなるはずです。ただしこれらの行動が、頻度と強度の両方に影響を与えることがあるということを否定できません。ロス・コントロールについては、すでに第9章で詳しく述べましたので、ここではこれ以上の解説はしないことにします。

3. ロス・ファイナンス

　ロス・コントロールを行っても、損失の期待値はゼロにはなりません。また価格リスクのようにそもそも結果の期待値を変えることが出来ないリスクもあります。結果の期待値（μ）が存在すれば、必ず期待値まわりの変動性（σ）がともないます。そのため結果には不確実性がともない、それが価値を減少さ

せます。そこで，不確実性がもたらす悪影響を緩和しようとする手段として，ロス・ファイナンスが重要となるのです。

ロス・ファイナンスとは，万が一損失が生じた時の資金繰り（金融）をあらかじめ考えておき，損失が生じても価値や財産の安定性や確実性を確保しようとする手法です。具体的には，保有（自家保険），保険，ヘッジ，および保険以外の契約によるリスク移転に分類されます。それぞれ順を追って解説していきます。

4．保　有（自家保険）

リスク保有とは，一般的には，損失の期待値を保険会社に移転しないことをいいます。保険契約をすれば，損失時に保険金により損失額が填補されます。しかし保険契約のためのコストが高いと思う場合は，企業も個人も，保険でリスクを移転することを選ばない場合もあります。保有するリスクを意識する個人は，貯金額を増やすというような行動をとるかもしれません。企業は，リスク保有に対して，個人よりも意識的かつ合理的に対応することでしょう。自家保険というのがその手法で，原始的な形としては，保険料を概算し，損失に対する準備金として内部留保するものです。洗練された自家保険では，過去のデータから期待損失を計算して内部保険料を導くものもあります。わが国の自家保険の比較的初期の例としては，20世紀初めごろに三菱合資が行っていた自家保険が知られています。この自家保険はその後発展して，三菱海上火災保険株式会社という損害保険会社設立の基盤となりました（同社は，その後東京海上と合併）。

グループ会社が個別に外部の保険会社と契約している場合，グループ内に保険会社をもち一括して保険契約するほうがコストの安い場合があります。その理由は，契約の重複が避けられて，保険料の節約ができることがあげられますが，さらに加えて，グループ企業間によるリスク分散があるので，その効果を考慮するとグループ企業全体のリスクは小さくなることが考えられます。保険会社を設立するには大きなコストがかかるので，それに代えて，グループ内の

リスク引受専門のキャプティブと呼ばれる保険組織を設立することがあります。自家保険やキャプティブの最大の欠点は，大数の法則によるリスク分散が不十分になる可能性です。しかしキャプティブのリスクは，再保険会社や再保険市場にリスクを移転することが可能なので，大企業は企業保険の代替的戦略としてキャプティブを利用することもあります。

5. 保　　険

　ロス・ファイナンスとしてもっとも重要な手法は保険契約です。とくに他のロス・ファイナンスの手法を利用する機会の少ない家計では，もっとも重要なロス・ファイナンス手法といえます。保険契約の特徴は，企業や個人のリスクが，保険会社に移転されることです。この場合，将来損害が生じた場合に損害を塡補する約束というだけでは，他の手段と変わりはありません。保険契約の特徴は，その約束にともなって保険料という形で「リスク」が移転されることです。この「リスク」とは，期待損失額という意味の「リスク」です。リスクの実体を「σをともなったμ」と理解するならば，保険では，保険料としてリスクの実体が移転するのです。

　ここで注意しなければならないことは，保険契約のコストとは何か，ということです。保険料が企業や個人にとっての保険のコストと理解されることがありますが，この理解は正確ではありません。たしかに保険料には，期待損失コスト（損失の期待値μ）が含まれていますが，この部分は，保険契約をしなかったとしたら，企業や個人が自ら保有することになるコストなのです。したがって，保険契約のコストとは，保険契約にともなって必要な管理運営費などの付加保険料と呼ばれている部分なのです。リスクコストを説明した際には，この点を強調しませんでしたが，保険料と保険契約のコストの相違を認識しておくことは大切です。なお保険料を構成する要素については，第13章で詳しく学ぶことにいたします。

6. ヘッジ

　ヘッジとは，マーケットを利用した保険以外のリスク移転の方法です。先渡契約，先物契約，オプション，スワップのような金融派生商品は，様々な種類のリスク，とりわけ価格リスクをマネジメントするのに広く利用されています。先渡契約および先物契約は，ある商品を将来の時点で一定の価格で売買する約束をする契約です。たとえば，電力会社が，6カ月先の原油を1バレルあたり80ドルで購入するという契約を取り交わしたとします。電力会社は6カ月先に原油価格が高騰したとしても1バレルあたり80ドルで購入できるので，原油価格リスクを回避できます。ただし原油価格が1バレルあたり80ドルよりも大きくなった場合の損失を回避するのと引き換えに，80ドル未満の場合に得るはずの利益を逃すことになります。

　先渡契約と先物契約の違いは，前者が店頭取引の相対（あいたい）契約で現物決済を行うのに対し，後者が取引所取引で差金決済を行うことです。両者の決定的な相違は，先物契約が商品の受け渡しを必要としないのに対して，先渡契約は実際に現物の商品の受け渡しを行うことです。そのため，先渡契約の場合には，現物の売買に要する元本が必要となります。

　以上に例示したヘッジと保険との違いは，ヘッジの利用者は保険のように期待損失コストを含む保険料を支払うのではなく，ヘッジのための料金（コスト）だけを支払うことです。ヘッジにともなって証拠金を積む必要がある場合もありますが，証拠金はあくまでも決済を保証するものであり，保険料における期待損失コストではありません。なお保険料の仕組みについては，第14章で詳しく学びます。

7. 保険以外の契約によるリスク移転

　保険やヘッジ以外にも，ロス・ファイナンスの方法はいろいろあります。もっとも簡単な方法としては，契約によってある種のリスクを塡補しないことを約定することがあります。たとえば，駐車場のオーナーが，駐車場内での車上

No.014 **2023.10.30** 📖 **NEWS**

おかげさまで創業128年
同文舘出版

AIによるESG評価
―モデル構築と情報開示分析―

中尾悠利子・石野亜耶・國部克彦 著

膨大なESG情報を AIで収集するだけでなく、その特徴を分析して理解を深め、多様な投資家ニーズを反映したESG評価モデルの推定など、様々な場面での革新的な展開を検討する。

| 発行日 | 2023年10月10日 | 価格 | 4,730円 |

A5判上製・288頁

監査役の矜持
―曲突徙薪に恩沢なく―

岡田譲治・加藤裕則 著

世の中は、災難を未然に防ぐより起きてから派手に立ち振る舞う人を優遇しがちだ。監査役とはなんなのか？ 頻発する企業不祥事、ガバナンス改革を検証し、その役割をあらためて考える！

| 発行日 | 2023年10月10日 | 価格 | 2,640円 |

A5変型判並製・298頁

🔍 https://www.dobunkan.co.jp/

〒101-0051 東京都千代田区神田神保町1-41
TEL 03-3294-1801 / FAX 03-3294-1807

※価格は税込（10%）

好評既刊書

日本監査研究学会リサーチ・シリーズXXI
監査人のローテーションに関する研究

浅野信博 編著

監査人の独立性の確保・強化のために導入が検討されている監査法人の強制的交替について、制度や経済モデル、そして実証研究等、多角的にレビューした上で課題と展望を提示する。

| 発行日 | 2023年8月30日 | 価格 | 4,070円 | 判型 | A5判上製・248頁 |

金融資産の認識中止に関する会計基準
―設定根拠と変化の経路―

威知謙豪 著

米国・英国・日本の基準やIFRSを対象に、現在までの金融資産の認識中止に関する会計基準の設定をめぐる検討内容を整理し、その背景と根拠を考察し、日本での展開を検討する。

| 発行日 | 2023年8月30日 | 価格 | 4,840円 | 判型 | A5判上製・340頁 |

ここがポイント！
地方独立行政法人会計の実務ガイド
―一般型・公立大学法人・公営企業型の法人別解説―

有限責任監査法人トーマツ 著

2022年8月に地方独立行政法人会計基準が改訂され、2024年度から適用が開始される。地方独立行政法人が直面する課題と基準改訂への実務対応のポイントがこの一冊でわかる！

| 発行日 | 2023年9月20日 | 価格 | 4,840円 | 判型 | A5判並製・256頁 |

ビジネス会計検定試験®
対策問題集3級（第5版）

ビジネスアカウンティング研究会 編

財務諸表に関する知識や分析力をはかることを目的に開発された検定試験用の問題集。繰り返し問題を解き解説を読むことで、試験対策というだけでなく実務に役立つ会計力が身につく！

| 発行日 | 2023年9月10日 | 価格 | 2,200円 | 判型 | A5判並製・184頁 |

盗難に対して損害賠償責任を負わない旨を契約書で明記することがあります。この契約が法的に有効であるならば，駐車場のオーナーは，車上盗難リスクを自動車のオーナーに移転するとともに，（もしあるとしたら）不正な損害賠償請求が行われることをのがれることになります。

別の例をあげて見ましょう。企業Aが企業Bとある仕事の請負契約を結ぶ時に，ある種の免責や補償に関する合意を含む契約を行うことがあります。たとえば請負業者が第三者にケガを負わせた場合の賠償責任を企業Aが負わない取り決めを結ぶことによって，企業Aは，賠償責任から生じる期待損失を回避することができます。

銀行の特別融資枠の設定は，損失金融の手段として重要です。これは，ある企業が取引銀行と，当該企業が通常予想できない巨額な損失を生じた時に，銀行に特別融資枠の範囲内で融資をしてもらうという契約を結ぶことです。巨額な損失を生じた企業は，倒産リスクが高まるため，資金調達のためのコストが急騰します。このような時に，銀行の特別融資枠が設定されていれば，損失後の資金調達が容易になります。この契約は，保険契約のように直接損失をカバーするものではありませんが，間接損失の期待値を軽減するので，ロス・コントロールとして機能すると考えることが出来ます。

8. ロス・ファイナンスのコスト

ロス・ファイナンスを，リスク・ファイナンスと呼ぶこともあります。しかし，ロス・ファイナンスの手法のほとんどは，企業の損失時の金融にかかわることです。また「σをともなったμ」としてのリスクそのものをファイナンスするのではなく，リスクが及ぼした損失をファイナンスするために行われる手法なので，本書では，ロス・ファイナンスという用語を使うことにしています。

ロス・コントロールと同様に，ロス・ファイナンスを実行するためにはコストがかかります。自家保険では，保険契約で移転されるはずの期待損失コストを保有しなければなりません。また期待損失コストを積み立てるため内部留保を活用できるメリットがある反面，リスク分散が不十分であるために，そのリ

スクに対応するためのコストが生じます。

保険契約を行う企業にとってのコストは，期待損失コストを移転するために必要なコストです。保険料には期待損失コスト（保険会社側からいえば期待保険金支払いコスト）が含まれていますが，さらに保険契約にともなう事業コスト等が付加されています。これを付加保険料といいます。企業にとっての保険のコストは，付加保険料のことなのです。

先物取引やスワップのようなヘッジは，期待損失コストを支払う必要はありません。ヘッジでは，リスクがプライシングされ，マーケットで売買されることによって，価格が成立しています。したがって，企業がヘッジすることの主要なコストは，ヘッジのための手数料（ヘッジ価格）ということになります。証拠金が必要な場合もありますが，これもヘッジのためのコストに含むべきでしょう。ただし，先渡契約の現物取引のための元本はヘッジコストには入れるべきではないでしょう。

保険以外の契約によるリスク移転にもコストが生じます。企業が銀行の特別融資枠の設定してもらうには，銀行は，引き受けたリスクに応じたリスクプレミアムを要求するはずです。企業にとっては，それがリスク移転のためのコストとなります。また先にあげた事例で，駐車場のオーナーが，駐車場内での車上盗難に対して損害賠償責任を追わない旨を契約書で明記することがありました。この契約からはコストが生じないように思われますが，このような契約条件がマーケットに影響することも想定されます。一般に契約条件にリスク移転が盛り込まれれば盛り込まれるほど，その物件・サービスの価格は低下します。契約によるリスク移転もゼロコストで行うことは難しいのです。

9. 内部リスク軽減

内部リスク軽減には，「分散」と「情報収集」の2つの方法があります。分散は，企業の事業を多角化することによって，リスク（σ）を軽減する活動です。主要商品が1製品だけである場合と主要商品が3つある場合の収益の変動性（σ）を考えると，後者の変動性の方が小さくなることは明らかです。期待

収益率が同じであるとすれば、収益の変動性というリスクが小さければ小さいほど企業価値は増大します（厳密にいえば、企業価値はより少なく減少します）。

工場の多角化（分散）が、期待最大損失を軽減することによって、企業価値を増大させるという意味でロス・コントロールの一種と考えることができることを、第9章で学びました。したがって、分散は、σを軽減するだけでなく、間接損失μをも軽減し得る活動であるといえます。

「情報収集」とは、企業内部のリスクに関する正確な理解のための情報収集投資を意味します。企業の期待損失の予測を正確に行うことができれば、合理的なロス・ファイナンスの組み合わせにより、リスクコストを軽減し、その結果、企業価値を増大させることができます。また正確な期待損失を予測できるということは、同時に期待値まわりの変動もより正確に予測することができるため、将来のキャッシュフローの変動性を小さくすることが可能になります。以上のように、μが正確に予測できること、そしてその結果σもより正確に予測できることは、リスクコストを軽減することを通して、企業のリスクマネジメントの効果を高めることになります。具体的な例をあげれば、純粋リスクの損失の強度と頻度の推定、産出価格リスクを減らすための様々な製品に関する市場調査、将来の商品価格や金利の予測などがあります。

また純粋リスクのうち企業あるいは産業に特有なリスクの情報を正確に知ることは、ロス・コントロールにとっても大変有効です。企業あるいは産業に特有なリスクを知ることによって、期待損失をより効果的に軽減することが可能です。通常、このような情報は、多くの企業保険の経験を蓄積している保険会社が保有しています。このような情報を安価に利用することによって、それ以上の期待損失の軽減を達成することにより、リスクコストを軽減し、企業価値を増大させることになります。

10. まとめ

リスクマネジメントは、リスクコストの構成要素である期待損失コスト（μ）と残余的不確実性のコスト（σ）を減少させる手段として、ロス・コントロー

ル,ロス・ファイナンスおよび内部リスク軽減を行うことです。理論的にいえば,ロス・コントロール,ロス・ファイナンスおよび内部リスク軽減の3つの手段のコストの総和と,期待損失コスト(μ)および残余的不確実性のコスト(σ)の減少の総和を勘案して,合理的なリスクマネジメントの水準が決定されます。しかしすでに述べたように,リスクコストの構成要素間のトレードオフ関係があり,最適な水準が簡単に決定されるわけではありません。ここで主に学んだロス・ファイナンスと内部リスク軽減をみても,それぞれの手法内部にコストと便益の関係があるばかりでなく,これらの手法について最適な選択を行うためには,それぞれの手法の正確なコストを割り出す必要があります。企業のリスクマネジメントは,実務的には大変複雑で難しいものですが,先に学んだリスクコストの考え方とここで学んだ,ロス・ファイナンスの手法の特徴とコストを学ぶことにより,リスクマネジメントの理論的な枠組みを理解する手助けになったものと思います。

練習問題

1. ロス・コントロールとロス・ファイナンスの相違について要約して述べなさい。
2. 本書において,ロス・ファイナンスをリスク・ファイナンスと呼ばない理由を述べなさい。
3. 企業が自家保険する時のコストと便益について要約しなさい。
4. わが国において先物取引を行っている取引所について調べて,その概要を述べなさい。
5. 内部リスク軽減には2種類ある。そのうち「情報投資」について要約しなさい。

第Ⅲ部

保険の価格と制度

保険はリスクマネジメントの重要な1つの手法です。保険のプライシングから保険契約をめぐる諸制度について学びます。

第13章 リスクのプライシングと保険の需要

1. リスクのプライシング

　リスクがコストであるということは，すでに学んでいます。リスクがコストであるとすれば，リスクの金銭的評価ができるはずです。期待損失という意味でのリスクは，予想される損失額に事故発生の確率を掛け算して計算することができます。これはいわゆる「μの世界」です。しかし本章でプライシングするリスクは「σの世界」のことなのです。リスクのプライシングには，大まかにわけて保険数理アプローチと金融工学的アプローチがあります。本章の前半では，保険数理的アプローチを中心に学び，後半では保険の需給の特徴について学習します。

2. 保険料の計算

　保険は，「収支相等の原則」を前提としてリスクのプライシングを行ってきました。収支相等の原則と給付反対給付均等の原則は，次のようなものです。

$nP = rZ$　　収支相等の原則

　　$w=r/n$ とすれば

$P=wZ$　　給付反対給付均等の原則

　　$P=$ 保険料

　　$Z=$ 保険金

　　$n=$ 保険加入者数

$r=$ 保険事故が生じた者の数

$w=$ 事故発生率

　保険期間が1年間で，死亡保険金3,000,000円という生命保険（定期保険）の保険料を計算してみましょう。この保険集団には，10,000人が加入しているとして，またこの保険集団の死亡率が0.002だとわかっているとすると，収支相等の原則を用いて，次のようにすれば保険料を求めることができます。なお収支相等の原則とは，保険事業が成り立つためには，保険料収入総額と保険金支払総額が，等しくなる必要があるという原則です。

　$Z=3{,}000{,}000$，$n=10{,}000$，$w=r/n=r/10{,}000=0.002 \to r=20$，よって$10{,}000 \times P=20 \times 3{,}000{,}000$となり，この式を解くと保険料は6,000円となります。つまり1年のうちに死亡した人に3,000,000円の保険金を支払うという生命保険は，死亡率が0.002（年間1,000名中2人が死亡）とすれば，6,000円ならば収支相等が満たされます。いいかえれば，保険料収入総額と保険金支払い総額が一致するためには，加入者から6,000円をあらかじめ集めておけばよいということです。

　実務的には，信頼性のある死亡表を用い，さらに保険料収入と保険金支払いのタイミングの違いから生じる時間の金銭的価値を考慮して計算することになりますが，基本は変わりません。（練習問題では死亡表を用いて実際に保険料を計算してもらいます。）

3. 保険数理の前提としている世界観

　収支相等の原則が成立するとしても，加入者が少数の場合には保険会社が大きなリスクを負担することになります。たとえば加入者が1人だとします。この人から6,000円の保険料を徴収した場合，保険会社はwという確率で3,000,000円の保険金を支払い，$(1-w)$の確率で6,000円を取得します。加入者が少数の場合には，保険会社は，このように大きなリスク（σ）を引き受けることになってしまいます。つまり現実には，収支が相等しないという結果になるのです。

　ところが，このような不確実な状態は，加入者が多くなればなるほど軽減さ

れます。その理由は，すでに学んだように，プーリングアレンジメントの効果によって，保険者のリスク（σ）が軽減されるためです。要するに，収支相等の原則が成り立つためには，プーリングアレンジメントが機能すること，別の言葉でいえば，大数の法則が成り立つ必要があります。

4. 保険によるリスクのプライシング

　以上のように考えると，保険数理によるリスクのプライシングは，保険集団というものを前提して，リスクを軽減させる効果を利用したものであるということになります。契約1件あたりの期待値まわりの変動（σ）というリスクが，限りなくゼロに近づくならば，リスクの価格は，期待値（μ）に限りなく近づきます。保険によるリスク（σ）のプライシングは，リスク（σ）が限りなくゼロになることによって実現します。第14章において，期待損失（μ）が保険料のもっとも重要な構成要素であるということを学びます。

　保険数理によるリスクのプライシング方法は，生命保険のように信頼できる過去の死亡率データがあり，かつ比較的均質で独立なリスク集団を形成できる場合には，期待損失コスト（μ）を算出することができる有効なプライシング技術です。しかしながら，この方法には弱点があります。それは，マーケット要因をプライシングに取り込んでいないことです。マーケットを前提とした保険の価格づけについては第14章の公正保険料で学習することにします。

5. 金融工学によるリスクのプライシング

　金融工学によるリスクのプライシングは，ある意味では，保険数理的アプローチと共通点があります。オプション評価式によるリスクの価格づけを行う式は，完備市場であるということを前提としています。完備市場とは，無裁定の世界です。無裁定の世界とは，マーケットの調整過程を利用して利益を受けることが出来ない状態のことをいいます。

　現実にはマーケットはつねに変動していますから，無裁定の状態が恒常的に

存在するわけではありません。しかしマーケットが機能する限り，条件が一定であるならば，裁定が大きくなる方向に動くというよりも，無裁定に向かうということは確かであると思います。したがって，金融工学の前提とする世界が，現実とかけ離れたものであるとはいえません。

　金融工学によるリスクのプライシングは，マーケットが十分に機能し，無裁定である場合のリスクの価格を導出することに成功しています。ここでは，ブラック＝ショールズ式については学習しませんが，下和田功編『はじめて学ぶリスクと保険〔第3版〕』有斐閣，2010年，121-128頁に数値例を使ったオプション価格の簡単な計算例がありますから，ぜひ参照してください。

6．保険の需給関係とマーケット

　マーケットを前提にした保険価格の決定要素について学習する前に，保険商品の特殊性ゆえに生じる需給の特徴を明らかにしておきたいと思います。

　商品の価格は，一般的には，需要供給関係によってマーケットで決まると考えることができます。保険の価格も同様に決まるのでしょうか。保険契約においては，一般的には，保険者（保険会社のように保険契約の一方の当事者でリスクを引き受ける者）が保険料を提示します。保険契約者（保険契約の他方の当事者で自らのリスクを移転する者）は，提示された保険料を見て，保険に加入するか，加入しないか，あるいは火災保険などの場合には一部保険にするのかを決めることになります。

　相対契約を基本とする企業保険を別とすれば，通常の保険は，あらかじめ保険者が価格を決めて，保険契約者が価格に反応して需要を決めるというプロセスで保険価格が決まるのです。これは，製造業者が原価計算に基づき出荷価格を決め，流通市場がそれに反応するのと，基本的には変わりません。

　しかしながら，保険商品には，以下に述べるような供給の特殊性と需要の特徴をもっており，それらが保険のマーケットにおける需給関係の特徴に反映しているのです。

7. 保険供給の特殊性

　保険商品は，消費者が購入するという意味で，通常の商品と同じです。しかし，製造業による一般製品とは大いに異なる特徴をもっています。本節と次節では，保険の供給と需要に関する特徴を明らかにしたいと思います。まず，供給の特徴から考えてみましょう。

　一般製品の供給曲線は，生産量を増やすと単位あたりのコストが逓増していくため右上がりで示すことができます。保険供給の場合は，生産量を増やしても，単位あたりのコストはそれにつれて逓増することはありません。また在庫費用がかからない上，商品の提供も迅速に出来ます。このような商品の特殊性により，保険商品の供給曲線は，一般製品とは違って，傾きがほとんどフラットなものであることが推測されます。

　供給曲線の傾きがフラットだとすると，需要が変動しても保険価格の変動は大きくありません。需要が多くても価格が上がらず，需要が少なくても価格が下がらないのです。この特徴が生じる理由は，上記のように保険商品の供給上の特殊性の他，保険商品のプライシングからも説明することができます。保険商品は，大数の法則が機能すれば，需要にかかわらず，公正な価格が存在します。リスク移転に対して合理的で市場と整合的な価格が存在することから，需要が多いからといって価格が高くなったり，その反対であったりすることはないものと考えることが出来ます。なお第14章において公正保険料を学習すれば，市場と整合的な公正価格が何であるのかを知ることができます。

　では，需要の変動によって価格が変動しないため，保険市場が需要と供給について硬直的であるかというとそうではありません。次節で述べるように，保険需要は連続的に決めることができるため，消費者が保険料（実際には付加保険料）を高いと思えば，需要を減らすことができます。

8. 保険需要の特徴

　これまでの説明から保険商品の供給の価格弾力性（供給の変動に対する価格

変動の割合）は相当に小さいことがわかりましたが，だからといって保険市場が硬直的ではありません。それは，消費者が保険需要を連続的に消費することができるからです。保険商品は，量り売りのワインやオイルのように，どのような量にも分割して購入することができるという特徴をもっています。言い換えれば，保険商品の需要は連続的に決まるのです。

　火災保険を例にして説明することにします。保険の目的物である家屋の市場価値を保険価額と呼んでいます。保険価額と同額の保険契約をすることを全部保険といいます。これに対して保険価額より保険金額の方が小さい契約を一部保険（部分保険）と呼んでいます。一部保険の「一部」が無くなった時には無保険の状態となります。このように，保険需要は全部保険から一部保険をへて無保険まで，連続的に決まるものであると考えることができます。ちなみに保険金額とは，保険証券に記載された金額のことであり，保険会社はその金額を上限として保険金支払いを行います。

　ここで，少し横道となりますが，保険の需要量に応じた保険金の支払い方について表13-1と13-2を参照していただきながら，説明しましょう。保険価額よりも保険金額が大きい保険契約を超過保険といいます。超過保険の場合，保険価額を超える金額については保険金支払いはなされません。超過保険以外の場合，支払保険金額は，表13-2で示したように，実損額×保険金額／保険価額で算出されます。全部保険の場合は，保険金額＝保険価額ですから，支払保険金

表13-1　損害保険における全部保険と一部保険

超過保険	保険価額＜保険金額	超過部分を除く実損塡補
全部保険	保険価額＝保険金額	実損塡補
一部保険	保険価額＞保険金額	比例塡補
無　保　険	保険金額＝0	

表13-2　損害保険の保険金支払方法

	支払保険金額＝実損額×保険金額／保険価額		
超過保険の時	保険金額／保険価額＞1	超過部分支払われない	実損塡補
全部保険の時	保険金額／保険価額＝1	支払保険金額＝実損額	実損塡補
一部保険の時	0＜保険金額／保険価額＜1	支払保険金額＜実損額	比例塡補

額＝実損額となりますが，一部保険の場合は，実損額に保険価額に対する保険金額の割合を乗じたものが支払保険金額となります。全部保険の場合を実損塡補方式と呼び，一部保険の場合を比例塡補方式と呼んで区別していますが，支払保険金額を算出するための公式は共通のものです。

　一部保険の場合の支払保険金額は，全損の場合は，保険金額が支払われますが，一部損害の場合は，実際に乗じた損失額に保険価額に対する保険金額の割合を乗じた金額が保険金として支払われます。一部保険の場合，保険価額に対する保険金額の割合は1よりも小さく0よりも大きい値ですから，支払保険金額は，実損額よりも常に小さいものとなります。一部保険を契約する通常の消費者は，保険金額を上限として，分損でも実損塡補を受けられるものと期待しているかもしれません。しかし保険料は保険価額に対する一定率で決まるため，一部保険の契約者は，全部保険の契約者よりも少ない保険料を払っているにすぎません。練習問題5でも明らかになると思いますが，比例塡補方式は合理的な方法なのです。ただし一般消費者の誤解による批判を緩和するため，日本では個人物件に限って修正比例塡補方式を採用しています。これは，保険価額に0.8などの一定率を乗じることによって，保険金額と保険価額の一定範囲の乖離については実損塡補の効果をもたらすものです。

　では，保険需要の特徴の指摘に戻りましょう。需要の連続性は，損害保険ばかりでなく，生命保険でも同様です。生命保険は，損害保険のように保険事故の程度に応じて保険金が変わることがないので，定額保険と呼んでいます。保険価額はありませんので，一部保険や比例塡補方式などはありませんが，消費者のニーズに応じて保険金額を自由に決めることができます（保険会社ごとに最大保険金額と最小保険金を定めていますから，実務的にはその範囲内で自由にというのが正確です）。

　最後に，もう1つの特徴に言及しておきます。保険の場合，余分に購入することができないという特徴をもっています。上記のように超過保険を購入しても，保険価額を超える超過部分は支払われません。超過保険の他に，損害保険では重複保険というものもあります。これは1つの保険の目的物に対して，複数の保険契約が行われることをいいます。重複保険の合計保険金額が保険価額

を超過する部分についての保険金支払いは行われません。この特徴は，他のヘッジ手法と比較するとよりはっきりとします。他のヘッジ手法は，本来ヘッジしたい水準を超過して購入することができます。たとえば，オーバーヘッジすると，リスクへのヘッジではなく，投機となってしまうおそれがあります。実損額とヘッジされる給付額の間の変動をベーシスリスクと呼んでいますが，保険契約は，ベーシスリスクが0か，きわめて小さいという特徴をもっているのです。

9. まとめ

　保険数理的なリスクのプライシングは，リスク（σ）そのものをプライシングするのではなく，リスク（σ）をゼロに近い状態にすることによって，損失の期待値（μ）が価格の主要な構成要素となります。これに対して，金融工学的な手法では，無裁定の世界を前提として，リスクを含む価値のプライシングを行います。

　保険が，保険集団を構成して大数の法則によりリスク（σ）を軽減するのに対して，金融工学による，オプション取引等は，マーケットを通して取引されます。このマーケットでは，リスクを移転する人（たとえばコール・オプションを買う人）から，リスクを引き受ける人（たとえばコール・オプションを売る人）に，リスクに応じた手数料が支払われます。

　ただし，両者のプライシングの背景には，ある共通点があります。簡単にいえば，ダイナミックなマーケットの要素が十分に考慮されていないことです。保険数理的な考え方は，大数の法則によってリスク（σ）が無視できるほどゼロに近くなる，いわゆる予定調和の世界を前提としています。また金融工学的なアプローチは，完備市場という前提の下でリスクを価格付けしています。両者の背景となる「世界観」は，ともに不完備市場，資本市場，企業活動などの経済的な要素を捨象したものといえます。とはいっても両者のプライシングが荒唐無稽な理論構築物というわけではなく，ともに実務の世界で応用されています。

　これらの要素を捨象せずに，保険の価格を考える方法は，次の講義で学習す

る公正保険料の理論ですが,本章はそれに先立って,マーケットにおける保険の需要供給関係を検討しました。その結果,保険商品が一般製品と,供給および需要の両面において,大きな相違点があることが明らかになりました。

練習問題

1. 30歳の男性が保険期間5年で,その期間中の契約者の死亡に対して保険金1,000万円が支払われる定期保険に加入したとする。またこの定期保険の加入者は10万人とする。死亡率は,以下の死亡表(「生保標準生命表2007」)で与えられている。保険料はすべて年始に払われ,保険金はすべて年央に支払われるものとする。時間の金銭的価値は,割引率2%とし,以下の現価表を用いて,保険料を計算する。次の各問に答えなさい。割引現在価値については,第14章の4節と5節を参照すること。(数値例については,下和田功編『はじめて学ぶリスクと保険〔第三版〕』有斐閣,2010年を参考にした。)

死亡表

年齢	生存数	死亡数	死亡率
30	98,434	85	0.086
31	98,349	88	0.089
32	98,261	90	0.092
33	98,171	94	0.096
34	98,077	98	0.100

複利現価表〔割引率(利率)=2%〕

期間	年始払現在価値	年央払現在価値	年末払現在価値
1	1.0000000	0.9901475	0.9803922
2	0.9803922	0.9707329	0.9611688
3	0.9611688	0.9516989	0.9423223
4	0.9423223	0.9330381	0.9238454
5	0.9238454	0.9147433	0.9057308

① 収支相等の原則の左辺(nP)を考える。保険料をPとおいて,5年間の保険料収入の割引現在価値を計算すると次のようになる。空欄に適当な数字を入れなさい。

保険年度（契約者年齢）	$P \times$ 生存数 $\times$ 年始払現価率 $=$ 収入保険料の現価
第1保険年度（30歳）	$P \times 98{,}434 \times 1.0000000 = P \times 98{,}434$
第2保険年度（31歳）	$P \times 98{,}349 \times \boxed{} = P \times 96{,}421$
第3保険年度（32歳）	$P \times \boxed{} \times 0.9611688 = P \times 94{,}445$
第4保険年度（33歳）	$P \times 98{,}171 \times 0.9423223 = P \times 92{,}509$
第5保険年度（34歳）	$P \times 98{,}077 \times \boxed{} = P \times 90{,}608$
合計	$P \times 472{,}417$

② 続いて収支相等の原則の右辺（rZ）を考える。5年間の保険金支払総額の割引現在価値を計算すると次のようになる。空欄に適当な数字を入れなさい。

保険年度（死亡者の年齢）	死亡保険金 $\times$ 死亡数 $\times$ 年央払現価率 $=$ 支払保険金現価
第1保険年度（30歳）	$100万 \times 85 \times 0.9901475 = 8{,}416万円$
第2保険年度（31歳）	$100万 \times \boxed{} \times 0.9707329 = 8{,}542万円$
第3保険年度（32歳）	$100万 \times 90 \times \boxed{} = 8{,}565万円$
第4保険年度（33歳）	$100万 \times 94 \times 0.9330381 = 8{,}771万円$
第5保険年度（34歳）	$100万 \times 98 \times \boxed{} = 8{,}964万円$
合計	4億3,258万円

③ 収支相等の原則を用いて、保険料Pを計算しなさい。

2．保険契約者が1人の場合には、収支相等の原則が成立しないことを示し、なぜ成立しないかの理由を述べなさい。
3．保険数理によるリスクのプライシング方法の弱点を2つ述べなさい。
4．保険商品は、供給の特殊性と需要の特徴をもっており、それらが保険のマーケットの需給関係に反映している。供給の特殊性と需要の特徴を簡単に述べなさい。
5．一部保険の場合は、保険金支払いは実損填補ではなく、比例填補の原則で支払われる。次の図は2,000万円の保険価額である火災保険を例にとって、縦軸を保険価額（損失填補額）、横軸を損害額にとって、全部保険と一部保険の損害填補額をあらわしたものである。1,000万円の一部保険に加入した場合、全損の場合の1,000万円を限度として損害の2分の1の損失填補が行われる。一部保険が1,000万円を限度とする実損填補とならない理由を、次の図を参考にして答えなさい。

全部保険と一部保険の損失塡補額

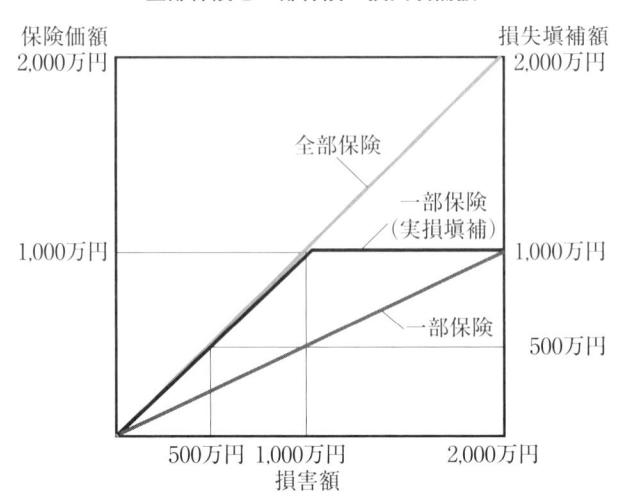

第14章 公正保険料(1)

1. ロス・ファイナンスの一手段としての保険

　保険は，企業や個人の損失時の資金繰りを円滑化し，企業の価値と個人の厚生が大きく減少しないようにする機能をもっています。このような機能を発揮する手段のことをロス・ファイナンスと呼んでいます。第12章では，「保有（自家保険）」，「ヘッジ」および「保険以外の契約によるリスク移転」を，ロス・ファイナンスとしてあげました。企業や個人にとっては，保有（自家保険）を除くロス・ファイナンスは，リスク（将来の損失の可能性）を他に移転することですが，リスクの移転に際して，様々なコストがかかります。

　リスク移転のための経費等はもちろんですが，リスク移転には，情報の非対称性によって生じるコストが重要です。リスク移転前はもちろんのこと，移転後であってもリスクの中味のほとんどは移転する側だけが知っている私的情報です。この情報をリスクの引受け手が知るためには，コストをかける必要があります。これをモニタリング・コストといいます。反対に，移転しようとする側が私的情報を相手側に伝えようとしても，受け手にとってはそれが正しい情報であるという確信がありませんから，簡単には伝達することができません。これを伝達するためのコストのことをシグナリング・コストといいます。これら以外にも，リスク移転後にリスクを移転する人の行動が損失の期待値を変えてしまうような場合に生じるモラルハザードから生み出されるコストもあります。このような取引において情報が偏在していることから生じる問題を，経済学では情報の非対称性によって生じる問題（コスト）と呼んでいます。

　ヘッジや保険以外の契約によるリスク移転には，情報の非対称性によるコス

トに対応する定型的で一般的な仕組みはありません。これに対し，保険は，長く続いた商慣習によって生成した情報の非対称性によるコストを緩和する契約ルールがあります。保険契約のルールは，ほとんどの国では保険契約法（わが国では2010年4月に施行された保険法）として，保険契約を規律しています。この規律の重要な役割は，保険契約者間の情報の非対称性によって生じるコストを緩和することによって，保険契約のリスク移転手段としての効率を高めることです。たとえば，告知義務は，契約者から保険料計算のための正しい情報を提供してもらい，収支相等の原則が貫徹するのに効果があります。経済学の言葉で表現すると逆選択を防止し，それによって生じるコストを抑制する機能を果たすものです。

保険契約は，契約をとりまく慣習および法律が，逆選択やモラルハザードのコストを抑制する役割を果たしており，それゆえに，保険以外のロス・ファイナンス手法と比べて，安定したバグの少ない手法となっているのです。逆選択やモラルハザードについては，第21章および第22章でより詳しく学習することに致します。

2. 公正保険料

リスクのプライシングについては，第13章で保険数理的な方法と金融工学的な方法があることを学びました。ここでは，マーケットを前提にした場合，保険料がどのような構成要素から成り立つのかということを学びましょう。公正保険料は，公正な（fair）保険料（premium）ということですが，保険者，保険契約者，株主，その他，保険契約に利害関係のあるすべての者が経済的に不公平に扱われていない保険料のことをいいます。公正という概念を倫理的な意味で解釈するよりも，経済的な意味で理解するべきでしょう。ちなみに国際会計基準で公正価値という言葉が用いられていますが，公正保険料と同じ概念と理解していただいて結構です。

公正保険料は，図14-1のように，期待損失コスト，運用資産の成果，管理運営コストおよび投資家への公正な報酬の4つの構成要素からなっています。こ

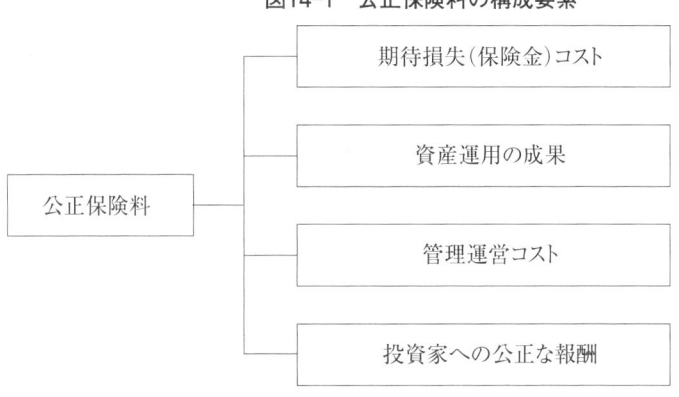

図14-1 公正保険料の構成要素

```
公正保険料 ─┬─ 期待損失(保険金)コスト
           ├─ 資産運用の成果
           ├─ 管理運営コスト
           └─ 投資家への公正な報酬
```

れらの要素について説明を行っていきます。

3. 期待損失コスト（期待保険金コスト）

　公正保険料の最大の要素は，期待損失コストです。期待損失コストを保険者側の言葉でいえば，期待保険金コストです。保険契約者が，保険会社と同じレベルで損失の期待値を正確に把握していれば，期待損失コストは期待保険金コストに等しいものと考えることができます。実際には，保険契約者は，損失の期待値を保険会社ほど正確に知りませんから，以後は期待保険金コストということにします。

　ロス・ファイナンスは，すでに学んだように，損失時の資金繰りのためにリスク移転をする手法ですが，保険の場合，損失時に損失補償をするという約束（契約）と引き換えに，損失の期待値（μ）に相当する金額を，保険料の一部として保険会社が受け取ります。保険契約者は，保険を購入しなければ，その期待コストを保有することになります。

　保険会社は，契約者のリスク（σをともなったμ）を，あたかもσをともなっていないμ（期待保険金コスト）だけで引き受けていることになります。しかし心配はご無用。保険会社は，プーリングアレンジメントによるリスク分散によって，1件当たりのσを限りなくゼロに近くすることが可能です。よって，

保険会社は，期待保険金コストでリスクを引き受けることができるわけです。

4. 資産運用の成果

近代保険は，前払確定保険料という方式を採用しています。保険事故が起こってから保険料の追加徴収をされないかわりに，事故が起こってから保険料を支払ったからといって保険給付をうけられません。

この仕組みにならえば，保険料の払込み時期は，保険金支払い時期よりもつねに先行しているはずです。したがって保険会社は保険金支払いまでの間，保険料収入を運用することができます。これにより，保険契約者が保険料を前払いしたことから生じた運用収入が生まれますが，この収益は保険会社が取得するのではなく，保険契約者に返すべきです。第13章の練習問題1で，保険期間が5年の定期保険の保険料を計算する時に，保険料を年始に徴収し，保険金を年央に支払うものとして計算したのは，時間の金銭的価値を保険料計算に考慮したものでした。

時間の金銭的価値を保険料に反映するためには，この方法のように，割引現在価値という概念を用います。ここで割引現在価値の考え方について説明しておきましょう。(すでに割引現在価値について十分に理解している人は先に進んでかまいません。)

5. 割引現在価値

簡単な例として，1年末にすべての保険金が支払われる保険を考えてみましょう。年末に10,000円を支払うために必要な保険料をPとしてPを求めてみましょう。金利はrとします。

年末に10,000円支払うために必要な保険料をPとする
$P(1+r)=10,000$ ・・・両辺を$(1+r)$で割るとPが求まる
$P=10,000/(1+r)$

$r=0.1(10\%)$　ならば　$P=9,091$円

$r=0.05(5\%)$　ならば　$P=9,524$円

このように金利rが大きくなればなるほど，保険料は少額になります。つまり金利が高ければ高いほど，時間の金銭的価値の効果が大きいのです。これは，金利が高ければ，それだけ運用収入が期待できるということからも明らかでしょう。

2年末にすべての保険金が支払われる場合には，次のようになります。

　2年末に10,000円支払うために必要な保険料をPとする

　$P(1+r)(1+r)=10,000$　　・・・両辺を$(1+r)^2$で割る

　$P=10,000/(1+r)^2$

$r=0.1(10\%)$ならば　$P=8,264$円

$r=0.05(5\%)$ならば　$P=9,071$円

以上の数値例から，保険金の割引現在価値を計算するより一般的な方法がわかります。2年末にすべての保険金が支払われる場合に，保険料は次のようになりました。

$$P=10,000/(1+r)^2$$

10,000円の割引現在価値を計算するためには，10,000円に$1/(1+r)^2$をかければよいのです。$1/(1+r)^2$は，割引係数（現価係数）と呼ばれています。この式を一般化し，n年の割引係数を示すと次のようになります。

　n年の割引係数　$1/(1+r)^n$

n年目の期待保険金コストSnの割引現在価値は，Snにn年の割引計数を掛けることで計算することができます。すなわちSnの割引現在価値は，$Sn \times 1/(1$

$+r)^n$ となります。

6. 時間の金銭的価値を公正保険料に反映する方法

　公正保険料の構成要素である資産運用の成果を公正保険料に反映するためには，公正保険料から運用収益を控除すればよいでしょう。実際の運用収益は保険会社の運用能力の相違も反映していますから，マーケットに整合的な金利で，保険料を割引くことによって，運用収益を反映させるという手法を使います。より正確にいえば，公正保険料のうちの期待保険金コストを運用収益の利回りで割引くことによって，運用収益を反映させます。

　適正な金利で期待保険金コストを割引いた，いわゆる割引期待保険金コストが，公正保険料のもっとも重要な部分であり，保険契約者から保険者に移転されるリスクに相当する部分となります。この部分は，保険契約をしなければ契約者が保有し，また保険会社に移転されれば，最終的には保険金支払いに充てられる部分となります。保険料のうち保険金支払いに充てられる部分のことを純保険料とか危険保険料と呼んでいます。割引期待保険金コストは，保険実務でいわれる純保険料に相当するものにあたります。

7. ショートテールの保険とロングテールの保険

　時間の金銭的な価値は，利子率を一定とすれば，保険料を徴収してから保険金を支払うまでの期間の長さに依存します。この期間が短いものをショートテール，長いものをロングテールと呼びます。損害保険でいえば，火災保険はショートテールの保険，賠償責任保険はロングテールの保険に属します。図14-2は，特定の保険種目から作成したものではなくイメージ図ですが，上の曲線がショートテールの保険，下の曲線がロングテールの保険です。

　ショートテールの保険では，保険事故が起こってから，短期間で保険金支払いが終了するのに対して，ロングテールの保険では，保険金支払いが完了するまでに相当の期間を要します。その理由は，たとえば損害賠償責任のように保

図14-2　ショートテールの保険とロングテールの保険

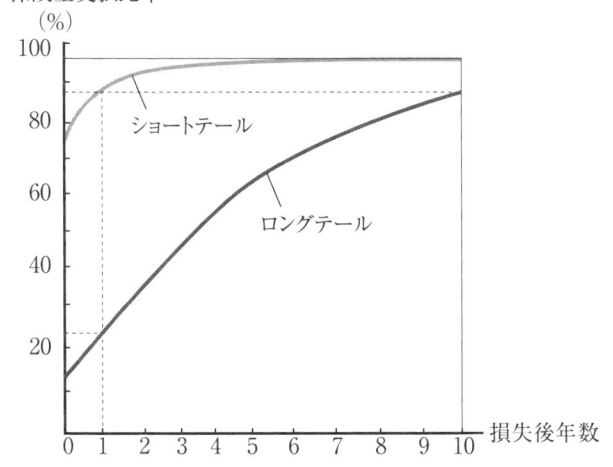

険金が確定するまでに時間がかかったり，訴訟を要したりするなどがあげられます。

ロングテールの保険は，時間の金銭的価値をより大きく評価する必要があります。ゆえにショートテールの保険と同じ期待保険金コストであるとしたら，ショートテールよりも保険料は安くなるはずです。

8. まとめ

ここでは，マーケットに整合的な保険料がどのような要素によって構成されているのかということを学びました。このような保険料のことを公正保険料と呼ぶことを知りました。公正保険料は，保険契約に関係する者である，保険契約者，保険者，投資家が，マーケットが十分に競争的な時に，経済的に公平に扱われるような保険料のことなのです。ここで「公正」という言葉は，倫理的に正しいという意味よりも，市場的に公平であるという意味で使われていることに注意する必要があります。

公正保険料を構成する要素は，期待損失コスト，運用収入，運営管理コストおよび投資家への公正な報酬の4つであり，これ以外の要素を考慮する必要はありません。本講義では，この4つの要素のうち，期待損失コストと運用収入について説明をしました。期待損失コストは，保険者の側からいえば，期待保険金コストに相当します。これは，保険料のうちもっとも重要かつもっとも大きな比重をもつ部分です。運用収入は，保険料から運用収益を控除するというのではなく，妥当な割引率で期待保険金コストを割引くことで，保険料に反映します。割引現在価値の考え方は，コーポレート・ファイナンスでは常識的ですが，保険とリスクマネジメントを実務に応用する際に，コーポレート・ファイナンスの考え方がとても重要となります。

　保険会社は，公正保険料の割引期待保険金コスト部分を，将来の保険金支払いに充てるために積み立てておきます。このように保険料のうち将来の保険金に使用される部分を，保険実務では純保険料とか，危険保険料ということがあります。

　公正保険料の他の構成要素は，保険金支払いに充てられるものではないため，付加保険料と呼ばれます。本書では，この部分は，事務管理経費に充てられる部分と投資家に対する公正な報酬に充てられる部分の2つに分けて考えていますが，これらについては続く第15章で学習します。

練習問題

1. 学歴が，労働の質という情報のシグナリングとなるためには，どのような条件が必要か述べなさい。
2. 公正保険料の最大の構成要素は，期待損失コスト（期待保険金コスト）である。この要素は，個別契約者が保有する場合には，期待値まわりの変動（σ）をともなっているが，引き受ける保険会社は，期待値（μ）のみを公正保険料として要求するだけで，変動性というリスクに対する対価を要求しない。その理由を説明しなさい。
3. 死亡保障を基本とする一般の生命保険と傷害疾病損害保険とは，どちらがロングテールであると考えられるだろうか。どちらかを選び，その理由を述べなさい。

4. 公正保険料において，時間の金銭的価値を考慮する必要があるとされる。なぜ公正保険料に，時間の金銭価値を反映しなければならないのだろうか。その理由を説明しなさい。
5. n年後の10,000円は，利子率が0％ならば，現在価値も10,000円であるが，利子率が0でなければ，その金額は変化する。本文では，利子率（r）の場合のn年後のS_n円の割引現在価値は，S_nに現価率を掛けることによって得られるということを学んだ。n年後のS_n円の割引現在価値を，この計算式によって実際に手計算をして求めるのは大変なので，表計算ソフトを利用することにする。S_nを10,000円と考えた時の割引現在価値を求めるためには，参考図のように該当するセルに次のような式を埋め込み，コピーすれば求めることができる。（ただし$D4, E4, \cdots, M4$のセルには，それぞれ0.01, 0.02, …, 0.1を入力すること。）

表計算ソフトを利用して，以下の各問いに答えなさい。
① 20年後の10,000円は，割引率（年複利）を0.1の場合，割引現在価値はいくらとなるだろうか。
② 割引率0.01の場合，1000年後の1億円の価値は，$100{,}000{,}000 \times 1/(1+0.01)^{1000}$であるが，これを計算しなさい。累乗のできる計算機を使ってもよいが，表計算ソフトに計算式を入力して答えを導いてもよい。
③ 現在の1円は，割引率（年複利）0.1だと，何年で10,000,000円になるだろうか。表計算を利用して求めなさい。

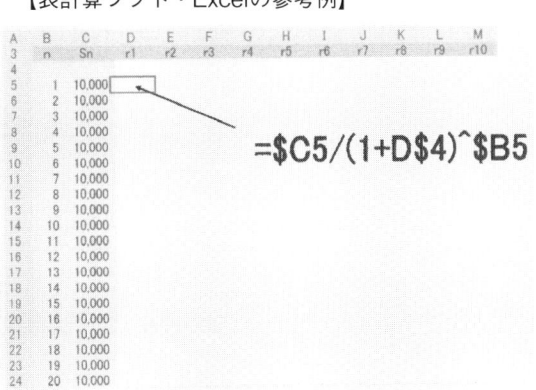

【表計算ソフト・Excelの参考例】

=$C5/(1+D$4)^$B5

第15章　公正保険料(2)

1. 純保険料と付加保険料

　保険料は，保険金支払いに充てられる部分と保険契約に関する運営管理経費からなる部分から構成されています。前者を純保険料，後者を付加保険料といっています。公正保険料では，前者は，割引期待保険金コストに相当し，運営管理コストと投資家への公正報酬をあわせたものが付加保険料に相当します。ここでは，公正保険料の付加保険料部分を中心に学習します。

　保険実務的には，保険料には，企業利益のためのマージンが上乗せされていることでしょう。公正保険料では，企業利益部分は構成要素となっておりません。とくに保険実務家の方には，不思議に思われることでしょう。その理由については，後述します。

2. 運営管理コスト

　収支相等の原則に，保険の運営管理コスト（E）を加えると次のようになります。

$$nP = rZ + E$$
$$P = wZ + E/n \quad E/n > 0 なので$$
$$P > wZ$$

　このように，運営管理コストを加えると，提示された保険料が，保険契約者

にとって期待損失コストよりつねに割高となってしまいます。保険契約者が自分の期待損失コストを正確に知っている，またはリスク回避度が低い場合には，運営管理コストが上乗せされると保険に加入しないかもしれません。

しかし現実には，自分のリスクを正確に知っている企業や個人は少なく，また通常，企業も個人のリスク回避的であるという仮定を置くことができますので，運営管理コストを上乗せしても保険需要はなくなることはありません。この点については，第20章でリスクの保険可能性を学ぶときにより詳しく学習します。

公正保険料は，競争的な市場を前提にして，保険契約が成立するような保険料ですから，保険会社は，必要な経費を保険料に上乗せする必要があります。公正保険料に含まれる運営管理コストのことを，英語では，expense loading と呼んでいます。経費付加保険料と訳すこともありますが，そのまま「エクスペンス・ローディング」ということも多くなっています。

3. 運営管理コストの内訳

保険実務においては，運営管理コストは，保険を販売する際にかかるコスト（保険引受経費）と保険金支払いの際に払うコスト（損失調査費）に分けることができます。これらの保険料に対する比率は，保険種目によって異なります。表15-1は，アメリカの損害保険業のデータから作成したものです。

住宅火災保険のような保険種目は，販売手数料が多く，一般経費を合算する

表15-1 損保保険種目ごとの保険引受経費と損失調査費の対保険料比率

保険種目	販売手数料	一般経費	総保険引受経費	損失調査費
住宅火災保険	14.6%	16.1%	30.7%	12.1%
自動車賠責保険	8.5%	14.5%	23.0%	13.5%
自動車物損保険	8.4%	14.5%	22.9%	9.6%
労災補償保険	6.3%	17.0%	23.3%	13.6%
その他賠責保険	10.9%	17.2%	28.1%	27.5%

（出典）ハリントン＝ニーハウス著，米山＝箸方監訳『保険とリスクマネジメント』東洋経済新報社，2005年，238頁に基づいて作成。

と保険料の3割程度を保険引受経費が占めています。損失調査費の比率が小さい保険種目は自動車物損保険で，保険料の1割未満のコストです。なお図15-1には明示してありませんが，住宅火災保険から自動車物損保険までが個人保険，労災補償保険は企業保険，その他賠償責任保険は，個人保険と企業保険が混在しています。

販売手数料の比率が小さいのは，企業保険の労災補償保険ですが，一般経費を含むと，保険引受経費は他の保険種目と比べて極めて小さいというわけではありません。損失調査費の大きいのは，その他賠償責任保険で保険料の27％以上の経費がかかっています。賠償責任保険は，賠償金が法的に確定するまで訴訟などの費用がかかることもありますので，それほど不思議なことではないでしょう。

4. 投資家への公正な報酬

付加保険料のうちでもう1つの重要な要素が，投資家への公正な報酬です。保険契約では，均質なリスク（μ）を多数集めることによって，1件あたりのリスク（σ）を軽減するということを学びました。しかしながら，リスク間に相関関係がある場合には，プーリングアレンジメントによるリスク軽減効果には限界があります。

公正保険料は，変動（σ）をともなっていない期待保険金コスト（μ）を構成要素としているので，リスク（σ）が残っていると，収支相等の原則が満たされない可能性があります。もし損失額が期待保険金コストを上回るとしたら，保険会社は破綻することになります。したがって，軽減できないリスクが残るということは，保険会社の破綻確率が大きくなるということです。そこで，破綻の確率を軽減するためには，期待保険金コストに一定の資金が追加される必要があります。しかし残存するリスクに対応する資金を無料で貸してくれる人はいませんから，保険会社は市場を通して資金を借りる必要があります。

リスクが残存すると，それに対応するための資金を準備するための調達コストがかかるのです。まさにリスクはコストであるといえます。保険会社が，株

式会社形態を採用しているとすれば，この資金は株主が提供することになります。そこで株主への公正な報酬を提供することによって資金（資本）を用意することができるのです。より具体的にいえば，株主が別の投資をして平均的に得られる水準の報酬を与えなければ，株主は保険会社に資本を提供しません。そこで，保険会社は，資本市場と整合的な資金調達コストを支出してはじめて資本を調達できるわけです。このような資金調達コストに相当する付加保険料のことを投資家報酬付加保険料（profit loading）といいますが，最近は原語をそのまま用いて「プロフィット・ローディング」というのも一般的になっています。

5. リスク移転のための費用としての付加保険料

公正保険料の4つの構成要素は，図15-1に示されていますが，おおまかにわけて2つにわけることができます。期待保険金コストに投資収入を考慮した割引期待保険金コストは，「リスクの原価」といってもいい部分です。この金額以下で保険を販売すると，この保険契約は最終的に破綻します。これに対して，

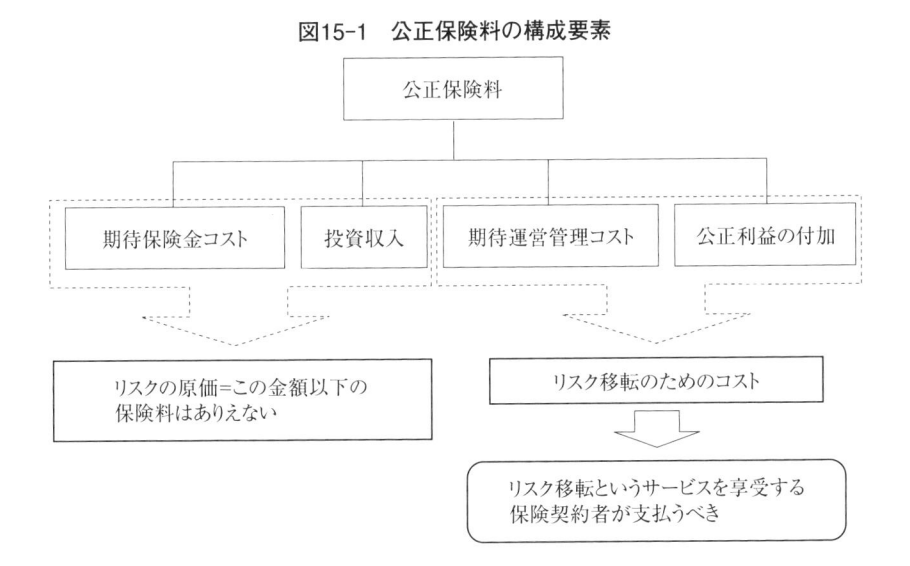

図15-1 公正保険料の構成要素

```
              公正保険料
    ┌──────┬──────┬──────┐
期待保険金コスト  投資収入  期待運営管理コスト  公正利益の付加
```

リスクの原価＝この金額以下の保険料はありえない

リスク移転のためのコスト
⇒ リスク移転というサービスを享受する保険契約者が支払うべき

運営管理コスト（expense loading）と投資家への公正利益の付加（profit loading）は，契約者が保険契約によってリスクを移転させるためのコスト部分にあたります。

エクスペンス・ローディングもプロフィット・ローディングも，保険契約者がリスク移転というサービスを享受するために必要なコストですから，保険契約者が支払うべき費用であると考えることが出来ます。このような費用を支出してまでもリスク移転したくないという契約者は，保険契約をせず，期待保険金コスト（期待損失コスト）を保有することになります。

6. 企業利潤が公正保険料の構成要素でない理由

公正保険料には，保険会社の利潤が組み込まれていません。保険会社が保険料に利潤を上乗せすることができないのでしょうか。保険実務の世界では，利潤を上乗せできないわけではありません。しかし公正保険料の世界では，企業利潤を上乗せすることができません。なぜでしょうか。

公正保険料は，競争的な市場において決定される保険料です。ある保険会社が，過去に生じた損失を上乗せしようとして，公正保険料に企業利潤を上乗せしたとしましょう。すると，別の保険会社は，この会社よりも安い保険料（公正保険料）で，契約者が満足し，保険者にとって必要十分であり，かつ投資家に十分な報酬を提供することができます。したがって，十分に競争的な市場を前提とするならば，企業利潤を上乗せする企業の保険は，価格競争力を失うことになります。

企業利潤の根源は，保険会社の組織能力（organizational capability）にあるのですが，公正保険料の世界では，そのような企業の能力の差異がないものと考えていますので，そもそも企業利潤が排除された世界を想定した保険料であるといえるのです。

7. 公正保険料のまとめ

　第14章と第15章では，公正保険料の概念を学びました。保険実務では，保険料計算は，収支相等の原則を用いて算出しますが，マーケットの存在を前提にした考え方ではありませんでした。これに対し，公正保険料は，マーケットを前提にした保険料の考え方であるといえます。競争的な市場を前提とした場合，保険契約をめぐるプレーヤーのすべてが不満のない状態を提供する保険料が，公正な保険料であると考えるのです。

　公正保険料では，図15-2のように，期待保険金コストを妥当な金利で割引いた割引期待保険金コストに，エクスペンス・ローディングとプロフィット・ローディングを付加されるものと考えます。

　この時に留意すべきことは，4つの要素がすべて将来の予測で決まるということです。ハリントン＝ニーハウスの著書では，公正保険料は将来に向かって決定される（Fair premiums are looking forward.）と表現されています。保険実務においても，とくに損害保険では，過去のデータに基づいてはいますが，将来の結果を予想して決定します。さらに，個別の保険会社は，自由な競争市場を前提とすれば，自社の過去の財務状況を公正保険料に上乗せすることはでき

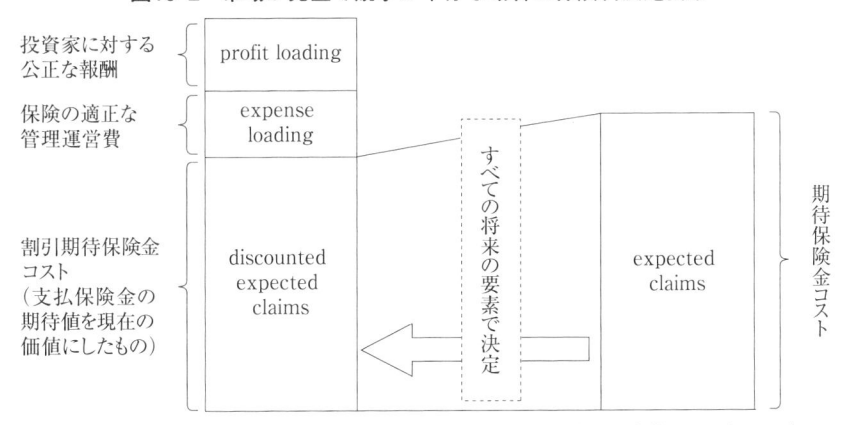

図15-2　市場が完全で競争が十分な場合の保険料決定要素

投資家に対する公正な報酬	profit loading			
保険の適正な管理運営費	expense loading			
割引期待保険金コスト（支払保険金の期待値を現在の価値にしたもの）	discounted expected claims	すべての将来の要素で決定	expected claims	期待保険金コスト

（出典）米山高生『物語で読み解くリスクと保険入門』日本経済新聞出版社，2008年，77頁。

ません。公正保険料は，個別保険会社の過去の営業成績や財務状況とは無関係に決まるべきものです。個別の保険会社は，自社の過去の損失を上乗せするために期待保険金コストを「期待値」より高く見積もることはできません。公正保険料は，将来の要素のみによって決まるのです。

練習問題

1. 運営管理コストに相当する経費付加保険料と資金調達コストに相等する投資家報酬付加保険料を，公正保険料に付加することによって，保険契約者に転嫁しなければならない理由を述べなさい。
2. 損害調査費の大きい保険種目とロングテールの保険には何らかの関連がある。その関連性がどのようなものかを述べて，その理由を説明しなさい。
3. ある保険会社は，以下のような損失分布を持つ人にきわめて多数の保険商品を販売する。
   以下の問いに答えなさい。

損失（円）	確率
10,000,000	0.005
6,000,000	0.010
2,000,000	0.020
1,000,000	0.050
0	0.915

   ① 保険証券あたり保険金支払いコストの期待値を計算しなさい。
   ② 保険支払いは保険料受領1年後に行われ，金利は6％と仮定する。保険金支払いコストの期待値の割引価値を計算しなさい。
   ③ 唯一の管理費は保険証券あたり100円の申込時の処理コストであり，公正な投資家報酬付加保険料の割引現在価値は50円である。公正保険料はいくらか。
   ④ 損失調査費を含むものとして，公正保険料を計算し直しなさい。ただし，損失調査費は保険金支払額の12％で，保険金支払いと同時に支出され，金利は上記と同じく6％とする。
4. 公正保険料の構成要素として企業利潤が含まれていない理由を説明しなさい。
5. 「公正保険料は将来に向かって決定される」の意味を説明しなさい。

第16章　保険の契約

1．保険契約とは何か

　保険を定義することは，案外簡単なことではありません。たとえば，次の2つの事例は，保険といえるでしょうか。

(a) 甲がその友人乙に対して，乙の自転車が1年以内に盗難にあった場合に，1万円を支払うことを約束して，約束の見返りとして1,000円を受け取った。
(b) パソコンメーカー甲が，価格に一定の金額を上乗せすることによって，購入者乙に対して，1年以内に故障が生じた時には無料で修理に応じるとして契約した。

　この事例は，ともに乙の将来の財産の不確実性を甲が引き受けているという意味で，リスク移転が行われています。その意味では，ともに広い意味では保険といえます。しかしながら保険をより狭く定義するとしたら，それらの金額が，起こりうる事象の損失の可能性を加味したものとしての保険料である必要があります。いいかえれば，リスク移転を引き受ける甲が要求する金額が，公正保険料の構成要素からなる保険料である必要があります。(a) の事例の「見返りとして1,000円」には，1,000円であることの理論的な根拠はなさそうです。また (b) の事例において，商品価格に上乗せされた金額が，損失の期待値を含むものではなく，保証料だと思われます。

2. 保険法の定義

　保険契約を規律する基本ルールである保険法の定義を，少し手を入れて簡潔に記述すると次のようになります。(保険法については，次の章で学習します。)

　「当事者の一方が一定の事由が生じたことを条件として財産上の給付を行うことを約し，相手方がこれに対して当該一定の事由の発生の可能性に応じたものとして保険料を支払うことを約する契約」(保険法第2条の1を参照)

　保険法第2条「定義」規定では，保険者，保険契約者，被保険者などの用語が定義されておりますが，保険料についての定義はありません。しかし保険料が単なる，リスク移転のための手数料や保険者に対する報酬ではなく，「当該一定の事由の発生の可能性に応じたものとして」という説明がされています。このことから，保険法でいうところの保険料とは，期待損失コストを含む概念であることがわかります。期待損失コストを含むということは，保険料の背景に，保険者側のプーリングアレンジメントによるリスク分散（σの軽減）があるということを示唆するものであると考えることができます。

3. 保険する効果と保険契約

　このように考えると，上述の2つの事例 (a) と (b) は，リスクを移転するものにとっては，「保険する」効果をもつものですが，リスクを引き受ける仕組みとしては，保険とはいえないものであるということが明らかです。学生の皆さんが，「卒業単位取得のための保険で『リスクと保険』を履修する」という場合の「保険」とは，リスクを移転する効果をもつという意味での「保険」でありますが，保険契約の「保険」とは区別すべきものであることがおわかりかと思います。もっとも単位をたくさん履修することが，卒業のための「保険」の効果をもつものかは疑問です。(第23章で学習するモラルハザードのことも考えなければなりません。)

4. 保険契約という形式をとる３つの理由

　保険はなぜ保険契約という形式をとるのでしょうか。保険契約は，保険者と保険契約者がそれぞれ保険料の支払いと保険サービスの提供という義務を相互に負う契約です。これを双務有償契約性といいます。保険契約者が保険料の支払い義務を怠ると，契約が失効して保険サービスを受けられなくなります。

　保険者の義務である保険サービスのうちで唯一最大といっていいのは，保険金（保険給付）の支払いです。保険契約が嘘をつかない善良な人々によって行われるならば，保険制度はプーリングアレンジメントによるリスク軽減効果によって，参加者全員の厚生の改善に役立ちます。しかしながら，誰かが嘘をつくことによって，保険制度が崩壊し，確実な保険金支払いができなくなる可能性があります。たとえば，病気の人が健康と偽って高額な生命保険契約をするようなことを考えてみてください。このようなことで他の契約者の保険金支払いができなくなることがないように，保険契約の当事者は，民法が要求するよりも高いレベルの参加者の善意が期待されます。これを最大善意契約性といいます。たとえば，保険者が質問する保険契約にとって重要な事項について，保険契約者および被保険者は誠実に答える義務があります。これを告知義務といいます。この質問に対して不実な回答をし，契約後それが判明した場合には，保険者は保険契約を解除することができるものとされています。保険契約という形式をとる第１の理由は，保険者が保険金の支払いを確実にするためです。

　保険契約は一般の契約以上に複雑ですので，保険者と保険契約者が相対で契約条件を決めるのではなく，保険者があらかじめ用意した保険約款によって定型的に契約されることがほとんどです。これを法律の世界では，附合契約性と呼んでいます。これによって，保険契約の取引コストが削減され，リスク移転のための費用の一部である経費付加保険料が節約されることになります。保険契約という形式をとる第２の理由は，このように取引コストを低下させて，保険によるリスク移転のためのコストを節約し，効率的な保険市場を達成しようとすることだと考えられます。

　保険商品の売買は，モノの移動とカネの移動が対応するような一般の売買と

異なるものです。法律の世界では，保険契約は，諾成契約性，かつ不要式契約性をもつものとされています。つまり，保険契約の成立のために唯一必要なことは，保険契約当事者の合意であって，契約の成立の必要条件として，モノの移動や特定の要式を必要としないということです。しかしながら，契約者当事者間の合意が，いつの時点で行われたのかは明確にわかるわけではありませんから，実務的には，契約の成立と契約者当事者の権利義務の発生時期を明確にする必要があります。これらのことは，保険法および保険約款によって，保険契約として規律されています。保険契約という形式をとる第3の理由は，保険契約の不完備性を補い，契約の信頼性を高めるためであると考えられます。

5. 保険は「枯れた技術」

　保険は，ヘッジなどの他のロス・ファイナンスによるリスク移転と異なり，リスク移転のコストばかりでなく，損失の期待値までをも保険者に移転するため，保険金を確実に支払うことが重要となります。したがって，保険では，他のリスク移転手段以上に，保険金支払いを確実にするような保険契約をはじめとする諸制度のもとで営まれています。保険をめぐる諸制度は，中世の海上保険の発生以来，リスク移転という取引を有効に行うために歴史的に生成されてきました。そのためとりわけ純粋リスクの移転手段として，他の新しいリスク移転手段よりも「枯れた技術」によって安定的な市場を提供しています。「枯れた技術」というのは，古くて衰退しているという意味ではなく，使用頻度が高いために技術に由来するバグ（欠陥）が出尽くしていて安定している技術という意味です。保険は，ロス・ファイナンスの1つの手法で，企業や個人のリスク移転を行うものですが，他のロス・ファイナンスの手法と比べて「枯れた技術」に基づく手法であるといえます。

6. 保険契約の基本構造

　すでに学習したように保険者は，いわゆる保険を引き受ける側の主体であり，

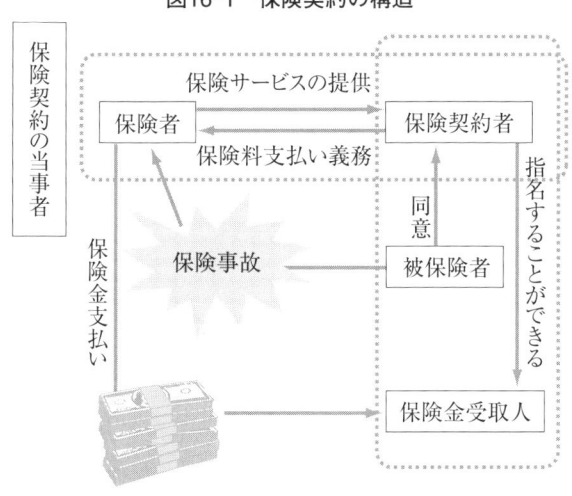

図16-1 保険契約の構造

保険契約者は，リスクを移転しようとする顧客です。保険契約者は，保険料を支払う義務を負い，保険者は約束した一定の事故が生じた時に保険金を支払う義務があります。両者を保険契約の当事者といいます。

保険契約者の側には，図16-1で示すように被保険者と保険金受取人がいる場合があります。保険法では，被保険者は保険の典型契約ごとに次のように規定しています（保険法第2条の4）。

損害保険契約	損害保険契約により，填補することとされる損害を受ける者
生命保険契約	その者の生存又は死亡に関し，保険者が保険給付を行うこととなる者
傷害疾病定額保険契約	その者の傷害又は疾病に基づき，保険者が保険給付を行うこととなる者

通常の損害保険契約では，保険契約者と被保険者が同一なので，保険契約者というよりは被保険者ということが多いようですが，運送保険などのように保険契約者（運送会社）と被保険者（荷主）とが異なる契約もあります。生命保

険契約の場合には，被保険者の同意がなければ保険契約は成立しません。傷害疾病定額保険の場合は，被保険者が保険金受取人である場合を除いて同意を必要とすることになっています。

さらに生命保険の場合，保険契約者は保険金受取人を指定することができます。損害保険の場合は，遺失した損失と利害関係がある者のみが保険金を受け取ることができますので，保険契約者が保険の目的物と利害関係のない別の者を指定することはできません。このような場合にその者は被保険利益がないといいます。したがって，損害保険の場合は，原則として保険金受取人の指定はないといえます。

7．保険契約者・被保険者・保険金受取人

生命保険契約の場合，保険契約者，被保険者および保険金受取人がすべて同一の契約から，すべて異なる契約もあります。この構造の相違を明確に示すために，保険実務では次のように表現しています。

保険契約者と被保険者が同一の生命保険契約のことを自分の生命の保険契約といい，同一でない契約を，他人の生命の保険契約といいます。また保険契約者と保険金受取人が同一の生命保険契約のことを自分のための生命保険契約といい，同一でない保険契約のことを他人のための生命保険契約といいます。す

保険契約者＝被保険者＝保険金受取人	自分のための自分の生命の保険契約
保険契約者＝被保険者≠保険金受取人	他人のための自分の生命の保険契約
保険契約者≠被保険者＝保険金受取人	自分のための他人の生命の保険契約
保険契約者≠被保険者≠保険金受取人	他人のための他人の生命の保険契約

べてのパターンをまとめると次のようになります。

8．まとめ

保険法の定義で，「当該一定の事由の発生の可能性に応じたものとして保険料」と記述されているように，保険契約と保険以外の契約によるリスク移転の

相違は，保険がリスク移転のために期待損失コストを含む保険料を必要とすることです。保険が保険契約という特別な形式をとっている理由として，次の3つを指摘することができます。第1に，保険金支払いを確実にするため，第2に，効率的な保険市場を達成するため，そして第3に，保険契約の不完備性をおぎなうためです。

保険は，保険以外のリスク移転と比べて，保険契約などの諸制度のもとで行われるため，「枯れた技術」となっています。「枯れた技術」とは，古くて意味のないというものではなく，バグ（欠陥）の少ない安定したリスク移転の手段を提供するものです。

本章の後半では，保険契約の基本構造について学習しました。ここでは，保険契約に関連する重要な概念である保険者，保険契約者，被保険者および保険金受取人等について学びました。保険契約に関するこれらの知識は，保険契約に関する様々な文献を読む際に役に立つものです。

練習問題

1. 保険法第2条を参照し，保険の定義以外に，定義されている用語をすべてあげ，それぞれがどのように定義されているのかを要約しなさい。
2. 【発展】保険法で「リスク」が定義されて使われていないのはなぜなのかを考え，思うところを述べなさい。
3. 保険が保険契約という形式をとる理由を3つあげなさい。
4. 保険が「枯れた技術」と呼ばれる理由を要約しなさい。
5. 【発展】被保険者の同意は契約時だけよいとされるが，保険法では，被保険者と保険契約者の関係に重大な変更が生じた場合には，ある手段をとることができるようになった。保険法からこの手段に関する条文を探し出し，簡単に説明しなさい。

第17章　保険の法制度

1．保険契約法と保険監督法

　保険をめぐる法律には，保険契約の基本ルールを定めるための保険契約法と保険者の規制監督のための根拠法となる保険監督法があります。国によっては，保険法典として両者が統合されている場合もありますが，日本では，保険法と保険業法という名称で保険契約法と保険監督法が存在しています。

　ただし保険契約法と保険監督法が明確に分かれているかといえば，必ずしもそうではなく，保険監督法の中に保険契約を規律する条文があったりしています。そこで保険の法律実務家は2つの法律を有機的に理解して実務にあたる必要があります。

　わが国における保険契約法は，長い間，旧商法中に存在しておりましたが，2010年4月から新しく「保険法」という名称の単独法となりました。約100年ぶりの大幅改正でしたので，後ほど改正の主要点について説明いたします。

　日本の保険監督法は，1900年に施行された保険業法です。この法律は，1939年（昭和14年）および1995年（平成7年）の大幅改正を経て，現在に至っております。戦後の船団行政といわれた時代においては，戦時経済期に改正された保険業法がそのまま監督法として生きておりました。戦時経済下の改正は，戦時経済遂行のための保険業の合理化を推進するために，監督官庁の権限を強化した点に特徴がありました。戦後，制度目的が戦争遂行から経済成長に代わりながらも，監督官庁の強い権限に基づく，組織化された競争の時代が到来したのは，興味深いところです。またその意味から，1995年の保険業法の改正は，長らく続いた保険監督行政の転換を印象付けるものです。新しい保険業法とそ

の後の保険制度改革および保険の自由化によって，現在は，戦後から高度成長に至る時期の制度目的・設計とは異なる時代になっていると考えることができます。

2. 経済学からみた保険契約法

　保険契約法と保険監督法の相違を，経済学的な観点から考えてみましょう。保険契約者の私的情報（private information）により引き起こされる情報の不均衡の問題が，大きなコストを生み出すことがあります。たとえば，病気であることを知りながら健康であるといって生命保険に加入する人がいる場合，健康な人を前提にして算出している保険料では保険金の支払いへの備えが不十分になります。病気であるかどうか外見から判断できない場合には，健康診断をしてもらうなどのコストを支出する必要があります。

　保険契約法には，保険契約者の私的情報により引き起こされるコストを抑制し，保険制度が健全に機能するための規律が定められています。たとえば告知義務違反の場合の保険者の契約解除権があります。この規律は，一般民法の水準からいえば，保険契約者側により制裁的な規定のようにみえますが，情報の非対称性による問題を軽減し，保険制度が健全に機能するためには，重要な規定なのです。

　経済学的な観点からみると，保険契約法は，私的情報の非対称性を利用して契約者が自分の利益だけを追求する行動（機会主義的行動）をすることを防いで，効率的な保険市場を達成するための制度であるという面が重要です（以上については，図17-1を参照）。これに対して，逆の意味の情報の非対称性も考えられます。保険会社は，保険に関する知識においても情報においても，保険契約者に対して優越的な立場にあります。このことは，企業保険の場合はそれほど問題ではありませんが，個人保険の場合は深刻な問題をもたらす場合があります。このような点について保険契約法がまったく配慮がないわけではありません。たとえば保険金の支払いについて，保険会社は理由なく支払いを遅延させてはなりません。保険契約者からはその理由についての情報について劣位に

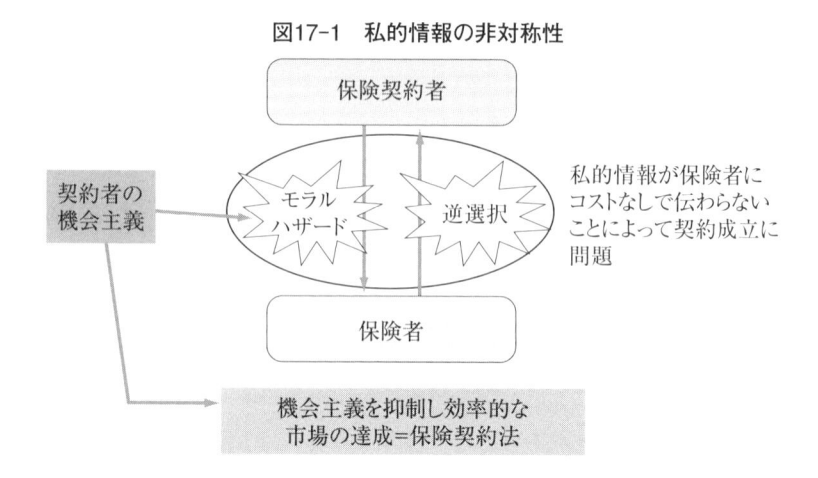

図17-1 私的情報の非対称性

保険契約者 → モラルハザード・逆選択 → 保険者

契約者の機会主義

私的情報が保険者にコストなしで伝わらないことによって契約成立に問題

機会主義を抑制し効率的な市場の達成＝保険契約法

おかれていますので，保険会社は保険金支払いの履行期間を定め，保険金支払いがそれを超える場合には，遅延利息を支払わなければならないという規定がわが国の保険法にはあります。これは，保険者の情報優位に由来する保険法の規律であると考えられます。

以上のように，保険契約法には，保険契約者の私的情報によって生じる逆選択やモラルハザードを抑制する側面と保険者の情報優位によって生じる契約者の不利益を是正する側面があります。しかしながら保険契約の基本ルールの範囲内だけでは，後者の問題を解決することは難しく，保険者の情報優位によって生じる問題を十分に解決するためには保険監督法が必要です。

3. 経済学からみた保険監督法

わが国の保険監督法は，保険業法と呼ばれている法律です。保険業法の主な目的は，保険情報に関する契約当事者間のギャップによって生じる諸問題を緩和することです。繰り返しになりますが，保険に関する知識や情報については，保険会社が圧倒的に優位な立場にあります。保険約款の内容1つとっても，保険会社側は十分に承知しているのに対して，多くの契約者は保険約款を読まなかったり，また読んだとしてもその意味を十分に理解していなかったりする場

合が多いようです。

近年問題となった保険金不払いを一括してすべて保険会社の責任であると切って捨てることはできませんが，それにしても保険会社が契約内容をより親切に契約者に提供してくれていたら生じないようなケースもみられました。保険契約者は，努力しても情報を得ることが難しいので，すべてを保険会社（あるいは営業職員の方）に任かすことで「安心」していたのかもしれません。保険契約者にも消費者としての自覚に欠けていたこともありますが，そもそも保険会社が保険に関する情報について，圧倒的に優位であることから起こったということは事実です。（保険金不払い問題については，保井俊之『保険金不払い問題と日本の保険行政：指向転換はなぜ起ったのか』日本評論社，2011年が参考になります。）

経済学的な見方を強調すれば，図17-2に示されているように，保険監督法は，保険者の情報優位という情報ギャップにともなって，保険契約者の保護が損なわれることの無いように，保険者の機会主義的行動を抑制するための法律であるといえます。

保険の自由化による弊害に備えて設けられた，保険契約者保護機構と財務健全性規制も，保険会社の情報優位によって生じる保険契約者の損失を軽減するための制度・規制であるといえます。この2つの制度は，1995年の改正保険業

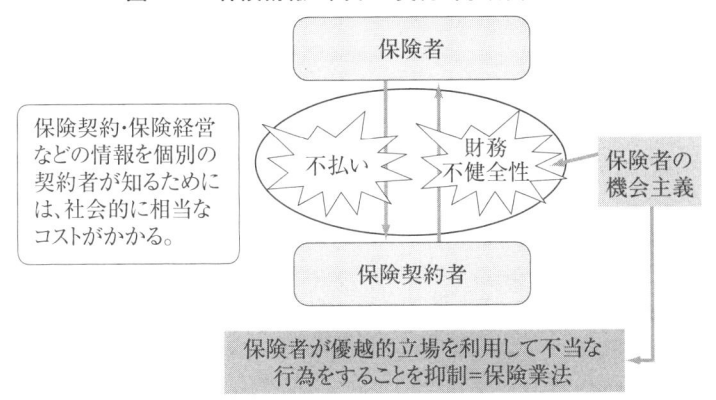

図17-2　保険情報に関する契約当事者間のギャップ

法において新たに導入されたものです。保険会社の破綻から被る契約者の損失についても，保険契約者は，保険会社の破綻確率に関する情報を簡単に知ることはできません。保険契約者保護機構（いわゆる保険のセーフティーネット）は，破綻保険会社の保険契約者に対して一定の財政的援助をする機構です。たとえば現行の損害保険契約者保護機構は，破綻した自動車保険契約者の契約について，破綻後3カ月は，100％の保険金支払いを保障しています。自動車保険契約者のこの3カ月の間に健全な損保会社と契約を行えば，少なくとも保障という面からは損失を生じることはありません。

4. 保険契約法と保険監督法の保険契約者保護

契約者保護は大切なことです。とくに保険の最大の役割は，約束した保険金給付を確実に行うということです。このような基本的な次元においては，保険契約法も保険監督法も保険契約者保護という思想を共有しています。

しかしながら，保険契約者保護へのアプローチは異なります。保険契約法は，保険契約というルールの中で，保険契約者が不利な立場になっていないかということを考えます。これに対して，保険監督法では，保険ビジネスの中で，契約者に対する不当な行為が行われたり，理由のない不利益が生じたりすることに関心が示されます。

一言に保険契約者保護といっても，保険契約法と保険監督法とでは，スタンスが異なるのです。

5. 改正前商法と保険法の相違

2010年4月に施行されたわが国の保険法の主な特徴は次のとおりです。

第1に，改正前商法の保険契約法の規定のほとんどが任意規定であったのに対して，保険法の条文のほとんどは強行規定です。任意規定とは，保険者が保険約款に保険法と異なる規定を定めることが許されるものです。つまり保険契約の自由を容認し，保険約款に定めていないことについては，任意規定が適用

されるというものでした（保険約款について詳しくは後述）。

これに対して，強行規定とは，保険約款での変更を認めないというものです。よって保険会社が強行規定とは異なる約款を定めた場合には無効となります。ただし，片面的強行規定というものがあり，これについては，契約者あるいは被保険者に有利な変更については認めるというものです。それぞれの条文が，誰にとっての片面的強行規定であるのかについては，条文の中で明らかにされています。

第2の特徴は，保険契約の基本ルールの範囲内に，共済契約等を含めたことです。保険法として単独法となったことを契機に，保険契約，共済契約，その他いかなる呼称を問わず，保険法の定める保険契約の「定義」に従うものは，すべて保険法の規律に従うことになりました。戦後に発展した協同組合共済は，国民生活に相当程度根づいておりますので，消費者からみれば，保険も共済も同じものにみえているのではないでしょうか。保険法は，契約を規律づける基本ルールですから，保険と共済の間に相違がある場合には，消費者にとって不都合です。保険法の考え方は，基本ルールを共有した上で，それぞれの組織原理に基づいた多様な保険商品および共済を提供するのが望ましいことだというものではないでしょうか。

第3に，保険法が，保険会社が保険に関する知識や技術で情報優位に立っている個人保険契約に焦点を絞っていることです。契約の自由を原則とする海上保険のような企業保険については，片面的強行規定の適用除外が明記されています。企業保険は，ある意味でプロとプロの契約ですから，保険契約者（被保険者）に対して有利な変更だけを許す片面的強行規定を適用する必要ありません。ただし保険法が，企業保険を対象外としているわけではありませんから，絶対的強行規定は，企業保険にも適用されるということになっています。「絶対的」とは，片面的ではないということを強調する表現です。

最後に，近年の消費者保護の動向が，保険法の成立過程で影響を与えたことが挙げられます。保険契約法は，先に述べましたように，保険契約者の私的情報による情報の非対称性問題を緩和し，効率的な保険市場を達成するという目的が重要です。今回の改正では，そのような目的を尊重しながらも，あわせて

従来の保険契約のルールでは，契約者側に不利であると考えられる点について改正しました。そのうちのいくつかを挙げれば，告知義務を質問応答としたこと，被保険者の解除請求，保険給付の履行期間の明確化などがあります。

なお保険法の規定とは関係がありませんが，保険実務的には，消費者契約法が施行されたことが重要です。従来は，保険法の規定に基づいた保険約款は，民法の規定にも反していない限り問題はなかったのですが，現在では民法ばかりではなく，消費者契約法の規定との抵触も意識する必要があります。

6. 保険約款

保険契約は，将来の不確実性に向き合ったものであるため，将来どのようなことが起こったとしても対応できるような完璧な契約を書くことは簡単ではありません。完璧な契約のことを，完備契約といいます。保険法の規定だけでは十分でないので，保険者はより詳細な契約を記述した保険約款というものを用意しています。

保険約款のうち，当該保険契約について基本的かつ標準的な契約条件を定めた約款を普通保険約款と呼んでいます。これに対して，普通保険約款の内容に変更を加えたり，普通保険約款に規定されていない事項について定めたりする約款を特別約款（特約条項）といいます。特別約款は，普通保険約款に対して付加されるという性質をもっているため，特別約款のみでの保険契約がなされることはありません。これに対し普通保険約款は，特別約款がなくても，それだけで保険契約を行うことができます。

保険約款は，保険商品の内容をもっとも詳細に記述したものであり，保険法等に規定のない事項，および保険法の規定にあっても片面的強行規定に従った変更は有効とされます。保険契約者が保険約款を十分に理解していない場合が多いので，約款の拘束力については疑問とする考え方もありますが，とくに個人保険においては，約款による定型的な処理が効率的な契約をもたらすこと，および監督当局の商品認可において保険約款が精査されることなどから，拘束力が保証されているといえましょう。

7. まとめ

　本章では，保険契約法と保険監督法を経済学的な観点から位置づけた後，2010年4月に施行された保険法の特徴を改正前商法との比較から明らかにしました。さらに保険契約についてもっとも詳細に記述した保険約款について説明しました。

練習問題

1. 保険法から生命保険の告知義務違反の場合の効果に関する条文をみつけだし，告知義務違反をした場合の効果について説明しなさい。
2. 保険業法と保険法の契約者保護の相違について説明しなさい。
3. 保険法で導入された片面的強行規定とは何か。簡単に説明しなさい。
4. 保険法の範囲に含まれている保険契約と保険業法に含まれている保険事業は一致しているだろうか。一致していない場合には，どの点で一致していないのかを説明しなさい。
5. 普通約款と特別約款の相違について説明しなさい。

第18章　保険商品と保険の分類

1．保険商品の特徴

　保険は，将来損失が生じた時にその損失を保険者が塡補する約束をするという契約です。その際に，損失を塡補するという約束をしてもらった者は，保険料としてリスク移転のコストに加えて，損失の期待値（期待損失額）も支払うのが保険の特徴です。保険契約者からいえば，将来に損失が生じた際にそれを塡補してもらうというサービス（リスク移転）を購入するという意味で，保険は保険料という価格をもった商品であるといえます。しかし保険商品には，他の商品に見られないような特徴があります。近代保険は，前払確定保険料式であるという特徴をもっています。前払確定保険料式を分解すると「前払保険料」と「確定保険料」となります。さらに保険商品の特性として，二進法に記述できることが挙げられます（二進法でなくてもN進法でいいのですが，ここでは二進法に代表させてみます。以下同様）。その反面，保険契約の履行は，後述するようなビットの世界で完結させることはできません。このような特性が，保険商品の様々な特徴にも関係しています。以下，これらの点について順をおって説明していきます。

2．保険料の前払いと確定保険料

　保険契約は諾成契約ですから合意のみによって契約が成立します。仮に保険契約者が保険料を払わずにいて，万が一保険事故が生じた時に，保険料を払って保険金の支払いを受けたとします。これについて，皆さんはどう思いますか。

ほとんどの人が「後出しジャンケン」だと思うのではないでしょうか。保険契約者は，保険事故が生じなかった場合，果たして保険料を支払うでしょうか。保険法では，保険契約者は契約を解除できることになっています。保険事故が起こらない人が保険料を支払わず，保険事故が起こった人だけが保険料を支払って，収支相等の原則が成立するはずがありません。

保険実務では，保険約款において，保険者が保険金の支払い義務を負うのは，保険契約者が保険料を支払ってからであると規定しています。保険契約は，保険料が前払でないと収支相等の原則が成り立たない仕組みなのです。サービスの提供に先立って，価格を支払うという商品は，保険だけの特質ではありません。映画館や演劇の入場料金，神社仏閣の拝観料金，動物園の入園料，および鉄道運賃は，たいてい先払いです。これらは，保険と同じくサービスを享受した後では，消費者が価格を支払う気持ちを失う可能性があるようなサービスです。

ところで，近代保険以前には，収支相等の原則を満たすような保険料計算が難しかったこともあり，損失が大きい時には追加保険料を徴収し，損失が少ない時には剰余を払い戻すという賦課式保険が利用されていました。賦課式保険は，ある歴史条件のもとでは，リスクに対する優れた対応方法といえますが，保険集団の規模が多くなってくると追加保険料を公平に徴収するためのコストが極端に大きくなってうまくいかないという欠点があります。また保険料が確定しないという意味で，契約者のリスクが完全に移転していないということになります。確定保険料式は，保険数理が発達しで科学的な保険料計算が出来てこないと実現することが出来ませんが，保険契約者のリスクが完全に移転できることからロス・ファイナンスの手法としては，賦課式保険よりは優れたものといえます。

3. ビットの世界とアトムの世界

保険商品は，目に見えない商品ですが，保険約款によって契約の内容を相当程度，言葉に落とし込むことが出来ます。すでに学んだように，保険契約は契

約成立のために物の受渡しを必要とするような要物契約ではなく，また不要式契約ですので，たとえば保険契約のほとんどすべてを二進法で記述することが可能です。このように二進法で記述でき，モノ（アトム）に依存しない世界を「ビットの世界」と呼んでいます。保険商品およびそれの売買である保険契約は，ビットの世界に親和性のある商品であるといえます。

たとえば，バンコクで生産しているバイクの設計情報・製品情報は，ビットの世界に属しますが，生産したバイクは「アトムの世界」に属します。したがって，バイクのエッセンスである設計情報・製品情報は，瞬時のうちにネットワークで東京に転送できますが，バイクは輸送しなければ東京に届きません。

音楽や画像の分野では，すべてビットの世界で完結しますが，保険契約は，ビットの世界だけで完結しません。たとえば，保険者が保険契約者を選択する行為があり保険実務ではこれをアンダーライティングと呼んでいます。また保険金を支払う際の保険事故の内容を調査する作業などは，ビットの世界だけでは完結するものではありません。たとえば，高額な生命保険契約では，医的診査が必要不可欠ですが，これには実際の対面面接が必要不可欠です。また保険事故の調査について，複製可能なビットの世界では，証明力に欠けます。とくに巨額な保険金支払いになる場合には，いわゆる物理的な確認が必要でしょう。

なおビットの世界とアトムの世界について詳しくは，ニコラス・ネグロポンテ著，福岡洋一訳『ビーイング・デジタル：ビットの世界』アスキー，1995年を参照して下さい。

4. 商品性の特徴

保険商品は，保険期間が終了するまで継続する保険契約として成立していますから，ビットの世界だけではなく，アトムの世界も必要であることは理解していただいたと思います。最後に保険商品がビットの世界に親和的であることと関連する特徴を指摘しておきましょう。

保険商品は，在庫費用がかからないこと，需給の変化にほとんど追加コストなく迅速に対応できることなどの特徴があります。これは他の金融商品にも等

しくいえることなのです。これは，保険商品がビットの世界に親和的であることに加え，将来の損失の支払いを約束するという性質に由来しています。図18-1に示されているように，事業会社の在庫がバランスシートの資産側に計上されるのに対して，保険商品の在庫（売れ残り）は負債側に計上される必要はありません。あるいは売れ残り自体がない商品ともいえます。保険商品が売れると，保険負債に計上することになります。なぜならば，保険会社にとって保険商品を販売するということは，将来に支払う約束をした保険金が大きくなることなので，その準備のために積立金を負債に積む必要があるからです。このように一言で商品といっても保険商品には事業会社には見られない特徴が見られるのです。

図18-1　保険会社と一般事業会社の商品性の相違

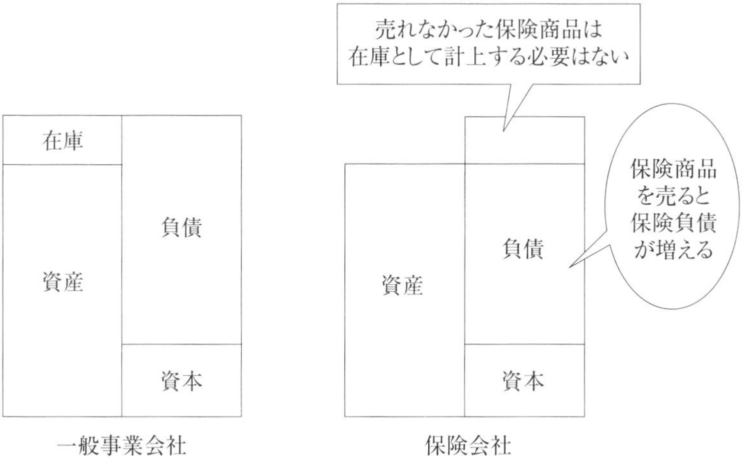

売れなかった保険商品は在庫として計上する必要はない

保険商品を売ると保険負債が増える

一般事業会社：在庫／資産／負債／資本

保険会社：資産／負債／資本

5. 保険の対象とする領域

保険がカバーする範囲をヒト・モノ・カネ・コトの4つの軸をわけることができます。ヒト・モノの軸は，保険の目的物や事故の発生対象がヒトであるのか，モノであるのかに分けています。カネ・コトの軸は，実際の損害額（損害保険）あるいは約定した保険金額（生命保険）というカネの世界と，損害とそ

の責任が法的に決定されるコトの世界を意味します。不法行為によって他人を傷つけたり，他人の財産を損傷したりした場合に，相手側から賠償を要求されます。責任保険は，このような賠償に対する責任を塡補するための保険です。責任保険は消極保険といわれることがありますが，自分がもっている正の財産を保険の目的物とするのではなく，第3者の財産の損失にかんする賠償責任を対象とする保険であるからです。なお責任保険は，損失の程度が不法行為責任という法的な決定に委ねられているという意味でコト保険ですが，最終的には，責任はカネで評価されるため，保険給付は金銭で行われます。

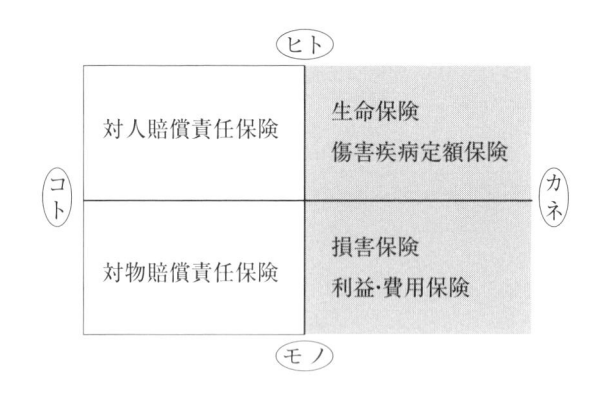

	ヒト	
コト	対人賠償責任保険	生命保険 傷害疾病定額保険
	対物賠償責任保険	損害保険 利益・費用保険
	モノ	カネ

6. 保険の分類

保険の分類には，いろいろな分類方法がありますが，ここでは，法律に基づく分類，保険給付方法による分類，保険団体の所有者による分類，利益処分に関する分類，保険加入の方法による分類について説明をいたします。

7. 法律に基づく分類

保険業法では，損害保険事業と生命保険事業を区別して扱っています。これに対して保険法では，損害保険契約および生命保険契約の他，傷害疾病定額保険を第3の典型契約としていますので，3種類の分類となっています。傷害疾

病定額保険は，定額給付の傷害疾病保険です。以下に説明する定額保険という意味では生命保険の特徴をもっていますが，傷害や疾病は，死亡や生存を保険金給付のトリガーとしてきた生命保険とは異なり，保険期間中何度でも給付しなければならない点で損害保険の特徴をもった保険です。なお保険実務では，それほど大きなシェアはないとされますが，実損塡補型の傷害疾病保険である傷害疾病損害保険については，典型契約とされず，損害保険の基本ルールで規律されることになっています。

8. 保険給付方法による分類

　定額保険は，保険事故が生じた場合，約定された保険金を支払うものです。不定額保険は，損害の程度に応じた保険給付を行うものです。気持ちのよい譬(たとえ)ではありませんが，生命保険は，苦しんで死んだとしても，ポックリ死んだとしても，死亡保険金額は同じです。つまり損害の程度に応じて保険金額が変わるわけではありません。よって生命保険は定額保険です。ただし災害特約のついた生命保険商品では，災害で死亡した場合には，死亡保険金に上乗せして災害死亡保険金が支払われます。しかしこれは特約によるものであって，損害の程度に応じて保険金額が変化したわけではありません。損害保険は，損害に応じた保険給付をする必要があります。損失以上の保険給付が行われるとすると，保険事故の発生頻度が高くなり，収支相等の原則が成り立たなくなってしまいます。損失に応じて保険給付を行うことを実損塡補といいます。

9. 保険団体の所有者による分類

　保険業法の下で金融庁が監督している民間保険会社に対して，国民年金や労災保険などの社会保険や輸出入保険のような社会政策保険は，公的保険といいます。民間ではありますが，協同組合が母体となって協同組合共済を展開するものもあります。これを協同組合保険と呼ぶこともできます。協同組合共済は非常に多様ですが，生産者が所有する農業協同組合によるJA共済，勤労者を

主体とした全労済，購買者が所有者である生活協同組合によるCO・OP共済などがあります。

10. 利益処分による分類

　営利保険と非営利保険という分類があります。一般には，株主のいる株式会社が提供する保険のことを営利保険といい，相互会社形態や協同組合形態を採用している保険や共済のことを非営利保険といっています。しかし，相互保険や協同組合保険は，契約者および組合員の営利を追及していないでしょうか。追求していないとすれば，経営者の資質が疑われます。本来の非営利組織とは，所有者のいない法人，いわゆる非営利法人のことだけをいうべきであると思います。ただし投資家である株主によって構成されている株式会社を営利保険といい，相互会社や共同組合の提供する保険のことを非営利保険と呼ぶことが，慣例となっています。

11. 保険加入の方法による分類

　保険加入は原則として自由契約ですが，場合によっては政策的な観点から保険加入が強制される保険があります。前者を任意保険，後者を強制保険と呼んでいます。強制保険は，逆選択を防止する1つの方法です。

12. 保険の目的物による分類

　保険の目的物（保険事故の対象とされるもの）がヒトであるかモノであるのかによる分類で，人保険と物保険を区別します。傷害保険は人保険に属します。しかし傷害保険の給付は保険期間が続く限り何回でも支払われますから，この意味では損害保険に属すべきという考え方もあります。またペット保険のような新しい保険が誕生していますが，生命保険というべきでしょうか。ペットは財産なので，モノ保険であるとされています。ペット保険は，生命にかかわる

保険なので生命保険（人保険）と思われますが，ペットは人間の財産であるとみなされ，生命保険（人保険）ではありません。

13. まとめ

　保険契約を取り結ぶことは，保険契約者からみれば，保険商品を購入するということです。保険商品は，一般の商品とは異なる特徴をもっています。本章では，近代保険商品の前払確定保険料式という特徴を学習しました。さらに保険が，ビットの世界に親和的である一方，アンダーライティングや損害調査などの必要性から，ビットの世界で完結しないという性質をもっているということも確認しました。さらに一般商品と異なる点を，バランスシート上で理解しました。

　本章の後半では，保険の分類について考えてみました。最初に，ヒト・モノ軸とカネ・コト軸により，既存の保険を分類しています。その後，法律に基づく分類，保険給付方法による分類，保険団体の所有者による分類，利益処分に関する分類，保険加入の方法による分類，および保険の目的による分類を学習しました。

　ここでは，具体的な保険商品の詳細については言及していません。保険商品についてより詳しくは，下和田功編『はじめて学ぶリスクと保険〔第三版〕』有斐閣の第2部を参照してください。

> 練習問題

1. 先物取引やスワップ契約などのヘッジによるリスク移転は，損失が生じた時に損失の補塡が行われるということを意味している。しかし保険によるリスク移転とは，損失補塡の約束をするという以上の意味がある。そのことについて説明しなさい。
2. 保険料を後払いにした場合には，どのようなことが起こると予想されるか。簡単に述べなさい。
3. 保険契約をネットワークで完結することができるだろうか。もし完結できな

いとしたら，どのようなことが問題だろうか。
4．保険会社にとって，保険商品はバランスシートでいえば，どのように理解したらよいだろうか。バランスシートを描き，説明しなさい。
5．保険法の保険契約の分類（典型契約）と保険業法の保険事業の分類は異なっている。その違いを具体的に述べなさい。

第IV部

保険の需要

　個人や企業は，なぜ保険を購入するのかということを考えてみましょう。またリスクの保険可能性を制約する要因として，付加保険料，モラルハザード，および逆選択について考えます。そして，保険可能性の制約を緩和する制度や契約について学びます。

第19章　個人の保険需要

1. 保険商品はなぜ購入されるのか

　保険商品はなぜ購入されるのでしょうか。「まさかの時のために」、「万が一に備えて」、安心を得るために購入されるといわれることがあります。保険が通常対応するリスクは、通常はめったに起こらないが、いったん起こったら大きな損失を生じるような純粋リスクです。そのため万が一事故が起こった時の安心のために保険を購入するという説明は、説得力があるようにみえます。しかしこの説明は、やや感覚的なものに思います。また保険以外のリスク移転の方法でも、同様の安心を得ることができそうです。

　そこで保険商品を購入すると、具体的にどのような効果が得られるのかを考えながら、保険が購入される理由について明らかにしてゆきましょう。

2. 保険商品購入による効果

　年初に500万円の財産を保有しているヤスイ氏が、1年のうちに損害賠償で訴えられて200万円の賠償金を支払う可能性が、確率0.5であるという事例を想定してみましょう。ヤスイ氏の1年後の財産は、他を一定とすれば、確率0.5で500万円（勝訴）、確率0.5で300万円（敗訴）となります。

　ヤスイ氏が保険に加入した場合を考えてみましょう。公正保険料によれば損失の期待値が保険料となります（付加保険料と割引率を考慮しない）。そこで期待損失額を計算すると、200万円×0.5 ＋ 0 ×0.5＝100万円です。

　全部保険を行った時のヤスイ氏の1年後の財産は、次の通りです。勝訴した

場合には，賠償金200万円は生じませんが，そのかわり保険料100万円を支払う必要があります。したがって，ヤスイ氏の1年後の財産は，500万円－100万円＝400万円となります。これに対して，敗訴した場合は，保険料100万円を支払った上に賠償金200万円を支払わなければなりません。しかし同時に保険金が200万円給付されます。よってヤスイ氏の1年後の財産は，500万円－100万円－200万円＋200万円＝400万円となります。要するに，全部保険の場合には，1年後のヤスイ氏の財産は，勝訴しても敗訴しても同額の400万円となるのです。

ヤスイ氏が保険料100万円を高いと思い，保険金額を100万円とする一部保険（部分保険）に加入したとします。保険金額が200万円から半額になりましたから，保険料も半分の50万円となります。一部保険に加入した場合の1年後のヤスイ氏の財産の状態について考えてみましょう。勝訴した場合には賠償金200万円を支払う必要はありませんが，保険料50万円は支払わなければなりません。ヤスイ氏の1年後の財産は，500万円－50万円＝450万円となります。敗訴の場合は，保険料50万円に加えて賠償金200万円を支払わなければなりませんが，保険金が100万円支払われます。よって敗訴の場合のヤスイ氏の1年後の財産は，500万円－50万円－200万円＋100万円＝350万円となります。

図19-1は，1年後のヤスイ氏の財産の状態を，それぞれ無保険の場合，全部保険の場合，一部保険の場合について表したものです。

以上のことからわかるように，ヤスイ氏が保険商品を購入したことによる効果は，1年後の財産の状態の不確実性にかかわるものです。保険商品を購入した場合，無保険と比べて財産の不確実性が減少します。しかも全部保険では，

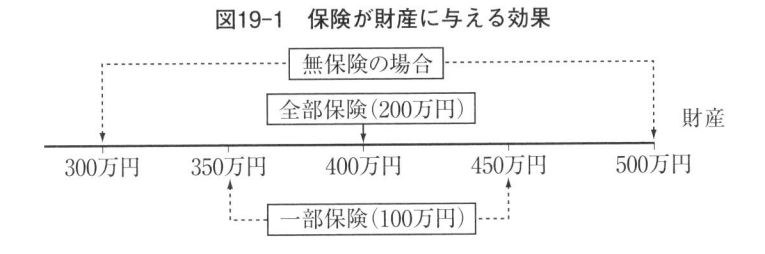

図19-1　保険が財産に与える効果

財産の不確実性はなくなります。したがって、保険によって得られる安心とは、無保険の場合よりも将来の財産の状態がより確実な状態になることから生まれるものと考えることができます。

3. リスク選好のタイプによる相違

　ヤスイ氏が保険商品を購入するかどうかは、彼がいずれのリスク選好タイプであるかによって決まります。リスク回避的な場合は、期待値（μ）が同じならばリスク（σ）が小さいものを選びます。したがってヤスイ氏がリスク回避的であるならば、必ず全部保険を選ぶはずです。これに対して、リスク中立的の場合は、期待値（μ）が同じならばリスク（σ）がどうあろうと気にしないので、全部保険、一部保険、無保険のいずれでも効用は同じです。リスク愛好的な場合は、期待値（μ）が同じならばリスク（σ）が大きい方を選ぶはずですから、無保険を選択することでしょう。

　この事例では、一部保険だけを積極的に選択する場合はありません。しかし保険料に付加保険料を加えて考えれば、一部保険を選択する場合もありえます。そこで、次の付加保険料を考慮した場合の保険需要について考えてみましょう。

4. リスク回避度による需要の決定

　同じ事例で、保険料100万円に対して付加保険料が20万円かかるものと仮定します。全部保険では、1年後の財産の状態は、勝訴の場合も敗訴の場合も付加保険料分を差し引いた380万円になります。一部保険の付加保険料は保険料が半額になるので10万円となります。よって一部保険での勝訴の場合は、500万円－50万円－10万円＝440万円という状態、敗訴の場合は、500万円－50万円－10万円－200万円＋100万円＝340万円という状態になります。この結果は、図19-2に示されています。

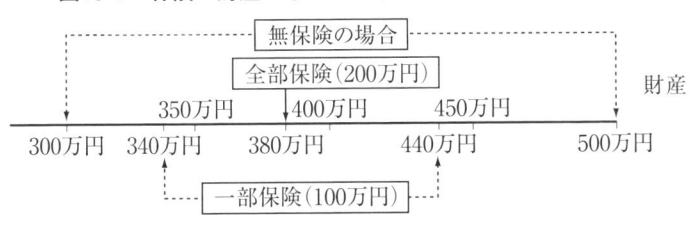

図19-2 保険が財産に与える効果：付加保険料がある場合

```
           ┌──────── 無保険の場合 ────────┐
           │   ┌─ 全部保険(200万円)─┐    │              財産
           │   │                    │    │
           ↓   ↓                    ↓    ↓
         350万円        400万円      450万円
    ─┼─────┼─────┼──────┼──────┼──────┼──→
    300万円 340万円 380万円        440万円   500万円
              │                       │
              └── 一部保険(100万円) ──┘
```

　それぞれの1年後の財産の期待値を計算してみましょう。無保険の場合は，300万円×0.5＋500万円×0.5＝400万円，全部保険の場合は，380万円×0.5＋380万円×0.5＝380万円，一部保険の場合は，340万円×0.5＋440万円×0.5＝390万円となります。付加保険料が存在する場合には，1年後の財産の期待値だけで選択するならば，無保険（400万円）＞一部保険（390万円）＞全部保険（380万円）の順になります。よってリスク中立的であるならば，無保険がもっとも選好されることになります。

　ヤスイ氏がリスク回避的な人であったとすると無保険を選択するとは限りません。リスク回避的な人は，期待値（μ）が低下したとしても，将来の財産の不確実性（σ）を少なくしたいと考えるはずです。問題は，将来の財産の不確実性をなくすために，どれだけの金銭を支払うのかということです。ヤスイ氏が将来の財産の不確実性をなくすためには20万円なら支払ってもよいと考える場合，彼は全部保険を選択します。全部保険の場合，無保険の財産の期待値よりも20万円少ない380万円です。全部保険なら20万円支払って確実な380万円を得ることができます。このように不確実性（リスク）を除去するために，支払ってもよいと思う上限金額をリスクプレミアムといいます。

　ヤスイ氏と同じ条件のタカイ氏という人がいるとします。タカイ氏のリスクプレミアムはヤスイ氏ほど高くありません。タカイ氏は，全部保険の保険料120万円は高いと感じるので，リスクの一部を保有してもよいから付加保険料（リスクプレミアム）を安くしたいと思います。保険契約者は，タカイ氏のように，リスクプレミアムが高いと思えば，一部保険という形式で保険者とリスクをシェアすることにより，保険需要を減らすという対応をとることができる

のです。

　付加保険料を考えない最初の事例では、保険契約者の選択は、全部保険か無保険かの二者択一でしたが、付加保険を考慮すると、保険契約者のリスク回避度（リスクプレミアムの大きさ）によって、一部保険という選択が積極的に行われることになります。

5. 全部保険は合理的か

　公正保険料で学習したように、リスク移転のためのコストとして付加保険料は必ず必要ですから、付加保険料により将来の財産の期待値が確実に低下することを考えると、リスク回避度またはリスクプレミアムを考慮しない場合には、非合理な選択であるといえます。現実には、個人や企業は、リスク回避的であると考えられるため、リスクプレミアムを支払ってもリスクを回避したい人も存在します。ヤスイ氏のリスクプレミアムは20万円でしたので、無保険の場合との期待値の差額（400万円 − 380万円 ＝ 20万円）と等しく、そのため全部保険を購入することになったわけです。

　後に述べるように保険実務の世界では、保険需要を左右する別の要因を考えることもできますが、マーケットを前提として考えるとすれば、保険需要は、保険契約者のリスク回避度に依存すると考えてよいでしょう。

6. 個人の保険需要を左右する諸要素

　多様なリスク回避度をもつ多数の保険契約者がいる競争的な市場において、保険需要に影響をもたらす唯一の要因は付加保険料です。リスクプレミアムが付加保険料を上回れば全部保険が、下回れば一部保険あるいは無保険となるわけです。

　保険実務においては、付加保険以外の要素も保険需要に影響します。ここでは、個人の保険需要を左右する要素をあげておきましょう。

　第1に、所得あるいは財産が非常に大きい場合には、保険需要、あるいはリ

スク移転の必要性が極めて小さくなる可能性があります。たとえばビル・ゲイツのような資産家は，資産を分散保有することによって，自らでもリスクを軽減できるので，わざわざ保険でリスクを移転する必要性が薄くなります。また将来の財産の不確実性をはるかに上回る大きな期待所得である人も保険需要が小さいことでしょう。

第2に，先の事例では，リスクに関する情報から生じる問題はないものと仮定していました。たとえば保険者も保険契約者も損失の期待値をある程度正確に知っているということが前提となっていました。しかし現実には，保険契約者が自分の正確な期待値を知っているということは想像しにくいことです。この事実は，保険需要に対して正負両方向に左右する可能性があります。たとえば，自らの正確なリスクを知らない人は，知らないがゆえにリスクに対して楽観的になり，保険に入らないかもしれません。逆に知らないがゆえにリスクに対して悲観的になり，必要以上に保険に加入するかもしれません。

第3に，保険以外の損失の補償方法があれば，保険需要はその分だけ減退するはずです。一般的にいえば，社会保障が充実している国々では，民間保険需要は比較的小さくなります。また社会構造の違いも保険需要に影響を与えます。たとえば核家族を中心とした社会では，大家族を中心とした社会よりも，生命保険需要は大きいはずです。

第4に，非金銭的損失の大きさも保険需要に影響を与える可能性があります。たとえば，損失にともなう苦痛や名誉の喪失が，金銭的損失と比べてはるかに大きい場合には，保険需要は小さくなると考えられます。

7. まとめ

本章では，保険の需要理論を学習しました。保険商品が購入される理由は，「万が一の時の安心のため」といわれることがありますが，その安心が保険のどのような効果によって生じるのかについては説明していません。そこで，保険商品を購入することによる効果について，簡単な事例を用いて検討しました。

最初に，無保険，全部保険，一部保険の場合の保険の効果を数値例で確認し

ました。この例では，リスク回避的な人は全部保険を選択し，リスク中立的な人はどの保険でも効用は同一であり，リスク愛好的な人は無保険を選択するということがわかりました。次に，付加保険料を考慮すると，1年後の財産の期待値は，無保険がもっとも大きく，全部保険がもっとも小さくなるので，期待値（μ）だけでみれば全部保険を選択するのは非合理です。しかし，不確実性（σ）についていえば，全部保険の場合はリスクがゼロとなり，無保険の場合がもっともリスクが大きい状態となります。不確実性（σ）を小さくできるならば，少々の金銭を支払ってもよいと思うリスク回避型の人ならば，全部保険や一部保険を選択する可能性があります。不確実性（リスク）を回避できるならば支出してもよいと思う金額のことをリスクプレミアムと呼びますが，保険の場合には，付加保険料がリスクプレミアムよりも小さい場合には全部保険が行われ，付加保険料がリスクプレミアムを上回る時には保険需要が小さくなり，場合によっては無保険状態になることが示唆されました。最後に，付加保険料以外の保険需要に影響を与える非市場的な諸要素について言及して，本章の結びとしました。

練習問題

1. 保険商品を購入する理由は，「まさかの時の安心のためである」と主張する人がいる。この主張のように，保険の需要が人々の安心の程度によって決定されると考えるべきか否かを論じなさい。
2. 保険の財産に与える効果において，付加保険料を考慮しない場合には，一部保険が積極的に選択されない理由を簡単に説明しなさい。
3. 本文の付加保険料を加味した事例で，1年後の財産の期待値が，無保険よりも小さくなるのは，リスクプレミアムとしての付加保険料を支払っているためである。全部保険では20万円の保険料であるが，一部保険では10万円となっている。この事例の場合，一部保険の保険料がなぜ10万円なのか。リスク移転のあり方をふまえて説明しなさい。
4. 所得や財産が大きいと，保険需要が小さくなる理由を述べなさい。
5. 保険契約者が自己のリスクついて十分に承知していない場合，保険需要にどのようなことが起こるだろうか。

第20章　企業の保険需要

1. 企業の保険需要

　第19章において，個人の保険需要について理論的に考察しました。リスクプレミアムが保険の需要を決める主要因であるということは，企業でも共通することです。しかしながら，企業と個人の保険需要には，大きな違いがありますが，それは個人と企業の間の次のような相違に由来するものです。

　企業は，自然人の集合体ですが，法人としてあたかも人格をもつ主体のように存在することができます。そのため構成する自然人が脱退したり，死亡したりしても，継続事業体として存続することができます。この点で，企業と個人とは大きな違いがあります。

　さらに，個人と企業では，リスク概念の広さにも違いがあります。企業の場合は，あくまでも金銭的に換算できるリスクに焦点が絞られます。企業のリスクマネジメント（以下，RM）の目標が，企業価値の最大化のためにリスクコストを最小化することであると学びましたが，リスクはリスクコストとして金銭評価できなければ，最適なRMを導くことができません。これに対して，個人のRMの目標は，個人または家族の厚生の最大化です。個人や家族の幸福や満足は，金銭と関連していますが，イコールではありません。したがって個人の場合は，非金銭的なリスクやより広義なリスクへの対応が必要となってくるのです。

　企業の保険需要は，企業が法人であるということ，および金銭的に換算されるリスクのみを問題とするということをベースに考える必要があります。具体的には，破産への対応の相違，賠償責任への対応の違い，そしてリスクへの合理的な対応についての説明責任の違いなどが考えられます。

2. 非公開会社と公開会社のリスクマネジメント

　事業を営む企業形態には様々なものがありますが，ここでは代表的な企業形態として株式会社を考えることにします。株式会社には，株式を公開していない企業と株式を公開している企業があります。日本では，証券取引所で売買する企業のことを上場企業といい，売買しない企業を非上場企業といいます（「上場」は「じょうじょう」と読みます）。

　保険は，RMのうちのロス・ファイナンスの重要な一手段ですから，保険に限定するのではなく，RMとして考えても同じことでしょう。つまり「RMへの需要」を「保険の需要」と読み替えることが可能です。企業がRMによって実現したいことは，将来のキャッシュフローのリスク（変動）を小さくすることです。当然ですが，そのためにはコストが必要です。

　企業のRMに対する株主の対応は，非公開企業と公開企業とでは異なります。非公開企業の場合，株主の財産の変動と企業価値の変動の間の相関が大きいものと考えられます。RMによって企業価値の変動が小さくなれば，株主の財産の変動も小さくなるため，株主にはメリットがあります。つまり，非公開企業がRMを行うことは，所有者である株主の価値を増大させるため，支持されることになります。

　RMは，個別企業の価値を増大させる活動なので，一般にはその必要性には疑いのないものと考えられています。しかしながら，株式公開企業の場合には，RMを無用とする考え方があります。RM無用論の理屈は次のようなものです。

　そもそも株主は，資本市場を通じて十分にリスクを分散したポートフォリオを組むことができます。その場合，個々の株主は，企業がRMの対象とするリスクのごくわずかな部分を負担しているに過ぎません。ここでRMの対象となる主なリスクが企業固有の要因に基づくリスクであるならば，この種のリスクは十分な分散投資によって除去することができます。要するに，広く分散された株主をもつ企業にとって，RMの対象となるリスクは，すでに資本市場を通じて分散されているので，追加的なコストをかけてまでRMを行うことは，企業の価値を低下させることになるのです。

なおこのことは，エージェンシー・コストや税金，倒産コストといった取引コストが存在しない状況を想定しています。また企業固有の要因に基づくリスクのことをidiosyncratic riskと呼び，そうでないリスクのことをsystematic riskと呼んでいます。

3. 株主によるリスク分散

2節で述べたことをより具体的に考えてみましょう。公開企業の株主は，リスクを分散化することによって，個別企業の企業価値との相関をゼロに限りなく近づけることができます。リスク分散によって保険需要が減少する事例として第19章でとりあげた，ビル・ゲイツの事例を思い出してください。資産が少ない人々は，住宅火災，自動車盗難，賠償責任などの事故があって損失が生じた場合に，個人財産に大きな変動があります。つまりイベントと個人財産の変動に強い相関関係があります。RMあるいは保険は，このような変動を小さくする活動ですから，RMあるいは保険への需要が生まれることになります。ビル・ゲイツのような大富豪では，資産を分散保有することができます。たとえば，住宅をたくさん保有することによって，火災が個人資産の変動に与える影響を軽減することができます。つまりイベントの発生とビル・ゲイツの財産の変動の間の相関関係がかなり小さくなるのです。

公開株式会社の株主は，ビル・ゲイツのような大富豪ばかりではないですが，リスクを分散する方法をもっています。株主が1社に集中投資するのではなく，100社に分散投資すれば，個々の企業の企業価値の変動と株主の財産の変動の相関関係は，極めて小さくなります。100社に分散投資するほどの資産のない投資家の場合でも，リスクを分散することは可能です。たとえば，すでに十分な分散投資をしている投資信託を購入することで，リスク分散の効果を得ることができるのです。

このように考えると，極めて多くの株主で所有されている公開株式会社の場合，その株主はリスク分散により，自らの財産の変動と投資企業の企業価値の変動の相関を限りなくゼロに近づけることができることになります。

4. 公開株式会社におけるリスクマネジメントおよび保険の必要性

株主が自らのリスク分散することができる公開株式会社では，RMを実施したり，保険を購入したりすることは，株主にとって利益がないばかりか，コストがかかる分だけ株主の期待収益を下げるため，行う必要がないという結論が導かれます。にもかかわらず，個別の公開株式会社では，RMを実施し，また保険を購入しています。それはなぜでしょうか。

企業が株主の価値の増大を目的として存在しているものとすれば，RMの実施や，保険の購入が何らかの意味で株主に価値を提供するということを明らかにする必要があります。企業価値を，次の式に示されているように将来の期待キャッシュフローの割引現在価値の総和と考えてみましょう。

$$\text{企業価値} = \sum_{t=1}^{\infty} \frac{t\text{年の期待キャッシュフロー}}{(1+r)^t}$$

割引率rは無リスク利子率とリスクプレミアムの合計です。前節までの議論を前提とするならば，RMまたは保険の購入が，割引率rを変化させることはありませんので，右辺の分母を変えることはできません。とすると，RMまたは保険の購入が分子に影響を与えない限り，企業価値は変化しないことになります。

RMまたは保険の購入は，いくつかの理由により，企業の期待キャッシュフローを増加させます。そのため企業価値が増加し，株主にとって利益をもたらします。したがって，リスクを分散できる株主にとっても，RMまたは保険を購入することが無用ではないのです。

5. 期待キャッシュフローを増大させる理由

期待キャッシュフローを増大させる理由として，以下の5つが考えられます。最後に，それぞれを説明してこの章を終わりにしたいと思います。

① 保険会社の提供するリスクマネジメント・サービスの効果

保険会社が提供するサービスの1つにリスクマネジメント・サービスと呼ばれるものがあります。このサービスの内容を厳密にいえば，ロス・コントロールに関するサービスです。ロス・コントロールとは，損失の期待値を軽減するために，損失の頻度，強度のいずれか，または両方を低下させる活動をいいます。

ロス・コントロールは，直接損失の期待値を低下させますが，そればかりでなく間接損失コストを軽減します。現代企業の価値は，むしろ直接損失よりも間接損失に大きな影響を受けることがあります。たとえば，RMのコストを投入しても，事故の少ない信頼できる企業のイメージを確立することから得られる便益が大きいことが考えられます。逆に，事故によって企業の評判が下がり企業価値を毀損することを防ぐことも重要です。したがって，保険会社が提供するリスクマネジメント・サービスによって，間接損失コストが低下することによって，期待キャッシュフローが増大し，企業価値が増大することになります。このような効果があれば，株主は，RMや保険購入の意味を認めることでしょう。

② **ロス・ファイナンス費用の期待値の低下**

ロス・ファイナンスを行うことによって，将来のロス・ファイナンスのコストが低下するものと予想できます。ロス・ファイナンスのコストが比較的大きな企業の場合，将来のロス・ファイナンスのコストの期待値が低下することは，期待キャッシュフローを増大させることになり，企業価値が増大することになります。

③ **新規投資機会における資金調達コストの軽減**

事業会社は，新規投資機会に対して投資するために内部留保を蓄積しています。しかし，予期せぬ損失が生じた場合には，内部留保で損失を塡補する必要があります。内部留保があるならば，企業はわざわざ保険等によってロス・ファイナンスする必要がないようにみえます。しかしながら，損失を内部留保で塡補した直後に，新規投資機会が生じた場合には，企業は外部資金に依存するか，あるいは新規投資を断念することになります。このような場合には，通常より高い資本調達コストを支払ったり，絶好の投資機会を見逃してしまったり

する可能性が高くなります。ロス・ファイナンスは，新規投資機会に関する期待損失コストを軽減することによって，期待キャッシュフローを増大する効果がありますから，企業価値の定式の右辺の分子を増大させて，企業価値を高める効果をもつものといえます。

④ 破綻確率の低下による企業をとりまく契約条件の改善

RMまたは保険の購入は，破綻確率を低下させます。破綻コストは株主が負担しますから，単純に考えて，破綻確率が低くなることは，株主にとって一般的にはプラスです。ただし，レバレッジ（負債と資本の比率）によっても破綻確率の意味合いは変わってきます。つまりレバレッジが極めて大きい場合，株主には破綻確率が大きくなってもリスクの高い投資を選択する誘因があります。なぜなら，リスクの高い投資は，成功の成果の多くは株主が得ることができるのに対し，失敗した場合は株主の責任は有限だからです。

ここでは別の理由を考えてみましょう。企業の破綻確率がある閾値(いきち)を超えて大きくなると，企業をとりまく契約関係に様々な問題（コスト）が生じることになります。たとえば，サプライヤーの契約条件の変更，労働者の労働条件の変更，販売先に対する価格交渉力の低下，決済条件の悪化，および資金調達コストの上昇などが考えられます。破綻確率を閾値以下に低下させないことによって，これらのコストが除去されると，企業の期待キャッシュフローは増加することになります。

⑤ 税金の支払額の期待値の低下

法人税は限界税率となっており，法人収入の変動が小さくなると，期待納税額も小さくなります。このことを簡単な事例で説明してみましょう。法人税に非課税枠があって，ある時点までの法人収入は課税されず，それ以上の収入に対して比例的に課税されるという法人税制を仮定します。納税曲線は，図20-1のようにある一定額までは納税額はゼロで，ある点から右上がりの直線になっています。法人収入が確率0.5でAに，確率0.5でCになる場合の期待納税額E(Tax)は，T(C)とT(A)の中点に位置します。それに対してAとCの平均値であるBの納税額はT(B)であり，あきらかにT(B)はE(Tax)より小さくなります。したがって，法人収入が確率分布をとる場合の期待納税額は，確実な

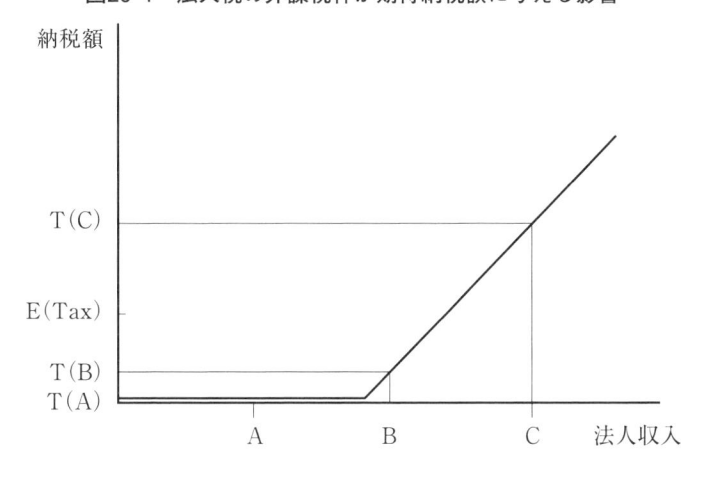

図20-1 法人税の非課税枠が期待納税額に与える影響

Bの期待納税額よりも大きくなりますから，このような非線形的な課税枠では，法人収入を安定化することによって，期待納税額を減少させる効果を導くことができます。よって，RMまたは保険によって企業リスクを軽減することが，期待納税額の減少を通じて，期待キャッシュフローの増大を導き，企業価値を増大させます。

6. まとめ

前章で学習した個人の保険需要の理論は，基本的には企業の保険需要についてもあてはまります。しかしながら公開株式会社の株主が自己のリスクを分散することができるとしたら，企業がRMや保険を購入することは支持されないことになります。なぜならば，株主はリスクを分散することによって，自分の財産の変動と投資企業の企業価値の変動の相関を限りなくゼロに近づけることが出来るからです。両者の相関がゼロであれば，企業がコストをつかってRMや保険をかけて企業価値の変動を小さくしても，その結果，株主が利益を得ることがないからです。

にもかかわらず，すべての公開株式会社は，RMに費用をつかっており，ま

た企業保険も購入しています。それはなぜなのでしょうか。本章では，その理由を，4節に示した企業価値の定式の分子におかれている期待キャッシュフローを増加させるためであるとしました。そして，RMや保険購入が，期待キャッシュフローを増加する理由について，次の5点を指摘しました。

(1) 保険会社の提供するリスクマネジメント・サービスの効果
(2) ロス・ファイナンス費用の期待値の低下
(3) 新規投資機会における資金調達コストの軽減
(4) 破綻確率の低下による企業をとりまく契約条件の改善
(5) 税金の支払額の期待値の低下

これにより，公開株式会社においても，RMが行われている意味が明らかになりました。

練習問題

1. 公開株式会社の株主が，RMの実施や企業保険の購入に対して，必ずしも支持しない理由について簡単に述べなさい。
2. 公開株式会社の株主に，RMの実施や企業保険の購入を支持させるのは，どういう場合なのか，簡単に述べなさい。
3. 将来の新規投資機会との関連で，ロス・ファイナンスがもたらす便益について説明しなさい。
4. 企業の破綻確率が上がると，どのような不利益が生じて，企業の期待キャッシュフローを減少させるのか，例をあげて説明しなさい。
5. RMの実施や企業保険の購入によって，企業の将来のキャッシュフローを安定化させることが，期待納税額の減少を導くことを説明しなさい。なお，課税制度は累進課税とする。

第21章 リスクの保険可能性(1)
－付加保険料－

1. 効率的な市場

　保険が将来の財産の不確実性を除去する効果をもつということは，第19章において数値例で学びました。そこでの数値例は，保険者も保険契約者も期待損失コストを知っているという前提でした。しかし現実には，契約者が主観的に感じている期待損失コストと保険会社が知っている期待損失コストが異なっている場合があるでしょう。

　保険契約者の主観的な期待損失コストが保険会社の知る期待損失コストよりも大きかったら，契約者は全部保険を選択するでしょうが，小さかったら一部保険あるいは無保険を選択することでしょう。保険契約者が期待損失コストを正確に知っていれば，保険需要は十分に満たされますが，その知識が不正確な場合は保険需要が部分的にしか満たされないことになります。

　経済学では，本来は満たされるべき需要が満たされていない状態を非効率的な市場と考えます。期待損失コストに関する正確な情報は，保険における効率的な市場を達成する要素です。

2. リスクの保険可能性

　保険によるリスク移転の需要が制約されることを，リスクの保険可能性（insurability）が制約されるといいます。ここで注意しなければならないことは，保険可能性という概念が，購入可能性（affordability），利用可能性（availability）などの概念と異なることです。購入可能性は，保険商品が存在していても高すぎる

ため、必要であっても買えない可能性を意味します。利用可能性は、保険によるリスク移転の需要があってもそれに対応する保険商品が無い可能性を意味します。

保険可能性とは、保険商品が利用可能であり、かつ人々がそれを購入することが出来る場合であっても、言い換えれば、保険の購入可能性と利用可能性が満たされていたとしても、市場に生じる要因によって、保険によるリスク移転が十分に行われない可能性があることを示しています。

保険実務では、保険契約者が正確な期待損失コストを知らないことが多くみられるかもしれません。しかし期待損失コストなどの情報が保険者にも保険契約者にも行き渡っているマーケットを前提としても、なおリスクの保険可能性を制約する要素があるのです。その要因は、図21-1に示したように、付加保険料、逆選択およびモラルハザードです。本章では、このうちの付加保険料について学習し、逆選択とモラルハザードについては、章をかえて学びたいと思います。

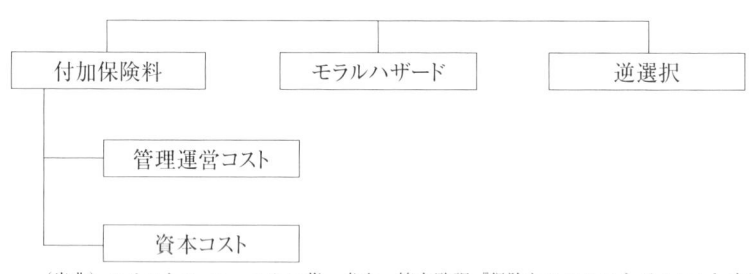

図21-1 リスクの保険可能性を制限する要素

```
               ┌──────────────┬──────────────┐
         付加保険料        モラルハザード      逆選択
           ├── 管理運営コスト
           └── 資本コスト
```

(出典) ハリントン=ニーハウス著、米山=箸方監訳『保険とリスクマネジメント』東洋経済新報社、2005年、290頁。

3. 付加保険料がある場合の意思決定ルール

付加保険料がある場合、保険が財産に与える効果を、第19章では、次のような数値例を用いて考えました。500万円の財産をもつヤスイ氏が、1年のうちに確率0.5で200万円の損害賠償責任を負い、確率0.5で賠償責任を負いません。彼の1年後の財産の期待値(μ_n)は、無保険の場合も、全部保険(μ_a)および一部保険(μ_p)の場合も等しく400万円となります。計算式を示せば次のよ

うになります。いずれも計算式の第1項が賠償をした場合，第2項が賠償をしない場合であり，保険の場合は保険料（期待損失コスト）を差し引いています。

μ_n：（500万円 − 200万円）× 0.5 + 500万円 × 0.5 = 400万円
μ_a：（500万円 − 100万円 − 200万円 + 200万円）× 0.5 +（500万円 − 100万円）× 0.5 = 400万円
μ_p：（500万円 − 50万円 − 200万円 + 100万円）× 0.5 +（500万円 − 50万円）× 0.5 = 400万円

公正保険料の理論でも学んだように，保険料には付加保険料が不可欠なので，付加保険料を考慮した場合の全部保険および一部保険の1年後の財産の期待値（μ_a），および一部保険の場合の1年後の財産の期待値（μ_p）を計算してみましょう。計算式は少し複雑にみえますが，上の式と同じ構造になっています。

μ_a：（500万円 − 120万円 − 200万円 + 200万円）× 0.5 +（500万円 − 120万円）× 0.5 = 380万円
μ_p：（500万円 − 60万円 − 200万円 + 100万円）× 0.5 +（500万円 − 60万円）× 0.5 = 390万円

1年後の財産の期待値は，無保険が400万円であるのに対して，一部保険が390万円，全部保険380万円となりました。実はこれらの金額は，無保険の期待値から付加保険料を引いた金額なのです。これに対して，それぞれの場合の財産の不確実性（変動性）は，全部保険が不確実性なし（$\sigma_a = 0$）となり，一部保険（σ_p）は無保険（σ_n）よりも不確実性が小さくなります。

そこで1年後の財産の期待値および変動性の大小関係は次のようになります。

$\mu_n > \mu_p > \mu_a$；　$\sigma_a < \sigma_p < \sigma_n$

1年後の財産の期待値は大きいほどよく，リスクはコストであるので変動性

は小さいほどよいので，無保険，一部保険および全部保険の選択は，一義的には決まりません。この場合の意思決定は，好ましい程度の変動性を達成するために支払ってもよいと思うリスクプレミアムの大きさに依存します。つまり意思決定者のリスクプレミアムが $\mu_n - \mu_a$ と等しいか大きい場合には全部保険を選択し，リスクプレミアムが $\mu_n - \mu_a$ より小さく，0よりも大きい場合には一部保険を選択し，リスクプレミアムが0の時はもっとも期待値が大きい無保険を選択することになるのです。

4. 付加保険料によるリスクの保険可能性の制約

保険契約者の保険に対する需要は，付加保険料がある場合には，付加保険料とリスクプレミアムの大きさに依存することになります。リスクプレミアムを一定とすれば，リスク回避的な人は，付加保険料がなければ全部保険を選択しますが，付加保険料が大きい場合には，リスクの一部を自己保有して一部保険となります。このようにして付加保険料の存在が，リスクの保険可能性の制約となるのです。

付加保険料がどのようにして，リスクの保険可能性の制約になるのか，4つの類型にわけて詳しく検討してみましょう。

5. 保険可能性の制約(1)：低強度のリスク・エクスポージャ

保険がひとまとまりのリスクとして対象とする範囲をリスク・エクスポージャと呼んでいます。低強度のリスク・エクスポージャの場合に，付加保険料の存在が保険可能性を制約します。

自転車の車両保険を例にとって考えてみましょう。普通の自転車の保険価額は2万円程度ですから，低強度のリスク・エクスポージャといえます。自動車の保険価額が200万円であるとすると，期待損失コスト（期待保険金コスト）は，100分の1です。しかし低強度であったからといって，保険引受けと保全のためのコストは100分の1であるとは限りません。また保険金支払いコストは，

強度に関係なく一定額が必要です。

このように考えると，低強度リスク・エクスポージャの場合は，期待損失コストに対する経費付加保険料の比率が高くなり，保険需要が減退する傾向にあるといえます。また比率があまりにも高い場合には，保険可能性が失われる場合もあります。以上のことをイメージ図で示したのが，図21-2です。

インドなどの開発途上国で貧困層の自立を促すために行われて一定の成果を挙げているといわれるマイクロ・インシュアランスは，まさに低強度のリスク・エクスポージャを対象とする保険です。マイクロ・インシュアランスが市場原理に基づいて成功するためには，低強度にともなうリスクの保険可能性の制約をいかに除去するのかということが焦点となります。

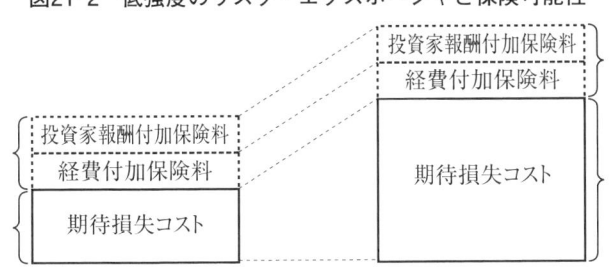

図21-2　低強度のリスク・エクスポージャと保険可能性

6. 保険可能性の制約(2)：高頻度のリスク・エクスポージャ

高頻度のリスク・エクスポージャも保険可能性の付加保険料によって制約されることがあります。期待損失コストが同一で，一方は保険給付が1回で，他方は保険給付の回数が10回のリスク・エクスポージャがあるとします。保険給付が10回の場合は，1回当たりの保険給付額は10分の1となりますが，保険給付額が小さくなったからといって，保険給付にともなうコストが10分の1にはなりません。そのため高頻度のリスク・エクスポージャの場合は，期待保険金コストに対する経費付加保険料の割合が大きくなり，保険需要が減退する傾向が強くなります。場合によっては，保険可能性が失われる場合もあります。

以上のことをイメージで示したのが，図21-3です。期待損失コストが同じ（μ）でも，保険給付額が1回だけのμとn回のμ（1回あたりの保険給付はμ/n）とでは，付加保険料Lが異なります。保険金支払い回数が増大しても1回当たりのコストが変わらないとしたらnLが必要となるのです。

図21-3　高頻度のリスク・エクスポージャと保険可能性

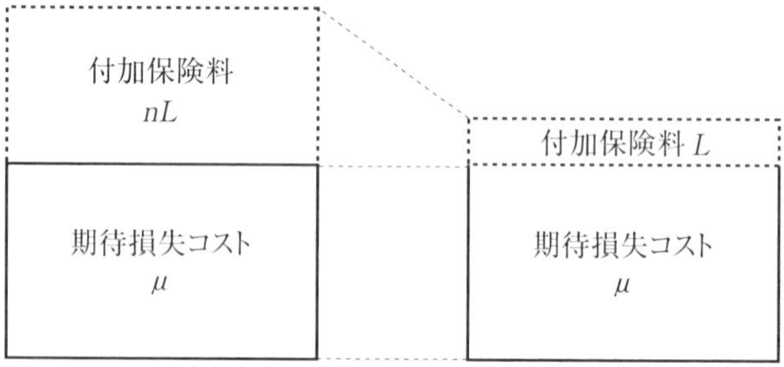

付加保険料 nL	
期待損失コスト μ	付加保険料 L
	期待損失コスト μ

7. 保険可能性の制約(3)：高い相関のリスク・エクスポージャ

　地震保険を実施するのはなぜ難しいのでしょうか。地震はいったん生じると非常に大きな損害が生じるために難しいと説明されることがあります。しかし非常に大きな損害に応じた適正な期待損失コストを保険料として提示できれば問題がないように思います。別の説明として，地震の被害は，数十年あるいは数百年に一度のことであるので，多くの人の主観的な期待損失コストが実際の期待損失コストより小さいために，保険に入りたがらないとされます。この説明は，保険実務的には説得性があります。

　ここでは，保険契約者の主観的な期待損失コストと実際の期待損失コストの間に大きな乖離がないという場合においても，なお地震保険の実施が難しいということを示したいと思います。大地震の発生はその地域の保険の目的物に一斉の損害を与えます。このようなリスク・エクスポージャを相関の高いリスク・エクスポージャといいます。相関の高いリスク・エクスポージャの場合は，プーリング・アレンジメントによってリスク分散することが難しいため，保険会社は残されたリスクに対する手当てを必要とします。

そのようなリスクを手当てする保険会社の代表的方法は,再保険と増資です。当然のことですが,いずれにせよコストがかかります。公正保険料の理論によれば,このコストはリスク移転のためのコストとして保険契約者が払うべきですから,付加保険料となります。増資の場合は,プロフィット・ローディング(投資家報酬付加保険料)が増大し,再保険の場合は,再保険会社の要求する付加保険料を負担しなければなりません。このようにして,期待損失コストに対する付加保険料の割合が大きくなって,リスクの保険可能性が制約されます。

8. 保険可能性の制約(4):パラメータの不確実なリスク・エクスポージャ

発生確率あるいは損失の強度が不確実なリスク・エクスポージャのことを,パラメータが不確実なリスク・エクスポージャといいます。パラメータが不確実なリスク・エクスポージャの場合,その不確実性に対する手当てが必要です。保険はプーリング・アレンジメントによるリスクの軽減に特徴がありますが,パラメータが不確実なリスク・エクスポージャの場合は,リスク間の相関もわからないということなので,プーリングの効果は不明です。

このようなリスク・エクスポージャの一例として,ネス湖のネッシーを生け捕りにした時の賞金支出に対する保険があります。イギリスの某ビール会社が,この賞金を支払うことになっていましたが,この会社がロイズで保険契約を行ったということです。ロイズは,このリスクをプーリングすることは出来ません。つまり保険の重要な機能を捨て,引き受けたことになります。結局,ロイズが引き受けることができたのは,十分な資本をもっていたためです。つまりパラメータの不確実なリスク・エクスポージャの保険を引き受けるためには,巨額な資本が必要なのです。

ネッシーの保険の場合は,ロイズが引き受けることができましたが,一般的にいえば,パラメータの不確実なリスク・エクスポージャの場合,プロフィット・ローディング(投資家付加保険料)が大きくなり,その結果,付加保険料の期待保険金コストに対する比率を高め,リスクの保険可能性を制約するといえます。

9. まとめ

　本章から第23章まで，リスクの保険可能性について学習します。本章では，効率的な保険市場を達成するには，リスク回避的な主体がリスク移転したいというニーズを十分に満たす必要があります。そのためには，まず保険契約者の主観的な期待損失コストと保険会社の期待保険金コストが，実際のコストと一致している必要があります。その上で，保険会社が期待保険金コストのみを提示すれば，他に適当なロス・ファイナンスの手法がなく，保険契約者がリスク回避的であれば，全部保険を選択するのが合理的です。

　しかしながら，保険実務では，付加保険料，逆選択およびモラルハザードという要因によって，リスクの保険可能性は制約され，したがって効率的な保険市場の達成が阻まれることになります。ここでは，付加保険料が存在する時の保険契約者の意思決定ルールを学び，また付加保険料がリスクの保険可能性を制約する4つの類型を学習しました。

練習問題

1. 保険市場が非効率であるというのは，どのような状態である時のことをいうのか。簡単に説明しなさい。
2. 保険の購入可能性（affordability）および利用可能性（availability）が制約されている事例をそれぞれあげ，購入可能性と利用可能性について説明しなさい。
3. タカイ氏の財産が1,000万円であるとする。彼は事業を行い，収益が上ったら慈善事業に寄付，損失を被ったら自分自身が責任を負うことにした。彼が1年以内に事業に成功する確率は0.5，失敗する確率が0.5であるとする。成功した場合は200万円の利益，失敗した場合は200万円の損失が生じるという。タカイ氏は，損失について保険をかけて1年後の財産の不確実性を除去したいと思っている。付加保険料は保険料の10%であるという。タカイ氏が，全部保険，一部保険（半分だけ保険）および無保険の場合の，1年後の財産の期待値を求めなさい。
4. 雨傘の紛失・盗難の期待損失コストと高級時計の紛失・盗難の期待損失コストが同額であるとする。モラルハザードや逆選択がないものと仮定して，そ

れぞれのリスクの保険可能性について比較して論じなさい。
5. 【発展】地震リスクは，リスクを分散するのが難しいため，再保険を活用して，保険可能性の制約を緩和している。わが国の個人に対する地震保険が，どのような仕組みになっており，どの程度まで地震による損失を補償するのかについて調べなさい。

第22章 リスクの保険可能性(2)
－逆選択－

1. 情報の非対称性によって生じる問題

　保険契約者の私的情報（private information）を保険者はコストなしでは知ることができません。そればかりか，逆に保険契約者が私的情報を保険者に正確に伝達しようとしてもコストがかかります。前者で使うコストをモニタリング・コスト，後者で使うコストをシグナリング・コストといいます。いずれにせよ，情報が非対称な契約では，完全情報のもとでは生じないコストが生まれます。（以下の記述において，保険契約者以外に被保険者という用語が登場しますが，この相違については，第16章の6節を参照して下さい。）

　第17章の保険契約法に関する記述でも触れましたが，保険契約法は，情報の非対称性によって生じるコストを緩和して，保険契約を安定化しようという趣旨をもって生まれたものと考えることができます。

　情報の非対称性によって生じる問題のことを情報によるインセンティブ問題ともいいますが，逆選択とモラルハザードに分けることが出来ます。逆選択は，保険者が被保険者のリスクをコストなしで見分けることが出来ない場合に契約に際して生じるインセンティブ問題であり，モラルハザードとは契約後に被保険者の行動によって契約時の期待損失が事後的に増大してしまうというインセンティブ問題といえます。つまり逆選択は，契約前の情報の非対称性によって生じる問題，モラルハザードは，契約後の情報の非対称性によって生じる問題です。

　このモデルは，私的情報を利用して，契約当事者の一方が相手方の損益と無関係に自分の利益だけを追求する行動をとるのが「経済合理的な」人間である

との仮定で成り立っています。またこのような行動が他人の不利益となる場合に機会主義的行動と呼びます。「経済合理的な行動」が, 人間としてつねに「正しい行動」であるとは限りません。また現実の世界では, 機会主義的な行動をとらず利他的な行動をとる人もいるはずです。そこで保険契約において性善説にたてば, 契約者側の私的情報による様々な問題が生じないはずです。しかしながら, 保険実務的には数々の問題が生まれているため, 保険契約においては, 契約の一方が機会主義的な行動をとりうるという, いわゆる性悪説にたって考えていく必要があります。

2. 保険契約における逆選択の事例

アウトドア派の人と読書好きの人が傷害保険に加入しようと考えています。アウトドア派の期待損失コストが10,000円であり, 読書好きの人の期待損失コストは5,000円であることがわかっているものとします。外見からアウトドア派なのか読書好きなのかを判別することが出来ません。説明を簡単にするために, 本章の事例では資金運用収入と付加保険料を無視して考えることにします。このリスクを引き受けようとする平等傷害保険会社は, 両者の期待損失コストの平均7,500円の保険料を提示することになります。

その結果, アウトドア派の保険料1円当たりの期待損失コストは, 10,000/7,500=4/3円となり 読書好きの保険料1円当たり期待損失コストは, 5,000/7,500=2/3円となります。つまりアウトドア派のように高リスクの人は支払った保険料以上の期待損失コストをカバーしており, 反対に読書家のように低リスクの人は, 保険料よりも少ない期待損失コストをカバーしています。

それぞれの保険契約者が同数存在するときは, 保険料当たりの期待損失コストは次の式で示されるように, 保険料あたりの期待損失コストが1となり, 保険料収入と期待損失コストが一致しますから, 平等傷害保険会社の収支は保たれます。

$$10{,}000/7{,}500 \times 0.5 + 5{,}000/7{,}500 \times 0.5 = 1$$

ここで、読書家が自らのリスクが小さいことを知っているとすれば、7,500円の保険料は高いと感じます。そこで読書家の保険加入者の比率が0.25まで低下した場合、以下の式のように、平等傷害保険会社は、保険料あたりの期待損失コストが1.16となってしまいます。これは、保険料1円に対して、約1.16円の期待損失コストをカバーするという意味であり、期待損失コストをカバーするための保険料が不足することを意味しています。

$$10{,}000/7{,}500 \times 0.75 + 5{,}000/7{,}500 \times 0.25 \fallingdotseq 1.16$$

これは保険契約における典型的な逆選択の事例です。保険契約で、被保険者の私的情報を識別できず、やむなく平均的な保険料を提示すると、低リスクの人が保険契約から逃げてしまい、高リスクの人が集まってしまいます。その結果、保険契約したい人に対して十分に保険が提供されないばかりか、場合によっては、保険そのものが成り立たなくなる危険性もあります。

3. 逆選択で成立する均衡価格と内部補助

本来ならば、アウトドア派には10,000円、読書家には5,000円の保険料が提示されれば、すべての人が保険契約を行うことができるはずです。しかしながら、保険会社が両者をコストなしで識別できません。またそればかりでなく、読書家は自分が読書家（低リスク）であるという私的情報を保険会社にコストなしで伝達することも出来ません。なぜならば、アウトドア派の人が読書家であると嘘をつくことも出来るからです。このように私的情報をコストなしで知ったり、伝達できたりすることが出来ないため、先に数値例で示したような市場の非効率が生じているのです。

逆選択を回避するための制度については、後に学習することにします。そこで、ここでは逆選択が生じる状態においても均衡価格が存在しうるということを数値例で明らかにしたいと思います。

上述の数値例では、平等傷害保険会社の収支が合いません。そこで、平等傷

害保険会社は，保険料を9,375円まで引き上げてみました。保険料が高くなりましたから，読書家がさらに購入を差し控え，その結果，契約全体に占める読書家の契約は，0.125になったとします。この式によれば，保険料を9,375円と設定すれば，保険料に対する期待損失コストが1となり，保険収支はバランスがとれることになります。つまり逆選択が生じている状態においても，均衡価格がありうるということです。

$$10,000/9,375 \times 0.875 + 5,000/9,375 \times 0.125 = 1$$

ところで，なぜ均衡価格が成立するのでしょうか。その理由は，保険料が上がっても読書家の一部が契約しているためです。読書家は，自分の期待損失以上の保険料を支払っているのです。つまり読書家の余分に払った保険料が，アウトドア派に移転されているためです。これを，読書家からアウトドア派に内部補助が行われたといいます。

4. リスク区分できる保険会社の登場

選別傷害保険会社という保険会社が，アウトドア派と読書家をコストなしで識別できるものとします。選別傷害保険会社が，9,375円という均衡価格に到達した平等傷害保険会社の市場に，アウトドア派に対し10,000円，読書家に対し5,500円という保険料を提示し参入するかもしれません。この時，読書家は，自らの期待損失コストに近い金額を提示した選別傷害保険会社に加入することは明らかです。これに対して，アウトドア派は，安い保険料を提示している平等傷害保険会社に加入するはずです。その結果，低リスクの契約者はすべて選別傷害保険会社に集まり，高リスクの契約者はすべて平等傷害保険会社に集まることになります。

その結末は明らかです。期待損失コストが10,000円のアウトドア派に対して，9,375円の保険料で契約している平等傷害保険会社が倒産し，リスク区分に関する優れたアンダーライティング技術をもった選別傷害保険会社が，アウトド

ア派に期待損失コスト通りの保険料，読書家に期待損失コストに500円という企業利潤を上乗せした保険料を提供して，生き残ります。この500円は，この会社が優れたアンダーライティング技術をもっていることに対する「ご褒美」であり，他の会社が同社と同様のアンダーライティング技術を獲得すれば，消滅する性格のものです。

5．リスクの保険可能性を制約する要因としての逆選択

　逆選択がなぜリスクの保険可能性を制約するのでしょうか。平等傷害保険会社の均衡価格の場合を思い出してください。平等傷害保険会社は，高リスクと低リスクを識別できないために，逆選択の問題を抱えていました。低リスク者から高リスク者に対する内部補助によって，均衡価格に到達しましたが，低リスク者の多くは保険料が高すぎるために保険に加入しませんでした。

　もし高リスクと低リスクをコストなしに識別できれば，高リスク者と低リスク者にそれぞれ期待損失コストに相当する保険料を提供し，それによってリスク移転をのぞむすべての人に保険を提供することができます。この状態と比較すると，均衡価格の状態は，逆選択により，低リスク者の保険需要が大きく制約されているものと考えることができます。

6．控除免責の利用：スクリーニングによる逆選択防止

　保険実務では，経済学が情報の非対称性について理論化する以前から，逆選択に対する様々な対応を直感的に行ってきています。逆選択に対する制度的な対応としては，強制保険があります。わが国では，失業保険は雇用保険という社会保険で強制保険として実施されています。失業保険を任意保険で実施すると，失業の確率の高い人ばかりが加入して逆選択が生じます。そのため強制保険とすることによって，逆選択を防止しています。このような方法以外に，保険実務ではいろいろな逆選択防止方法があります。ここでは，控除免責金額を利用した方法と塡補限度額による方法について説明します。

ノブコとシゲコが，それぞれ保険価額100万円の財産をもっていますが，2人の行動の違いから，この財産を失う確率が異なるものとします。それぞれ自分のリスクについて知っていますが，保険会社はその違いについてコストなしには知りえないものとします。このような場合，逆選択を生じる可能性がありますが，次のような保険商品を設定することによって，リスクの高いものと低いものを選別することが可能です。

保険商品 I

控除免責金額	50万円	塡補額	50万円
保険料	5万円	塡補額1円あたりの保険料	0.1円

保険商品 II

控除免責金額	25万円	塡補額	75万円
保険料	15万円	塡補額1円あたりの保険料	0.2円

保険商品 I および II ともに，控除免責額を設定した商品です。控除免責とは，実務的には，保険金額から一定額を控除して保険金を支払う慣行です。保険商品 I は，保険価額100万円に対して，50万円の免責を設定していますので，損害額が50万円までは保険金が支払われません。保険商品 II は，25万円までは保険金が支払われません。保険商品 I は，塡補を約束した金額が50万円で保険料が5万円なので，塡補額1円あたりの保険料は0.1円となりますが，保険商品 II は，塡補額が75万円で保険料が15万円なので，塡補額1円あたりの保険料は0.2円となります。要するに，保険商品 I は，控除免責額が大きいかわりに保険は割安に設定されており，保険商品 II は，控除免責額が小さいかわりに保険料が割高に設定されています。

リスクが高いと知っている人は，できるだけ控除免責の小さな保険商品 II を選びますが，リスクが低いと知っている人は，控除免責が大きくても保険料が割安な保険商品 I を選ぶのではないでしょうか。このように異なる保険メニューを提示することで，保険契約者にそれぞれのリスクに適したものを自己選択させる方法を，経済学ではスクリーニングによる逆選択の防止といいます。

7. 塡補限度額の利用：スクリーニングとシグナリング

　塡補限度額を明確に設定することで，被保険者が自らの期待損失コストを正確に知っている被保険者が私的情報に基づく逆選択を引き起こすのを防止することができます。

　保険会社がある地域の住宅に火災保険商品の販売をしようとしています。この地域では，50万円以上の宝飾品をもっていない被保険者がほとんどですが，それ以上の宝飾品をもっている被保険者もいます。動産について無制限に引き受けると，50万円以上の宝飾品をもっている被保険者ばかりが集まり，逆選択が生じる可能性があります。そこで，動産に関しては50万円に塡補限度額を設定し，それ以上の動産の担保は希望する者に対して特約を行うものとします。これにより，50万円以上の宝飾品をもっていてその担保を希望する者は自己申告するため，逆選択問題は解消します。

　この方法は，スクリーニングと呼ばれる手法です。ただし，契約者が自分のリスクを自己申告するという点では，シグナリングと共通点があります。シグナリングとは，保険契約者が保険者に自分のリスクを正確に伝えて，逆選択を防止することです。塡補限度額の場合は，自ら高リスクであることを自己申告しているので，シグナリングにともなうコストは生じません。シグナリングで難しいのは，保険契約者が自分は低リスクであることを保険者に伝達したい時です。

　たとえば，自動車保険のゴールド免許は，シグナリングの機能を果たす可能性があります。ゴールド免許は，長期間，自動車事故を起こしていないことを証明する資格です。そのため，だれでもすぐにゴールド免許となれるわけではありません。そこで，高リスクの運転者は，ゴールド免許の保持者ではないという意味で，シグナリングの機能を果たします。ただし，ゴールド免許の保持者が，本当に低リスク者であるかどうかは必ずしも確実ではありません。しかし，保険実務において，ゴールド免許割引などの制度があるのは，ゴールド免許が一定のシグナリング機能を果たしていると認められているからでしょう。

8. まとめ

　本章では，リスクの保険可能性を制約する要素としての逆選択について学習しました。保険における逆選択は，保険者が被保険者の私的情報（private information）をコストなしで知ることができないために契約前に生じる問題です。逆選択の問題とは，逆選択がなければ満たされるはずの保険需要が保険されないことになることで，経済学では，このような状態を，市場の非効率が生じていると考えます。

　保険契約における逆選択について数値例で学習しました。保険契約者のリスクをコストなしに識別することができない保険会社は，公正保険料の他の要素を無視すれば，期待損失コストの平均値を保険料として提示することになります。すると高リスクの人はすべて加入するが，低リスクの人は保険料が高いと感じて需要を制限することになります。そうなると，収支相等の原則は成り立たなくなってしまいます。その結果，リスクをコストなしで識別できない時は，必ず保険が成り立たなくなってしまいます。

　しかし実際には，保険料を高くしてもリスク回避度の大きな低リスク者が存在する場合には，均衡価格が存在することが数値例から確認できました。これは，低リスク者が，高リスク者に内部補助を行っているためです。

　ここでコストなしでリスク区分ができる保険会社が登場した場合についてどうなるのかを考えました。結論的には，リスクを区分できない保険会社には，高リスク者ばかりが集まって破綻してしまうことになります。このことを数値例で確認しました。

　逆選択によるリスクの保険可能性の制約を緩和する方策は，大きく分けてスクリーニングとシグナリングという2つがあります。本章では，控除免責額，塡補限度額，およびゴールド免許の取得などを例にとって学習しました。

　なおスクリーニングの経済モデルについて，ここで紹介しておりませんが，下和田功編『はじめて学ぶリスクと保険〔第3版〕』有斐閣，2010年，の第6章に簡単なモデルの解説がありますので，ぜひ参考にしてください。

練習問題

1. 保険契約において逆選択が成立するための2つの条件を上げなさい。
2. 自分が大手生命保険会社にとって有益な人材であるということをシグナリングするための手法としてどのようなことが考えられるか説明しなさい。
3. GPA（Grade Point Average）の値は，就職のためのシグナリングとなるか。なるとしたら，どのような職種でシグナリングの機能を果たすかを説明しなさい。
4. 高リスク者と低リスク者を識別できない場合においても，均衡価格が存在する場合がある条件を説明しなさい。
5. 本章で説明した控除免責を利用したスクリーニングは，高リスク者と低リスク者がそれぞれ自らのリスクを正確に知っており，かつリスク回避的である場合に成立する。高リスク者は，リスクに対して無頓着であり，低リスク者はリスクに対して敏感であるという仮説がある。この仮説による場合，控除免責によるスクリーニングは成立するかどうか説明しなさい。

第23章 リスクの保険可能性(3)
－モラルハザード－

1. 情報の非対称性によるインセンティブ問題

　保険契約におけるモラルハザードとは，契約後に意識的または無意識的に保険事故に対する注意努力水準が低下することによって，実際の期待損失コストが，契約時の期待損失コストよりも大きくなってしまうことです。努力水準の低下が，保険会社からコストなしでモニタリングすることが出来れば，努力水準を維持させる措置をとることができます。しかし現実には，被保険者の保険事故防止に対する注意水準を外部から知ることは簡単ではありません。
　逆選択とモラルハザードは，ともに情報の非対称性によるインセンティブ問題ですが，逆選択が契約前に生じるインセンティブ問題であるのに対して，モラルハザードは契約後に生じるインセンティブ問題です。

2. モラルハザードの概念

　モラルハザードを「倫理の欠如」と和訳することがありますが，この訳は誤解を招くものです。逆選択もモラルハザードも，人々が経済合理的に行動することを前提に，情報の非対称性が存在する場合に生じる非効率の問題に関連する概念です。したがって，倫理の程度に左右されるものではありません。経済合理的な行動とは，人がみていなければ自分にとってもっとも利益のある行動を行うことですから，このこと自体は倫理感のない行動かもしれません。しかし，このことを認めたとしても，モラルハザードだけをとりあげて「倫理の欠如」とするのは，誤りでしょう。

ただし保険金の不正請求のような事例も広い意味でモラルハザードと呼ぶこともあります。保険経済学では、モラルハザードと詐欺は別のものと考えますが、保険実務では、保険金詐欺を極端なモラルハザードと考えて、モラルリスクと呼ぶことがあります。また保険論の教科書では、モラルハザード（moral hazard）とモラールハザード（morale hazard）に分けて考えるものもありますが、本書ではこの分類には従っていません。

3. リスクの保険可能性を制約する要因としてのモラルハザード

　モラルハザードは、リスクの保険可能性を制約する要素として、付加保険料、逆選択に続く3番目の要素です。モラルハザードが、リスクの保険可能性を制約する方法は2通りあります。第1は、モラルハザードの抑制のために導入されるリスク・シェアリングによるもの、第2に、期待損失コストの増加によるものです。順を追って説明します。

　モラルハザードを抑制するための主要な手段として、後述するように保険者と保険契約者がリスクをシェアすることです。モラルハザードがなければ、シェアする必要なく、全部保険が行われるところを、モラルハザードが存在するために、一部のリスクを保険できないことになります。モラルハザードは、このようにしてリスクの保険可能性を制約します。

　モラルハザードが生じると、保険契約者（被保険者）の機会主義的行動によって期待損失コストが増加します。保険会社からいえば、図23-1に示したように、契約前の期待損失コストが契約後に増大する可能性があるということになります。

　保険契約においてモラルハザードが予想される場合、後述する制度的な対応策を考えないとすると、期待損失コストにモラルハザードによって生じると予想される期待コストを増額することで対応するしかありません。モラルハザードによって増額された保険料が提示されると、保険契約者は、本来の期待損失コストよりも高いので、保険需要を減退させ、その結果、本来引き受けられるべき保険ニーズが十分に引き受けられなくなります。言い換えれば、リスクの保険可能性の制約が生じるのです。

図23-1 モラルハザードによる保険可能性の制約

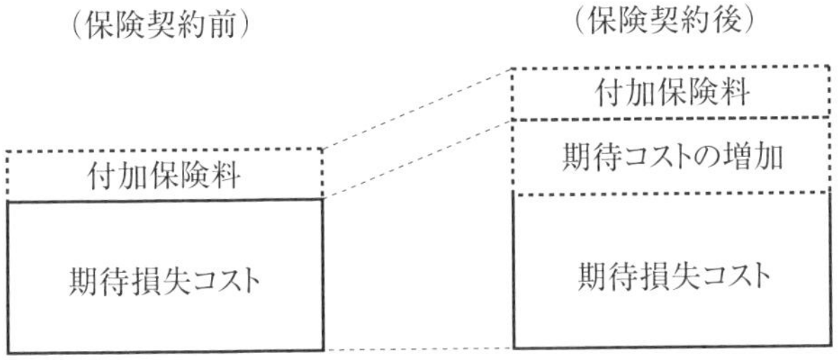

（保険契約前）　　　　　　　（保険契約後）

```
                          ┌──────────────┐
                          │   付加保険料   │
        ┌──────────────┐  ├──────────────┤
        │   付加保険料   │  │ 期待コストの増加 │
        ├──────────────┤  ├──────────────┤
        │              │  │              │
        │  期待損失コスト │  │ 期待損失コスト │
        │              │  │              │
        └──────────────┘  └──────────────┘
```

4. モラルハザードの抑制方法

　以上に述べた歴史的に生成された保険契約制度や保険の慣行などを除けば，モラルハザードを抑制する主要な方法は，リスクの一部を保険者と被保険者がシェアするという方法です。言い換えれば，発生した損失のすべてを保険会社の負担にさせるのではなく，その一部を被保険者に負担させることです。これにより，被保険者が損失発生に対する注意水準を下げないことが期待できるのです。

　この方法には2種類あります。過去の損失経験を将来の保険料に反映させる方法と，損失の負担の分担をあらかじめ決めておく方法です。前者に関する代表的な方法は，経験料率といわれるもので，わが国の自動車保険の等級制度がそれにあたります。後者に関する方法には，後述するコインシュアランスなどがあります。以下，順を追って説明します。

5. 経験料率によるモラルハザードの抑止

　経験料率とは，過去の事故の経験を将来の保険料に反映させることによって，被保険者の保険事故に対する損害防止努力水準の低下を防止して，期待損失コストの軽減を図る方式です。

　わが国のノンフリート自動車保険には，等級制度が採用されています。ノンフリート自動車保険とは，一人の契約者が所有・使用する車が9台以下の契約のことをいいます。等級制度は，企業保険など除く一般の個人保険において次

のような各社共通のルールで運営されています。

自動車保険を最初に契約する場合のルールは，次の通りです。

① 6等級（割引，割増がない状態）からスタートすること。等級と割引率については表23-1を参照。

② 2台目の車を購入した場合，最初の車の等級が11等級以上であれば2台目の車は7等級からスタート（詳細にわたる部分の解釈は各社によって若干の相違あり）。

表23-1　個人自動車保険の等級と割引率

等級	1等級	2等級	3等級	4等級	5等級	6等級	7等級	8等級	9等級	10等級
無事故	+64%	+28%	+12%	-2%	-13%	-19%	-30%	-40%	-43%	-45%
事故有							-20%	-21%	-22%	-23%

等級	11等級	12等級	13等級	14等級	15等級	16等級	17等級	18等級	19等級	20等級
無事故	-47%	-48%	-49%	-50%	-51%	-52%	-53%	-54%	-55%	-63%
事故有	-25%	-27%	-29%	-31%	-33%	-36%	-38%	-40%	-42%	-44%

契約更新時のルールは，次の通りです。

③ 無事故の場合，契約更新時に等級が1等級上がり，7等級以上の場合は，無事故割引が適用される。

④ 事故一回につき，契約更新時に等級が3等級下がる。7等級以上の場合は，3年間事故有割引が適用される。

⑤ 車両盗難，飛び石，落書等の事故での保険金支払いは，1等級下がる。また7等級以上の場合は，1年間事故有割引が適用される。

⑥ 人身傷害保険，搭乗者傷害保険，無保険者傷害のみの事故はカウントされない。

契約条件等の変更の場合のルールは，次の通りです。

⑦ 他の保険会社に契約を切り替えても等級が引き継がれる。

⑧ 車を買い換えても等級は引き継がれる。

⑨ 記名被保険者を配偶者間，同居の親族間で変更する場合も等級が引き継がれる。

⑩ 車を廃車にした場合や譲渡した場合でも，5年以内に新しい車を手に入れれば等級を引き継ぐことができる。

⑪　海外に長期的に住む場合，保険契約を中断してから10年以内であれば等級を引き継ぐことができる。

　以上のルールは，保険会社間のみならず，保険会社と共済団体間でも共通ルールとなっています。したがって，自動車保険の事故歴（無事故歴）は，日本で自動車を継続して運転する限り，首尾一貫して，保険料に影響を与える仕組みとなっています。ただし，割引率や優良ドライバーに対する優遇措置などにおいて，各社ごとの若干の相違は認められており，保険自由化以前のように，どこの会社に契約しても全く同じ条件ということはなくなっています。

　2012年10月にノンフリート自動車保険の等級制度が改定されました。改定の目的は，損害保険料率算出機構によれば，無事故契約者と事故有契約者との間の保険料負担の不公平を是正するためです。等級制度に関する基本的な考え方は従来と変わりません。無事故が続けば，通常の保険料から約60％割引されて，40％程度の保険料となります。反対に，事故が続くと最終的には，64％の割増保険料となり，契約時の保険料の1.5倍あまりとなってしまいます。今回の改定では，無事故契約者と事故有契約者で異なる割引率が採用されました。表23-1に示されているように，7等級以上では，事故有契約者により低い割引率を採用しています。このように，保険金支払事故の有無が，翌年の保険料割引率に反映されると，被保険者の事故防止に対する努力水準を高く維持することが可能になり，モラルハザード問題を緩和する効果があります。今回の改定は，このインセンティブをより強めたものといえましょう。なお，保険経済学の分野の実証研究においても，経験料率がモラルハザードを抑止し，保険市場の効率を高めることが確認されています。

6. 塡補範囲の制限・コインシュアランス

　損害の塡補範囲を制限する保険契約は，被保険者に事故防止に関する慎重な行動を誘引する効果を期待できます。あらゆる自動車事故を担保する総合的な自動車保険に加入する被保険者は，対人賠償だけを塡補範囲とする自動車保険を契約する被保険者よりも，事故に対して不注意な運転をする可能性がありま

す。この方法は，保険契約者のリスクのうち一部を担保しないという意味において，リスクの一部を保険契約者に残すというものです。その意味では，保険者と被保険者はリスクを分担して負担しているものであると考えられます。

コインシュアランス（co-insurance）方式は，填補範囲の制限と異なり，填補する範囲内のリスクを保険契約の当事者が明確に分担を行うものです。これをリスク・シェアリングといいます。共同保険がモラルハザードを抑制する1つの事例として，次のような医療保険の実例があります。アメリカで，医療に関するすべてのリスクをカバーする保険があり，一般的なデータに基づいて保険料を計算しました。ところがあらかじめ想定していた損失の期待値をはるかに上回る保険給付となりました。その理由は，被保険者が病院に通院する頻度が大きくなったためです。被保険者は，保険給付が十分に行われるため，少しでも調子が悪い時には，すぐに病院に行ってしまうのです。これは，まさにモラルハザードが生じている状態といえます。保険会社は，モラルハザードを回避するために，医療費の一部を被保険者が負担するというコインシュアランス方式に変更しました。この結果，被保険者は，病院で診察・処方してもらう必要のない軽微な疾患については，病院に行くことが少なくなりました。このように被保険者が損失の一部を負担することにより，モラルハザードを回避したり，抑制したりする効果をもつことになりました。

7．まとめ

モラルハザードは，逆選択と同様，情報の非対称性によって生じるインセンティブ問題であるとされています。逆選択と異なるのは，保険のモラルハザードは，契約後に被保険者の行動の変化から生じる問題である点です。保険契約の場合，この問題とは，契約当初予想した期待損失コストが，契約後に大きくなってしまうことです。モラルハザードを「倫理の欠如」と訳す場合がありますが，経済学のモラルハザードは，倫理性の問題ではなく，情報が偏在している状態の下で，契約当事者が経済合理的な行動とった場合に生じる問題であることに注意しなければなりません。下和田功編『はじめて学ぶリスクと保険〔第

3版〕』有斐閣，2010年の第6章に，ロス・コントロールに関するモラルハザードの経済モデルが解説されていますので，ぜひ参照してください。

続いて，モラルハザードが，リスクの保険可能性をどのように制約するのかについて学習しました。そしてモラルハザードの抑制・防止のための法制度および商品設計の工夫についても勉強してもらいました。とくにモラルハザード抑制のためには，リスクの一部を保険者と保険契約者がシェアすることであることがわかりました。具体的には，過去の事故経験を将来の保険料に反映する経験料率という方法と，生じるであろう損失をあらかじめ分担して負担するという契約を行う共同保険方式という方法があります。

前者の事例として，わが国の自動車保険等級制度を紹介しました。また後者の事例として，填補範囲の制限やコインシュアランス方式を紹介しました。第21章から第23章で，リスクの保険可能性を制約する要因である，付加保険料，逆選択，モラルハザードについて詳しく検討しました。次章では，保険をめぐる法制度や商慣行などをリスクの保険可能性の制約を抑制したり回避したりするという観点から検討することにします。

練習問題

1. モラルハザードと逆選択の違いを説明しなさい。
2. モラルハザードがリスクの保険可能性をどのように制約するのかについて説明しなさい。
3. あなたが新車を購入し，はじめて自動車保険に加入した時の等級と，加入後5年目の等級が同じであるとする。この人は加入期間に何回の保険事故を起こしただろうか。
4. 公正保険料では過去の保険成績を将来の価格に上乗せすることは出来ないと学んだ。これに対して経験料率は，過去の事故歴（無事故歴）を次期の保険料に反映させている。したがって，経験料率は，公正保険料の考え方と相反するものであるとする意見がある。この意見に対して，経験料率が公正保険料の考え方と矛盾しないと主張することができるだろうか。出来るとしたらその考え方を示しなさい。
5. 本章で取り上げた医療保険以外に，コインシュアランス方式によってモラルハザードを抑止できる事例を挙げなさい。

第24章 リスクの保険可能性(4)
－保険可能性に対応する契約諸制度－

1. 保険会社の使命と保険制度の発展

　保険契約は，金銭的な側面だけでみれば，現在のキャッシュと将来のキャッシュを交換する商品です。その意味で，金融商品の一種であるといえます。ただし将来のキャッシュの移動が，保険事故をめぐって，確率論的に決まってくる点で，通常の金融商品と異なる面がありますが，金融商品にもこれに類似した商品が無いわけではありません。保険商品の特殊性をあえて指摘すれば，需要と供給のあり方が，文化的な要素に強く左右されるものですが，それについても「程度」の問題であるといえるかもしれません。

　ここでは，他の金融商品と保険の類似点と相違点を検討しません。むしろ強調したいのは，保険は将来の保険給付をするという約束を守ることが重要であり，保険会社のもっとも重要な使命はその約束を全うすることであるということです。保険契約およびそれをとりまく保険制度の歴史は，保険契約が保険給付を確実に行うという目的で展開されてきたといっても過言ではありません。他方で，リスクの保険可能性の制約を緩和し，より効率的な保険市場を達成するという目的も強調されるべきでしょう。

　本章では，基本的な法理や保険契約制度が，保険給付の確実性とリスクの保険可能性の制約の緩和と密接な関係があるということを学習します。

2. 保険をめぐる基本法理

　保険をめぐる法理や制度は，保険契約の確実性を高めたり，保険契約に内在

するインセンティブ問題を緩和したりする機能をもっています。ここでは，モラルハザードの回避・抑制に関するもの，逆選択の緩和に関するもの，保険実務の効率性を促進するもの，および保険契約の確実な履行に関するものに分類して検討します。

3. モラルハザードに関連する法理

　モラルハザードに関連する法理には，実損塡補の原則，被保険利益，自殺免責，損害保険の通知義務等があります。実損塡補の原則は，不定額保険である損害保険の重要な原則です。不定額保険とは，保険給付が契約時に約定された一定の保険金が支払われる定額保険である生命保険と異なり，保険給付が損害の程度に応じて変化する保険のことをいいます。損害保険は一般に保険価額（保険の目的物の時価）を超える保険金の支払いは許されていません。すでに第13章で学習したように超過保険の場合の超過部分は保険金として給付されません（保険法第9条）。その理由は，保険価額を超えた保険金の給付が行われる場合，俗にいう火災保険の「焼け太り」が生じるため，保険事故の誘発に結びつくため，よろしくないということです。超過保険でなくとも，実損を超える保険金の支払いは認められていません。

　さらに，この原則は，保険の特徴を強調するものです。デリバティブによるリスクヘッジは実損塡補の原則がないため，過剰なオーバーヘッジを行うと，ヘッジでなく投機になってしまうおそれがあります。この点で，損害保険は，後述するベーシスリスクがないばかりか，オーバーヘッジによるヘッジの投機化も生じない安定したリスク移転手段であるといえます。

　損害保険に被保険利益という概念があります。損害保険契約が成立するためには，保険契約者の保険の目的物に対する被保険利益が必要とされます。被保険利益とは，保険の目的物に生じる損失が自分の財産の状態に関係があることをいいます。つまり，自分の財産の状態に無関係なものに保険をかけることができません。これは，保険金の不正請求など，極端なモラルハザードの発生を防止する効果をもちます。被保険利益がない場合には，保険契約が無効である

ためです。

　保険法では，自殺を保険者の免責にしています（保険法第51条１号）。これは，自殺による生命保険金請求を認めると，自殺による保険金不正請求という極端なモラルハザードの発生を生み出す可能性があるために規定されているものです。ただし保険法第51条は任意規定なので，保険約款において保険金免責期間を設定することができます。実際に，わが国の生命保険約款は，現状では３年を免責期間として，それを超えた自殺については保険金支払いするというものが多いようです。これは，極端なモラルハザードは，保険契約当初に集中しており，一定期間経過した場合には保険金不正請求のための自殺ではないと考えるためです。また生命保険が残された遺族の生活の維持を目的にするという主旨を考えると，免責期間を定めない自殺免責へ生命保険の社会的有用性を損ねる可能性があるという考えもあります。

　通知義務（保険法第14条，第50条，第79条）は，保険事故を速やかに保険者に通知する義務を定めたものですが，損害保険の場合は，損失の程度が時間によって異なるため，モラルハザード（損失後の損害防止策への努力水準の低下）が生じる可能性があります。したがって損害保険の通知義務は，モラルハザード防止策であると考えることができます。

4. 逆選択の緩和に関する法理

　生命保険契約における逆選択の緩和に関する重要な法理として，保険契約者および被保険者の告知義務制度があります。「告知」という用語は，保険法の専門用語で，日常用語とは少し異なる意味で使われているので注意する必要があります。保険法における告知制度とは，契約者ないし被保険者に私的情報の開示を義務付ける制度です。つまり，告知制度がなければ，コストなしで契約者の私的情報を知ることができない保険者に対し，無料で契約者の私的情報を取得できるようにするための制度です。この制度は，まさに逆選択を防止し，リスクの保険可能性の制約を緩和するものであるといえます。

　生命保険契約を例にとれば，第37条で告知義務が定められています。同条は，

保険契約者または被保険者になる者は，契約の締結に先だって，保険事故の発生の可能性に関する重要な事項のうち保険者が告知を求めたものについて，事実の告知をしなければならないとされています。私的情報の開示を求められる内容は，保険料計算にかかわる重要な事項とされており，また質問された内容に対して事実の告知をすることが求められています（質問応答義務）。

告知義務違反の場合は，保険者が保険契約を解除することができるものとされています（保険法第55条）。ただし，告知義務違反の事項について保険会社がすでに知っていた場合や販売員の告知妨害がある場合には，解除できないものとされています（保険法第55条第2項）。告知義務違反による解除の効果は，将来効とされ，将来に向かってのみその効力を生じるとされています（保険法59条第1項）。つまり解除までの保険期間に相当する保険料は，原則として，契約者に返還されません。また解除までの保険期間に生じた保険事故に対して，保険者は原則として責任を負わないと規定されています（第59条第2項）。

5. 保険実務の効率性を促進する法理

保険契約内容が高度にカスタマイズ化された企業保険を除けば，保険契約は一般に保険会社があらかじめ作成した保険約款に従って行われます。これを保険の附合契約性と呼んでいます。この性質は，必ずしも保険に特有のものではありません。

しかし，保険約款には，保険契約の当事者にとって，かなり重要な規定が定められているという特徴があります。たとえば，上述した告知義務の規定などは，契約の解除にもかかわる重要なものです。契約の存続にかかわる重要な規定が掲載されているにもかかわらず，保険者による約款に基づいて附合的に契約されるのは，契約の効率性を維持することによって，取引コストを削減し，付加保険料を軽減することによって，リスクの保険可能性の制約を緩和しようとするものであると解釈することが出来ます。

6. 保険契約の確実な履行に関する制度

最初に述べたように保険契約の確実な履行は，保険者の保険契約者に対するもっとも重要な義務です。しかしながら，その義務を果たさない保険者がいる可能性があります。財務的な理由で義務を果たせないことに対しては，保険監督法（保険業法）の財務健全性規制やセーフティーネットによって対応されることになっています。しかし保険給付の義務を果たそうとしない，あるいは義務の履行を遅延させる保険者がいる可能性があります。また保険契約の当事者間の見解の相違に基づく争いが生じる可能性もあります。

保険金給付の履行の遅延については，保険法で保険給付の履行期が規定されています（第21条，第52条，第81条）。これらの規定の含意は，保険金支払いに必要とされる合理的な期間を超える保険金支払いの場合には，超過した日数に応じた遅延利息を支払うべしというものです。

保険法および保険監督法に定められた保険者としての義務を果たさない保険者がいる場合には，監督官庁がその内容に応じて法的強制力を執行することができます。また保険契約当事者間の争いについては，ADRなどの調停制度や訴訟によって解決する道があります。以上の諸制度は，一義的には，保険契約の履行の確実性を担保し，保険制度を維持するために存在するものと考えられます。

表24-1　リスクの保険可能性の制約を緩和・保険契約の安定性を保証する法理および制度

	目　的	特徴など
1. モラルハザードの緩和		
実損填補の原則	モラルハザード抑止	ベーシスリスクがない
被保険利益	極端なモラルハザード防止	損害保険の概念
自殺免責	極端なモラルハザード防止	保険約款で免責期間設定
通知義務	損失後モラルハザード防止	損害保険の場合
2. 逆選択の緩和		
告知義務	逆選択への対策	告知義務違反による解除
3. 効率性の促進		
附合契約性	保険可能性の制約の抑制	付加保険料の軽減
4. 保険填補に関する紛争解決		
保険金支払いの履行期	契約の迅速性促進	遅延利息の支払い
法的強制力	契約の履行の確実性	

7．免責および評価済保険

　最後に，リスクの保険可能性に関連する残されたトピックスとして，免責および評価済保険について解説します。免責とは，カバーする範囲の危険であっても，それを保険会社が担保しないことをあらかじめ決めておくことです。すでに学習した控除免責と異なるのは，控除免責は保険給付の一部が免責されますが，それを超える保険給付を受けられるのに対して，免責はその事由または範囲について保険給付が行われないことです。

　保険会社が免責を設定する理由は，次の3つです。第1に，リスクの相関が高いために，免責を設定しないと資本コスト（投資家報酬付加保険料）が非常に大きくなり，保険可能性が極端に制約されてしまうような場合です。具体例としては，戦争危険，原子力事故，地震などがあげられます。これらの危険は，いったん発生するとリスク間の相関が高いため大数の法則を利用したリスクの軽減，すなわちリスク分散が難しいため，保険会社は再保険および資本で対応するしかありません。再保険によれば再保険手数料がかかり，資本によれば調達コストがかかり，いずれにせよ相当のコストがかかりますが，公正保険料の理論によれば，このコストはリスク移転のためのコストとして保険契約者が負担することになります。したがって，期待損失コストに対する付加保険料部分が大きくなって保険可能性が失われることが危惧される場合に，免責という方法が採用されます。

　第2の理由として，モラルハザードの影響が考えられます。損害保険では，偶発性のない磨耗などによる機器の損耗を免責にしています。このような損失の塡補を約束することにより，機器を扱う被保険者の扱いが粗雑になることを防ぐためです。この意味では，モラルハザードの抑制策といえます。すでに学習した生命保険における自殺免責は，極端なケースのモラルハザード防止のために設けられたものです。保険金の不正請求のような極端なモラルハザードのことを，法律家はモラルリスクと呼ぶことがあります。

　第3の理由として，標準的な保険購入者には必要のない保険塡補を除外するように保険を設計する際に免責が用いられることがあります。2つの特約の間

に重複する保険担保があるとしたら，重複保険部分の保険給付は行われませんから，契約者にとっては，どちらかの特約が不要となります。無駄な保険料を除去することにより，合理的なリスク移転を行うために，免責が利用されることがあります。

次に，評価済保険について検討することにします。評価済保険は，契約開始時点で保険金額（協定保険価額）を決めておく，保険金支払いにあたって実損填補方式によらないものです。家屋の居住場所としての価値は低下しませんが，家屋の価値は経年ともに低下します。そのため何十年も経過した家屋が全焼した場合に，保険価額では家屋の再調達価格に達しない可能性が高いです。実損填補の原則を貫けば，家屋の再調達価額が保険価額を上回った場合は，超過保険ですから支払うことはできません。これでは，火災保険本来の役割を果たすことが出来ない場合があります。

評価済保険は，あらかじめ家屋の再調達価額を想定し，保険者と保険契約者の間で協定して保険価額を設定する方式の保険です。これならば，全焼しても立て直すだけの保険金の給付がないという実損填補の欠陥を補完することができます。ただし，実損填補契約と評価済契約との間には，一長一短があります。表24-2を参考にしながら，簡単に解説しましょう。事故調査費用は，実損填補の場合は，実損を確定する必要がありますから，評価済みと比べると多くのコストがかかります。このコストの中には，事故の発生から保険金支払いまでの時間コストも含まれています。評価済契約では保険事故の確認後迅速に保険金を支払うことができます。

表24-2　実損填補契約と評価済契約の比較表

	事故調査費用	モラルハザード	損失防止努力	ベーシスリスク
実損填補方式	×	○	△	○
評価済方式	○	△	○	×

（注）○はすぐれている。△はどちらともいえない。×は劣っている。

モラルハザードについては，すでに学習したように実損填補については抑制する効果を期待できますが，評価済の場合は，補完的な取り決めを行わないと

モラルハザードによるコストがかかる可能性があります。損害保険において，事故発生後の損害拡大防止努力は重要です。実損塡補方式と評価済方式を比較すると，実損塡補方式の方が，そのような防止努力のインセンティブが小さいように思われます。なぜならば，そのような防止努力にもかかわらず，支払われるのは実際に生じた損失であるためです。

最後に，ベーシスリスクについて解説します。ベーシスリスクとは，実際に生じた損失額とヘッジによって塡補される金額の差額の変動のことをいいます。実損塡補方式の場合は，ベーシスリスクはゼロですが，評価済方式ですと，建物の保険価額（市場価値）と協定保険価額には差額が生じます。この金額の変動をベーシスリスクというのです。保険という手段は，ベーシスリスクが小さいですが，デリバティブによるヘッジ，たとえば天候デリバティブは，ベーシスリスクが比較的大きい商品です。リスクマネジメントに優れた企業は，ロス・ファイナンスの様々な手段を組み合わせて適切な選択を行っておりますが，個人のリスクマネジメントにデリバティブなどのヘッジが使われないのは，ベーシスリスクが大きいこと，およびオーバーヘッジの状態になるとヘッジではなく投機となってしまう危険性があるためであると思われます。

8. まとめ

リスクの保険可能性を制約する要素のうちモラルハザードと逆選択は，古くから保険契約をめぐる深刻な問題を引き起こしてきました。保険に関する法制度の一部は，この問題の解決のために生まれたものです。本章では，モラルハザードの緩和，逆選択の緩和，効率性の促進および紛争解決に分類して保険契約をめぐる諸制度を説明しました。さらに関連するトピックスとして，実損塡補契約と評価済契約について解説を加えました。

> 練習問題

1. 免責を設定する理由を3つあげなさい。
2. 【発展】告知義務違反以外の場合に，保険者が契約を解除できるのはどのような場合か。保険法の条文を調べて簡単に述べなさい。
3. 天候デリバティブをヘッジに必要な10倍購入した場合，どのような効果があるか。具体的に説明しなさい。
4. 【応用】保険金支払いの履行期の現行規定は，保険実務において有効に機能しているだろうか。具体的に説明しなさい。
5. ベーシスリスクとは何か。簡単に説明しなさい。

第V部

統合リスクマネジメント

　統合リスクマネジメントを理解するために必要な、経済資本概念、契約者保護のたのセーフティネットとソルベンシー規制、保険会社のALMおよび内部リスクマネジメント等について簡単に学びます。

第25章　企業形態と経済資本

1. 保険業における企業形態

　保険は，歴史的に，個人（商人），組合，相互会社，株式会社など様々な企業形態で保険が営まれていたばかりでなく，現代においてもこれらの企業形態が並存しているという特徴をもっています。初期の海上保険は，個人（商人）が引き受けました。

　イギリスでは，1720年の南海泡沫の際に，特許保険会社が2社誕生しました。両社は海上保険の独占権を付与されましたが，その独占権は個人形態による海上保険営業には及ばないため，かえってロイズに集まる海上保険アンダーライターの発展を促したといわれています。ちなみにロイズは，17世紀末にロンドンのロイズ・コーヒー店に参集した海上保険アンダーライターから発展したものであり，ロイズという場所（市場）において保険を個人形態で引き受けているアンダーライター達の総称です。生命保険では，18世紀後半に，エクイタブル生命保険会社が設立され，終身保険を相互保険で提供しました。同社は，世界で初めて前払確定平準保険料式による終身保険を売り出したため，世界で最初の近代生命保険会社として「オールド・エクイタブル」と尊称されています。当時，株式会社形態で生命保険を提供できたのは前述の特許会社のみでしたが，その契約高はほとんど無視できるものでした。

　19世紀には，火災保険，海上保険，および生命保険にそれぞれ変化が生じます。火災保険は，17世紀末以来，ロンドンに本社をおく保険株式会社がマーケットを支配していましたが，18世紀末に設立されたノリッジ・ユニオンという地方の相互会社が，その独特な営業戦略によって既存社の火災保険マーケッ

トに参入しました。海上保険については、1820年に特許保険会社の海上保険営業の独占権が廃止されたことから、海上保険株式会社の設立が盛んになりました。有力なロイズ・アンダーライターが、株式会社設立に関連し、相対的にロイズの影響力が低下したといわれています。生命保険においては、追随する企業の多くは、株式会社形態を採用しておりましたが、その多くは、エクイタブルに対抗するために、株式会社でありながら契約者配当を提供する、「混合会社」と呼ばれる生命保険会社、あるいは法曹界など特定の保険集団をターゲットにした生命保険会社でした。

イギリスでは、これらの企業形態の他、労働組合や友愛組合も賦課式保険を提供しており、社会的弱者に保険サービスを提供していました。ただし、それらの保険サービスのうち、週払い保険料の勤労者生命保険と呼ばれる小口の保険は、19世紀の後半には、プルデンシャル生命保険会社のような株式会社がそのほとんどを担うことになりました。

日本においては、保険業法で規定する株式会社と相互会社の他、少額短期保険業者や生活協同組合法等の法律に基づいて設立されている協同組合が提供する共済（協同組合保険）が存在しています。日本では、ロイズ・オブ・ロンドンのように、個人（シンジケート）によって保険事業を運営することは認められていません。しかしロイズの総代理店であるロイズ・ジャパン株式会社を通して、日本の元受事業をロイズのシンジケートが行うことは認められています。さらに、健康保険、雇用保険などの社会保険は、公営保険として、国または地方自治体が保険者となって引き受けています。このように、日本の元受保険は、株式会社、相互会社、協同組合、個人の民間から、国や地方自治体のような公的機関により、幅広く引き受けられているのです。

2. 日本市場で元受保険業を営む保険会社・団体

日本で保険業法のもとで損害保険事業を営む損害保険会社は、原則として日本損害保険協会および外国損害保険会社協会に所属しています。日本損害保険協会の会員会社は25社（2011年12月26日現在）です。この25社には、日本地震

保険再保険株式会社やトーア再保険株式会社のような再保険専門の会社も含まれています。外国損害保険協会は，日本で損害保険営業免許を取得している外国損害保険会社の団体です。2011年における正会員は21社，准会員は3社です。正会員は，損害保険営業免許を有する外国保険業者の支店および出資割合50％以上の現地法人であり，准会員は外国損害保険会社の駐在員事務所や損害保険営業免許を取得しようとしている外国保険会社です。

　生命保険の場合は，外資系保険会社は別途協会をつくっておらず，生命保険協会に所属しています。その結果，生命保険協会の加盟会社は，45社（2011年10月現在）となっています。協会のルーツは古く，明治31年（1898年）の生命保険会社談話会から始まっています。その後，明治38年（1905年）に生命保険会社協会となり，明治41年（1908年）には社団法人の認可を得ました。戦時期に国策推進のため生命保険統制会となりましたが，戦後新しく生命保険協会として再出発しています。

　根拠法のある共済団体のうち主要な団体は，日本共済協会に所属しています。共済の提供する保険サービスは，生命保険と損害保険が同時に提供されるものがあるのが特徴です。これらの共済団体は，農業協同組合法や生活協同組合法などの根拠法に基づいて設立されており，保険業法に基づき生損の事業を区分して監督している金融庁とは異なる官庁（農水省，厚生労働省等）が監督しています。それぞれの根拠法に基づいて監督会員は14団体ですが，日本再共済連（日本再共済生活協同組合連合会）やJA共済連と資本関係のある共栄火災も会員に含まれています。主要な協同組合共済は，JA共済連（全国共済農業協同組合連合会），JF共水連（全国共済水産業協同組合連合会），全労済（全国労働者共済生活協同組合連合会），日本再共済連（日本再共済生活協同組合連合会），コープ共済連（日本コープ共済生活協同組合連合会），大学生協共済連（全国大学生協共済生活協同組合連合会），全国生協連（全国生活協同組合連合会），日火連（全日本火災共済協同組合連合会）などです。日本共済協会に加盟する共済団体は，各種共済団体の総数からいえばわずかですが，その営業量や資産からいえば，90％をはるかに超えるウェートをしめています。

　平成18年（2006年）4月の保険業法改正以前は，無認可共済と呼ばれた根拠

法のない共済団体が数多く存在しました。保険業法の改正により，無認可共済は，一定の期間を経て，少額短期保険業者として金融庁（財務局）の監督を受けるか，あるいは廃業するのかの自己選択を行いました。その結果，無認可共済のうち数十団体が少額短期保険業者として再出発しました。なお一部の団体は，少額短期保険業者とならずに，保険会社として設立認可を受けました。企業形態は，株式会社または相互会社ですが，改正保険業法以前にNPO法人などの法人格を取得していた無認可共済は，株式会社または相互会社に組織転換する必要はないものとされました。少額短期保険業者とは，保険業のうち一定事業規模の範囲内において，保険金額が少額，保険期間1年（生保は2年）以内の保険の引き受けのみを行う事業団体として，財務局に登録した団体です。業界団体として日本少額短期保険協会がありますが，すべての少額短期保険業者が加入しているのではないようです。少額短期保険業者は，金融庁のHPに掲載されていますが，2011年末で70社となっています。

以上のほか，船舶に関する組合保険であるP＆Iクラブなども保険を提供しており，また個人アンダーライターのシンジケートで保険を引き受けるロイズもロイズ・ジャパン株式会社を通して日本の元受保険を引き受けています。

表25-1　保険契約に関係する組織・団体

業界団体	英文名称	ホームページ
日本損害保険協会	The General Insurance Association of Japan	http://www.sonpo.or.jp/
外国損害保険会社協会	Foreign Non-Life Insurance Association of Japan, Inc.	http://www.fnlia.gr.jp/
生命保険協会	The Life Insurance Association of Japan	http://www.seiho.or.jp/
日本共済協会	Japan Cooperative Insurance Association Incorporated	http://www.jcia.or.jp/
日本少額短期保険協会	The Small Amount & Short Term Insurance Association of Japan	http://www.shougakutanki.jp/
日本船主責任相互保険組合（P&Iクラブ）	The Japan Ship Owners' Mutual Protection & Indemnity Association	http://www.piclub.or.jp/
ロイズ・ジャパン（株）	Lloyd's Japan	http://www.lloyds-japan.co.jp/company/

3. 所有権理論による企業形態

　企業形態論の考え方はいろいろありますが，本章では，ハンスマンの所有権理論を援用して考えてみましょう。この考え方の特徴は，企業形態を経済学の枠組みの中で解釈する点，および株式会社も投資家が所有する協同組合として，株式会社を相対視して理解することです。ハンスマンは，企業を契約の束とみなします。そして，企業形態の決定は，企業をとりまくパトロン（それぞれの契約の主体たち）のうちのもっとも効率的な者に所有権が配分されるのかによると考えます。所有権とは，配当請求権と残余財産請求権です。たとえば，農業協同組合は，農業生産者が所有する協同組合，保険相互会社は，保険契約者が所有する協同組合，株式会社は，上記のように，投資家（株主）が所有する協同組合となります。

　ハンスマンは，企業形態の効率性は，市場契約コストと所有権コストの総和で決まると仮定しています。たとえば，ある地域でチーズ生産を行うためには，酪農業者が共同投資してチーズ工場をつくり，原料を供給することが，チーズ生産にともなうコストを最小にする方法かもしれません。これは市場契約コストが最小であることを意味します。しかしながら，酪農業者に所有権を与えた場合に，酪農業者が意思決定するために時間がかかり，しかも最適な意思決定でない可能性がある時，所有権コストが過大となります。所有権コストが過大になる場合には，効率的な資本市場が存在するならば，株式会社形態に委ねるほうが全体として効率的になる可能性があります。企業形態の決定は，このように時代，地域，文化および制度的な要因によって異なるものと考えられます。

　ハンスマンは，存在する企業形態が効率的であるとはいっていません。彼は，企業が設立される時に企業形態の選択が行われるとしたら，効率性という基準が採用されているはずであると考えるのです。また長い期間をみれば，その歴史条件において効率的でない企業形態の数は減少するものと考えています。（なおハンスマンの所有権理論については，Henry Hansmann, *The Ownership of Enterprise*, Harrard U.P.,1996を参照しています。）

4. 保険に多様な企業形態が並存する理由

　保険業に多様な企業形態が出現し，また多様な企業形態が並存する理由は，保険商品の特徴によるものと考えられます。保険は，契約者の側から商品としてみれば，現在のキャッシュと将来のキャッシュを交換する金融商品に過ぎません。しかしながら，第1に移転するリスクの性質によって契約者にとっての将来のキャッシュの意味が異なってくること，第2に背景となる社会の文化的・制度的要因が保険商品の普及・定着に大きな影響を及ぼすことなど，金銭的な合理性（損得勘定）だけで需要が決定される商品ではありません。その上，保険給付が，保険事故の発生によって左右されるため，保険契約の当事者間の情報の非対称性問題の解決や信頼関係の構築が重要となる商品です。

　企業形態の選択は，所有権理論によれば，企業のパトロンのうち誰を所有者にするかで決まります。オールド・エクイタブルの場合，生命表に基づいて平準保険料を科学的に計算しましたが，過去の経験がないため，この終身保険によるビジネスを，投資家が引き受けるにはリスクが大きかったのではないでしょうか。すでに学習した概念を用いれば，パラメータが不確実な場合のリスクの保険可能性の制約が生じたわけです。そこで，契約者に所有権を配分し，ビジネスの成果も損失も保険契約者に負担させることが，市場契約コストの面から妥当であったものと考えられます。保険契約者が所有者になることから生じる所有権コストが大きくなければ，設立当初の歴史的条件からいって相互会社形態が最適な企業形態であったものと推察されます。

　生命保険にとって相互会社形態が，常に理想的な企業形態であるとは限りません。それは，オールド・エクイタブルの追随企業の多くが，株式会社形態を採用していたことからも明らかです。どの企業形態が選択されるのかは，市場構造を含むその時代の歴史的条件に依存するのです。しかしながら，上記に指摘した保険商品の2つの特徴が，とりわけ市場契約コストに大きな影響を与え，その結果，企業形態の選択の多様化につながっているものといえます。

5. 経済資本

保険は現在のキャッシュと将来のキャッシュを交換する商品ですから、将来に支払われるキャッシュに対して十分な積立金を準備しておく必要があります。保険会社のバランスシートの大半をしめる責任準備金は、将来の保険金支払いのために法律で定められた積立金です。責任準備金は、図25-1の保険会社のバランスシート（貸借対照表）では、負債の側に位置します。保険会社の資産の特徴は、事業会社と違って、金融資産が多いのが特徴です。また資産から負債を引いたのが純資産であり、企業価値に相当する部分です。

図25-1　保険会社のバランスシート

資産 （金融資産）	負債 （責任準備金）
	純資産

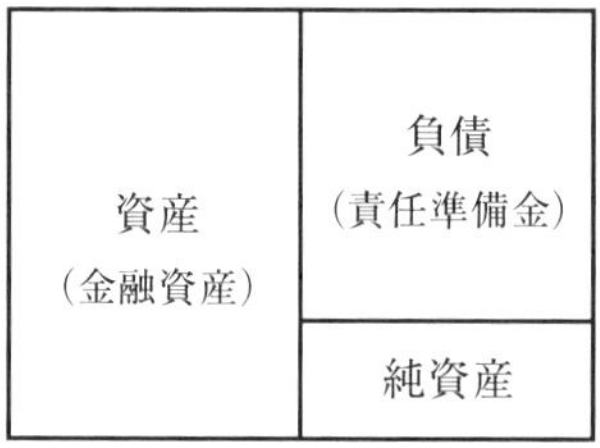

保険会社の資産のほとんどは金融資産であり、転売可能なものであるため、市場価値で評価することは難しくありません。保険負債は、転売することが不可能ではありませんが、資産サイドの金融資産とは異なりマーケットがないため転売価格（市場価格）で評価することは出来ません。また保険負債の大部分を占める責任準備金は、予定利率などのパラメータを固定して計算していますので、将来の保険給付の変動に対応したものとはいえません。しかし、保険負債は、将来の保険給付の割引現在価値なので、数理ファイナンス的な価値評価手法が洗練されれば、市場と整合的な保険負債の価値評価を行うことは可能です。このような手法を用いた評価方法を、保険監督規制の世界では、経済価値ベースの評価といい、国際会計基準の世界では、公正価値評価と呼んでいます。言葉は異なりますが、これらはいずれも数理ファイナンスの手法を活用して、市場価値と矛盾のない価値評価を行うことを意味しています。資産から負債を

引いた差額のことを，簿価では純資産といいますが，経済価値ベースの評価の場合の資産と負債の差額は，純資産とは異なります。経済価値ベースの評価の場合は，経済資本（economic capital）と呼んでいます。

6. インソルベンシーへの対応

資産を時価評価で，負債を経済価値ベースで評価した時，資産額が負債額を上回っている限りにおいて，保険負債に対して十分な資産の裏づけがあることになります。この状態を支払い可能な状態であるといいます。これに対して，負債額が資産額を上回ると，その時点において，将来の保険金支払いの裏づけになる資産を保有していないことになります。つまり，支払い不能の状況であるといいます。このことを，保険会社がインソルベンシーの状態にあるといいます。図25-2で示せば，保険負債が短い矢印の場合は経済資本がバッファとなって，インソルベンシーを防いでいますが，保険負債が経済資本を超えて増加したのに対して，資産が増加しなかった場合にはインソルベンシーとなります。

図25-2　保険負債の増加によるインソルベンシー

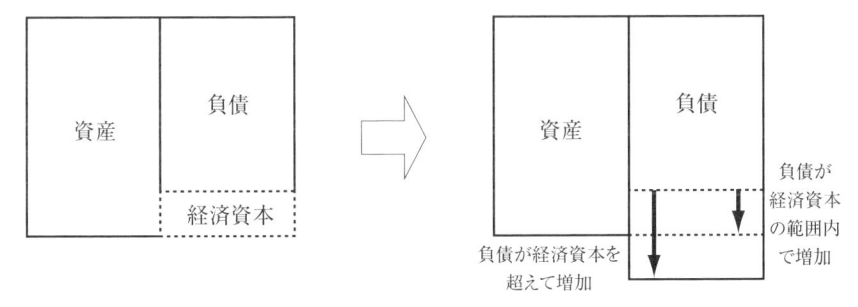

このような状態に陥らないためには，2通りの方法があります。第1に，資本を増加すること。第2に，負債が増加したら，資産もそれだけ増加するようにしておくことです。前者は，資本調達するだけですから簡単ですが，資本調達コストがかかります。後者は，ALM（資産負債管理）と呼ばれる手法です。ALMについては，第27章で詳しく学びますが，保険負債の特徴に合わせて，

資産のポートフォリオを変化させることによって，負債の変動を和らげるような資産の変動を達成するものです。その結果，インソルベンシーの確率（破綻確率）は低下します。負債側の短い矢印で示されているように，負債の増加が資本を吸収しても，負債の増加に対応して資産が増加するようにしておけば，資本以上のバッファをもつことが，図25-3に示されています。

図25-3　資本およびALMによるインソルベンシーに対するバッファ

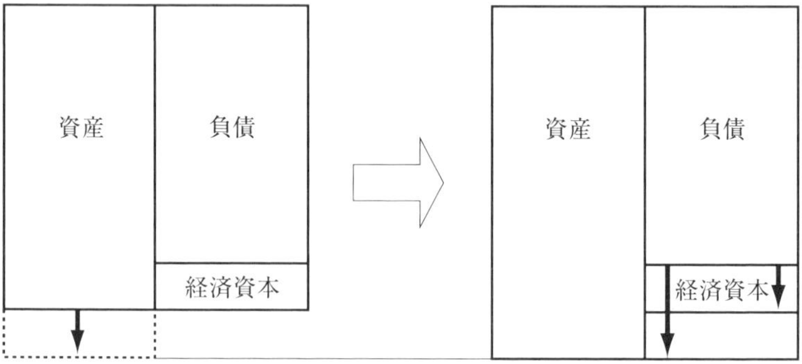

7. まとめ

本章では，保険業における企業形態と経済資本について学習しました。保険業は，歴史的にみても，多様な企業形態によって営まれてきました。さらに現代においても，保険は多様な企業形態によって営まれています。本章では，その理由を，保険商品の特徴に依拠するものであると考えています。企業形態に関する学説には様々ありますが，本書で採用した考え方は，所有権理論という枠組みです。この枠組みを簡単に示しました。その後，わが国で保険営業を行っている保険会社，保険団体について紹介しました。公営保険を除いても，保険業においていかに多様な事業体が存在しているのかを理解していただいたものと思います。

本章の後半は，保険経営をバランスシートで考えるための基礎を示しました。簿価ベースで考える純資産は，経済価値ベースで考えると経済資本に相当しま

す。保険資産は，事業会社と比べて，金融資産が多く，かつほとんどが転売可能な資産であるため，市場価値で評価することが簡単ですが，保険負債を市場価値で評価することは，転売市場がないので不可能です。しかしながら，保険負債についても経済価値ベースの評価ができるので，資産も負債も「時価評価」に近い状態で考えることができるようになっています。簿価評価は財政状態のスナップショットですから，実際の企業価値の変動と時間的なズレがありますが，経済価値ベースによる資産と負債の評価では，よりダイナミックに企業価値の変化をとらえることができます。経済資本は，株主の企業価値に相当するものであると考えられますが，この価値がマイナスになった時がインソルベンシーとなることが明らかにされました。またそのような状態を避けるために，資本およびALMが重要であることも学びました。

練習問題

1. 生命保険協会のHPから加盟会社のリストを調べ，現存する保険相互会社の数を調べなさい。
2. 【発展】金融庁のHPから，少額短期保険業者のリストを調べ，全70社中，株式会社および相互会社以外の企業形態がどれだけあるのか明らかにしなさい。
3. 保険会社に多様な企業形態が存在する理由について述べなさい。
4. 会計上の純資産と経済資本の概念の違いを要約的に述べなさい。
5. 保険会社がインソルベンシーを回避する手段を2つあげて，説明しなさい。

第26章 保険の自由化と契約者保護
セーフティーネットとソルベンシー規制

1. 保険の自由化と保険契約者保護

　1996年の改正保険業法の施行から保険制度改革を経て，保険の自由化が進展しています。かつては，少々高い画一的な保険料であっても，安定した保険サービスが達成されるためには必要であるとされましたが，現在においては，生命保険も損害保険も，個社による価格の設定は柔軟になっています。価格規制の他，生損の兼営規制などの経営面でも規制緩和がみられました。子会社形式による生損兼営が認められ，第三分野（傷害・疾病保険）についてもそれぞれ本体で自由に販売できるようになりました。

　自由化の一方で心配されたのは，過当競争により破綻企業が生まれ，それによって一部の保険契約者に不利益が生じることでした。改正保険業法は，自由化によって予想されるネガティブな帰結に対応して，2つの方策を準備していました。1つは保険契約者のためのセーフティーネットであり，もう1つは財務健全性規制です。本章では，契約者保護を主旨とするこの2つの対応策について学習します。

2. セーフティーネットの必要性

　銀行でも契約者保護のためのセーフティーネットがあります。個人預金者は，銀行が破綻しても1,000万円までの預金は保証されています。このような保証が行われている理由は，預金者が預金する銀行の財務状態をモニタリングして，破綻確率を正確に知ることが難しいため，一定の預金額を保証して預金者を保

護しようというものです。保険においても，同様の主旨からセーフティーネットが用意されています。

現行制度では，1998年（平成10年）12月に保険業法に基づいて設立された生命保険契約者保護機構および損害保険契約者保護機構が，それぞれ生保契約者と損保契約者に対するセーフティーネットを提供しています。保証の内容が異なりますので，以下別々に説明します。

3. 生命保険契約者保護機構

生命保険契約者保護機構（Life Insurance Policyholders Protection Corporation of Japan）は，国内で事業を行うすべての生命保険会社が会員として加入しています。したがって，前述した生命保険協会の加盟会社と異同がありません。生命保険契約者保護機構の仕事は，加盟する生命保険会社が破綻した場合に，破綻保険会社の保険契約の移転等における資金援助，補償対象保険金の支払いに係る資金援助等を行うことです。その資金は，加盟会社があらかじめ資金を拠出して積み立てており，万が一拠出金が不足した場合には，国会の審議を経て国から保護機構に対して補助金を交付することが可能とされています。資金援助の他，破綻会社の更生手続きにおいて，更生管財人が作成した更生計画案の決議を行う関係人集会等で議決権行使を行ったり，更生手続きにおける保険契約者の一切の手続きを代理したりします。なお議決権行使については，更生手続きの円滑化のためになされるものであり，保険契約者の議決権行使を妨げるものではないとされています。

契約者保護の内容を一言でいえば，契約の継続を保証しながら，責任準備金の90%を維持するように契約者保護機構が補償をするということです。生命保険は，損害保険とは異なり，十分な解約返戻金をもらったとしても，医的診査により同じ条件で他社と新契約を出来ないケースが多くみられます。そのため，破綻会社の生命保険契約を出来るだけ同じ条件で継続させることが大切です。図26-1で生命保険契約者保護機構の役割を簡単に説明しましょう。左の図は破綻会社のバランスシートです。資産価値が毀損している分だけ契約者の負債を

削減する必要があります。負債は将来支払う保険給付の割引現在価値ですから，負債を削減するということは，将来の保険金給付を削減するということを意味します。そこで図26-1のように機構の補償を利用することによって責任準備金の削減率を90％におさえ，その結果，破綻会社の保険契約者の保護がはかられることになります。

なお条件によって保証の内容は複雑に変わりますので，詳しくは，生命保険契約者保護機構のHP（http://www.seihohogo.jp/）を参照してください。

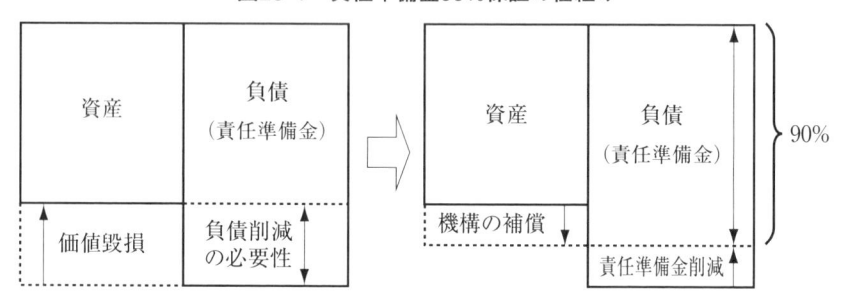

図26-1　責任準備金90％保証の仕組み

4. 損害保険契約者保護機構

損害保険契約者保護機構（Non-life Insurance Policy-holders Protection Corporation of Japan）は，経営破綻した損害保険会社の保険契約者等を保護することを目的として設立された機関です。ただし原則として企業保険を除く個人保険に対する保護という位置づけがされています。具体的には，保険契約者が個人，小規模法人，マンション管理組合である場合に，原則として損害保険契約者保護機構の補償の対象になります。なお小規模法人とは，常時使用する従業員または常時勤務する職員の数が20人以下の法人のことをいいます。

補償内容は，保険種目によって異なります。自賠責保険と家計地震保険については，保険金支払いおよび解約返戻金・満期返戻金等について100％の補償が行われます。自動車保険や火災保険などは，破綻後3カ月間に保険事故が生じた場合に100％の保険金が支払われます。また解約返戻金・満期返戻金等は

80%の補償が行われます。3カ月を経過した後の保険事故については，80%の保険金給付になりますが，3カ月の間に健全な保険会社と契約すれば，引き続き100%の保険給付が約束されます。これに対して，疾病・傷害に関する保険では，原則として，保険金給付の90%，解約返戻金・満期返戻金等の90%の補償割合が保証されています。ただし補償の詳細については，契約条件等の相違によって異なる場合がありますので，詳細については，損害保険契約者保護機構のHP（http://www.sonpohogo.or.jp/）を参照してください。

損害保険契約者保護機構の会員は，国内および外国元受会社40社です（2011年6月1日現在）。なお同機構には，協同組合共済および少額短期保険業者は加盟していません。

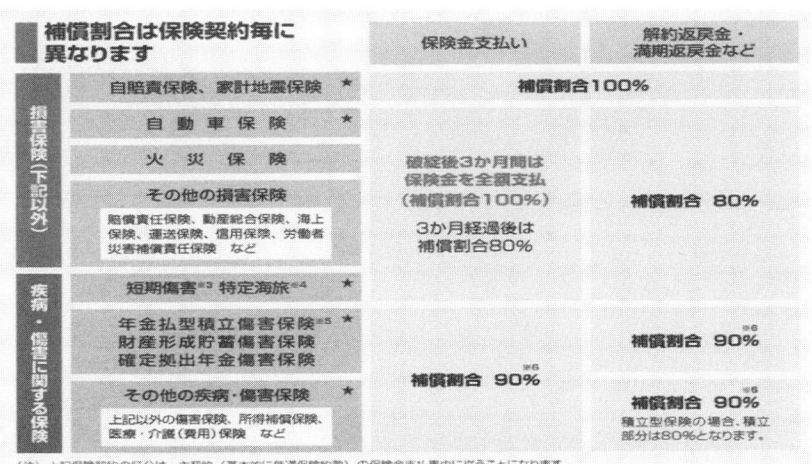

（出典）「損害保険契約者保護機構について」（保護機構のHPより）

5. ソルベンシー規制

　1995年の改正保険業法で，各社のソルベンシー・マージン比率を指標として，財務内容が脆弱な企業に規制当局が介入するというソルベンシー規制が導入されました。ソルベンシー・マージン比率とは，保険会社の抱えるリスク量に対する余力（マージン）量の比率であり，以下の算式によって計算されています。

$$\text{ソルベンシー・マージン比率} = \frac{\text{ソルベンシー・マージン総額（自己資本相当額）}}{\text{リスクの合計}^* \times 50\%} \times 100\%$$

（*通常の予測を超える危険の総額と同義）

　保険会社は，通常の予想できるリスクに対しては，保険料に含まれるマージン等で対応することができますが，予想し得ない大きな損害に対しては，それ以上の余力が必要です。以上の算式では，分母に50%を乗じていますので，200%だとマージン額とリスク量が等しいということになります。リスクを構成する要素とマージンに算入される要素は，次ページの図26-2に示されているとおりです（詳細については，比率の見直しによって異なっています）。

　監督当局は，200%というソルベンシー・マージン比率を基準として財務状況の改善のための介入を行います。さらに比率を落とした場合には，表26-1のようにさらに厳しい措置をを講じることになっています。

　このように，ソルベンシー・マージン比率は，そもそも経営の健全性を総合的に評価するものではなく，財務が脆弱な保険会社に対して監督官庁が介入する1つの指標として意味がある数値なのです。よって，計算式さえ示しておけば外部から計算できるものですから，アメリカでは個社が公表を義務付けられていません。しかし，わが国では，導入後しばらくして，個社によるソルベンシー・マージン比率の開示が義務付けられることになりました。このことは，日本においてソルベンシー・マージン比率への注目度を高めるともに，この指標の信頼性に強い関心が寄せられる原因となったようです。とくに，過去の事例において，200%を超える比率の保険会社が破綻したケースがあり，ソルベンシー・マージン比率の信頼性に疑問が投げかけられました。

第26章　保険の自由化と契約者保護　215

図26-2　リスク相当額の概要

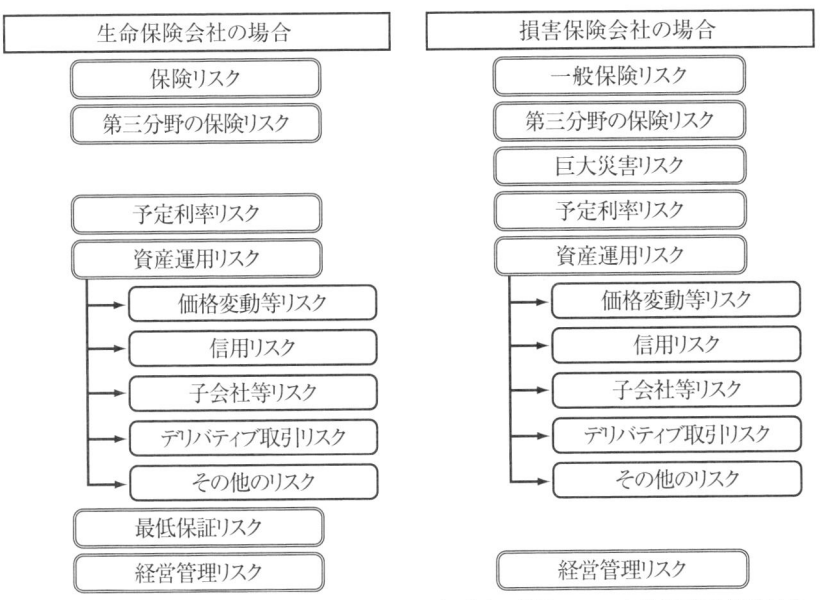

生命保険会社の場合
- 保険リスク
- 第三分野の保険リスク
- 予定利率リスク
- 資産運用リスク
  → 価格変動等リスク
  → 信用リスク
  → 子会社等リスク
  → デリバティブ取引リスク
  → その他のリスク
- 最低保証リスク
- 経営管理リスク

損害保険会社の場合
- 一般保険リスク
- 第三分野の保険リスク
- 巨大災害リスク
- 予定利率リスク
- 資産運用リスク
  → 価格変動等リスク
  → 信用リスク
  → 子会社等リスク
  → デリバティブ取引リスク
  → その他のリスク
- 経営管理リスク

（出典）金融庁監督局保険課「ソルベンシー・マージン比率の概要について」平成18年11月20日より。

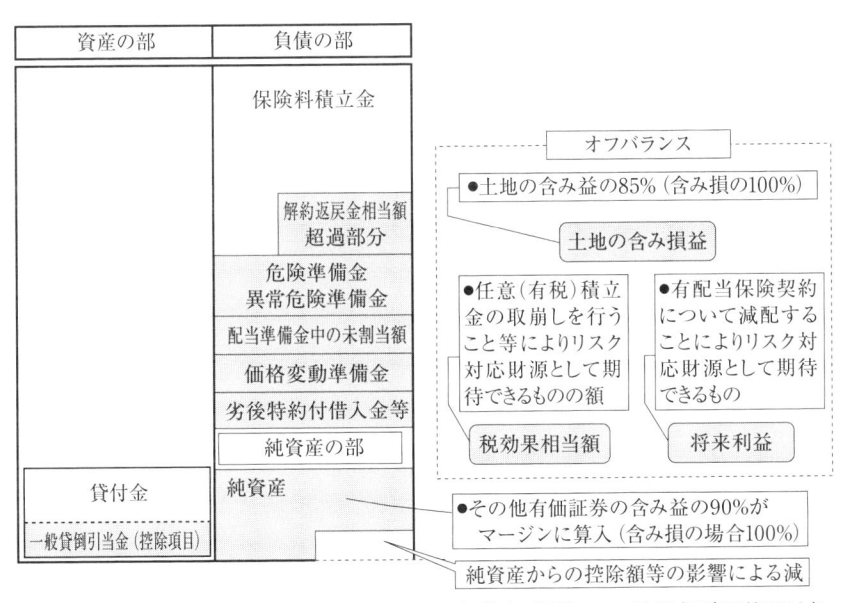

資産の部	負債の部
	保険料積立金
	解約返戻金相当額超過部分
	危険準備金 異常危険準備金
	配当準備金中の未割当額
	価格変動準備金
	劣後特約付借入金等
	純資産の部
貸付金	純資産
一般貸倒引当金（控除項目）	

オフバランス
- 土地の含み益の85%（含み損の100%）
  → 土地の含み損益
- 任意（有税）積立金の取崩しを行うこと等によりリスク対応財源として期待できるものの額 → 税効果相当額
- 有配当保険契約について減配することによりリスク対応財源として期待できるもの → 将来利益
- その他有価証券の含み益の90%がマージンに算入（含み損の場合100%）
- 純資産からの控除額等の影響による減

（出典）金融庁監督局保険課「ソルベンシー・マージン比率の概要について」平成18年11月20日より。

表26-1

区分	ソルベンシー・マージン比率	措置
非対象区分	200％以上	なし
第1区分	100％以上200％未満	経営の健全性を確保するために合理的と認められる改善計画の提出，その実行命令
第2区分	0％以上100％未満	(1) 保険金等の支払い能力の充実に関わる合理的と認められる計画の提出およびその実行 (2) 配当または役員賞与の禁止またはその額の抑制 (3) 契約者配当または社員に対する剰余金の分配の禁止またはその額の抑制 (4) 新規に締結しようとする保険契約に関わる保険料の計算の方法の変更 (5) 事業費の抑制 (6) 一部の方法による資産の運用の禁止またはその額の抑制等
第3区分	0％未満	期限を付した業務の全部または一部の停止命令

(出典) 下和田功編『はじめて学ぶリスクと保険［第3版］』有斐閣，2010年より。

　これを受けて，金融庁「ソルベンシー・マージン比率の算出基準等に関する検討チーム」が検討を行い，その最終報告書（2007年4月3日）において，短期的な取り組みとして，200％の信頼性を高めるためにリスク係数の見直しなどが指摘されました。その結果，2008年（平成20年）に，リスク計測の信頼水準を現行の90％から95％に引き上げること等を内容とするソルベンシー・マージン比率の見直しの骨子（案）が公表されました。その後，2008年10月の大正生命の破綻等を踏まえて，2009年8月に若干の変更を加えた改定骨子案を発表しました。同時に，2011年3月期末より新基準による比率の公開が行われることになりました。

6. 中期的な取り組みとしての経済価値ベースの評価

　「ソルベンシー・マージン比率の算出基準等に関する検討チーム」の最終報告書では，中期的な取り組みとして，わが国のソルベンシー規制が，経済価値ベースでのソルベンシー評価を目指すべきであると提言しています。

　現行のソルベンシー・マージン比率は，リスク量とマージン量を公式に投入して算出するものなので，簡単に計算できるというメリットがあります。その

ため，保険業法のみならず，農業協同組合法，生活協同組合法などの協同組合共済の根拠法においてもソルベンシー・マージン比率が導入されており，広く財務健全性を示す指標として普及しています。

しかしながら，現行の方式には，いくつかの欠陥があります。第1に，リスクファクターとマージンのうちのいくつかの要素が操作可能であるため，ソルベンシー・マージン比率を改善することが，企業や団体の価値を毀損する危険性があること。第2に，企業や団体の負債の特徴を反映していない画一的な指標であること。第3に，企業間の比較可能な指標とはいえないこと。第4に，わが国のように公開を前提とした場合，数値が大きければ大きいほど優れていると消費者に錯覚を与えやすいこと。そして第5に，ソルベンシー・マージン比率が200％であることの信頼性に問題が残されていること，などです。

上記報告書は，このような欠陥をもつ現行のソルベンシー規制を，ヨーロッパのソルベンシーⅡの方向性にみられるような，経済価値ベースのソルベンシー規制の方向に転換することを提言しています。ソルベンシーⅡの内容は，簡単にいえば，保険会社の資産と負債を経済価値ベースで評価し，負債が資産を上回る確率を一定の信頼水準とするための必要資本量を計算し，保険会社がつねにその必要資本量を満たすように規制を行うものです。その際に，保険負債の評価が重要となりますが，これについては，最良の推計方法を採用する他，個社がそれぞれの負債の特徴に応じた合理的なモデルを利用することも許容するものとされています。

この方向性は，現行の方式に内在する上述の5つの欠陥を補うものとして優れています。また国際的に事業を展開しようとする保険会社の場合，このような先進的なモデルを利用したり，開発したりすることは，国際競争力を高める上で大変重要なことであるため，中期的な方向性としては重要であると考えられます。

しかし，この方向性に問題が無いわけではありません。まずソルベンシーⅡに対して，技術的な問題点は数多く指摘されています。しかしながら，あくまで技術的な問題ですから，解決不能というわけではありません。より重要な問題は，現時点での複雑性とコスト性でしょう。保険負債の経済価値評価するた

めには複雑なモデルが必要であり，これをコンサルティング会社に発注した場合には，かなり高額な対価を要求されるかもしれません。したがって，海外展開を考えない協同組合共済や中小保険会社の財務健全性は，コスト便益の観点から，必ずしも経済価値ベースの方向性が最適とはいえず，むしろしばらくの間は簡便な現行方式を活用することが得策かもしれません。

7. まとめ

　戦後の保険システムでは，保険料率の画一化とひきかえに，安定した保険サービスの提供が約束されていました。しかしながら，新しい保険システムの理念は，競争による効率性の促進と，その成果を消費者に直接享受させるものとしての価格の自由化を導入するというものでした。改正保険業法は，自由化によって生じる保険会社の破綻による保険契約者の被害に対応する手段として，セーフティーネット（保険契約者保護機構）とソルベンシー規制（財務健全性規制）を準備していました。保険のセーフティーネットである，生命保険契約者保護機構と損害保険契約者保護機構について，補償内容を中心として学習しました。

　ソルベンシー規制については，現行のソルベンシー・マージン比率規制の概要と問題点について明らかにされ，金融庁「ソルベンシー・マージン比率の算出基準等に関する検討チーム」の最終報告書で提起された，中期的な方向性についても学びました。中期的な方向性として指摘された経済価値ベースでのソルベンシー評価とは，ヨーロッパで導入が予定されているソルベンシーⅡと共通するものですが，この方向性は現行の方式の欠点を補う他，海外に積極的に展開しようとする保険会社にとっては，リスク管理手法の開発という点で国際競争力を高めるために重要であることが強調されました。しかしながら，わが国に実際にそれらが導入される際には，複雑性とコスト性という問題を十分に考慮する必要があることもあわせて指摘しました。

練習問題

1. 破綻保険会社の契約者の損失を，契約者保護機構を作ってまでなぜ保護しなければならないのか。情報の経済学の観点から答えなさい。
2. 生命保険と損害保険のセーフティーネットの補償の考え方の相違について解説しなさい。
3. 2007年3月期における生命保険会社と損害保険会社のリスク量が，金融庁HPに掲載されている資料に示されている（http://www.fsa.go.jp/news/19/hoken/20080207-2.html）。生保および損保の主要なリスクに注目し，それぞれの特徴を説明しなさい。
4. ソルベンシーⅡによる規制の実施は，簿記会計ではなぜ可能ではないのか。簡単に答えなさい。
5. 【発展】「ソルベンシー・マージン比率の算出基準等に関する検討チーム」の最終報告書を金融庁のHPから取得し，読んだ上で，日本の財務健全性規制の方向性について論じなさい。

第27章 保険会社のリスクマネジメント

1. 現行の財務会計の問題点

　保険会社の現行の財務会計における貸借対照表では，資産が時価評価であるのに対して，負債は金利等の変動に左右されず一定額が計上される方式となっています。その理由は，保険負債の大部分を占める責任準備金は，将来の保険金支払いのために保守的に積み立てるという考え方で行われてきたためです。この考え方は，保険給付を確実にするという保険会社の使命を誠実に果たすという点で，強い支持を得ていたものです。

　しかしながら，資産が時価評価で負債が固定（簿価）であることから，深刻な問題が生じます。たとえば，現在のわが国の生命保険会社の場合，適度に金利が上昇することは，逆ザヤの解消につながることから望ましいのですが，金利上昇により債券価格が下落して資産が減少するのに，負債が固定化されているため，資産から負債を差し引いた純資産が見かけ上減少してしまうことになります。この問題は，保険負債も経済価値ベースで評価することができれば，金利上昇により保険負債も減少しますから，見かけの総資産の減少はなくなります。すでに学習したように，経済価値ベースでの資産・負債評価の場合は，「純資産」ではなく「経済資本」と呼びました。経済資本の把握は，現行の財務会計における純資産よりも，企業価値をより正確に反映するのです。

2. 保険会社のALM

　資産と負債の両方をいわゆる時価評価することは，保険会社の財務状況をよ

り正確に把握する上で重要なことです。また資産と負債の変動の幅とその方向性について理解し，両者をマネジメントすることによって，安定的な経済資本を生むように工夫する必要があります。これをALM（Asset Liability Management）と呼んでいます。

保険会社のALMについて，国際会計基準の導入を前提として具体的に考えてみましょう。保険会社の資産のほとんどは金融資産なので金利の変動にともなって資産が変動します。また保険負債は，将来の保険給付の割引現在価値なので，金利が変動することによって負債も変動します。さらに，一般的にいえば，資産も負債も残存期間が長ければ長いほど金利に対する割引現在価値の感応度は大きくなります。たとえば，金利が上昇した際には，残存期間が長ければ長いほど割引現在価値の減少への影響が大きくなるのです。よって理想的なALMは，資産と負債の残存期間（デュレーションともいいます）が一致することです。

生命保険契約の保険期間は長く，終身保険は別としても，30年を超える契約が少なくありません。これに対して，債券市場で超長期債のマーケットが十分に発達しているとはいえません。よって，一般的にいえば，生命保険会社の資産と負債は，負債の残存期間が資産のそれを上回っているものと考えられます。そうであるとすると，以下の図に示されているように，金利が上昇した場合に

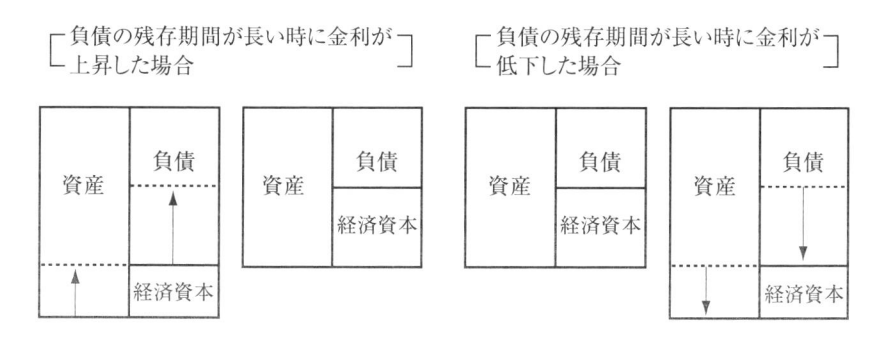

［負債の残存期間が長い時に金利が上昇した場合］

資産	負債
	↑
	経済資本

資産	負債
	経済資本

資産の減少よりも負債の減少が大きいため，経済資本が増加する。

［負債の残存期間が長い時に金利が低下した場合］

資産	負債
	経済資本

資産	負債
↓	
	経済資本

資産の増加よりも負債の増加が大きいため，経済資本が減少する。

は，経済資本が大きくなり，金利が下落した場合は経済資本が小さくなります。

このような経済資本の変動は，金利が一方的に上昇するならば望ましいかもしれませんが，金利は変動します。金利の変動による経済資本の変動が小さければ小さいほど企業価値を高めることになります。その理由は，経済資本の期待値が同じならば，リスクが小さい方が大きな価値であること，および経済資本の変動が小さければ破綻確率が小さくなり，必要資本量が少なくなるので資本コストが低下することです。

経済資本の変動は，資産と負債の残存期間が一致していれば，無視できるものです。そこで，わが国の生命保険企業の場合においては，資産側のポートフォリオを出来る限り長期化することによって，経済資本の変動を小さくすることが試されています。保険会社のALMは，保険負債の長期性に対して資産ポートフォリオの残存期間をマッチングすることによって，経済資本の変動性を小さくし，企業価値の増大に貢献する役割を担うことになります。

3. 事業会社と保険会社のリスクマネジメントの相違

保険会社はALM以外にもリスクに対応するための資本コストを節約する手段をもっています。またリスクマネジメントに関して事業会社とは異なる特徴をもっているので，相違についてもあわせて学習することにします。以下の図を参照に考えてみましょう。

保険会社は，大数の法則によってリスク分散（σの軽減）をすることが出来ます。その結果，分散できなかったリスクについては，再保険という手段と増資という手段で手当てすることができます。再保険は，保険契約によってリスクを再移転することですが，保険契約同様にリスク移転のコストとして付加保険料を支払う必要があります。増資は再保険の代替的な手段ですが，資金調達コストがかかります。保険会社の資産は，ほとんどが金融資産ですから，慎重かつ合理的な投資により，リスク分散することが可能です。

これに対して，事業会社は，負債で資金調達をして資産に投資することになりますから，負債側のリスクよりも，資産側のリスクが重要となります。事業

会社は，負債で調達した金利以上の利益を生み出す必要がありますから，企業に固有な投資を行います。そのため，工場設備や賠償責任のような純粋リスクがRMにおいて重要な位置を占めています。それに対して，負債側のリスクは，金利のリスクあるいは信用リスクが重要となりますが，保険会社の負債側のリスクと比べればそれほど大きなものではありません。

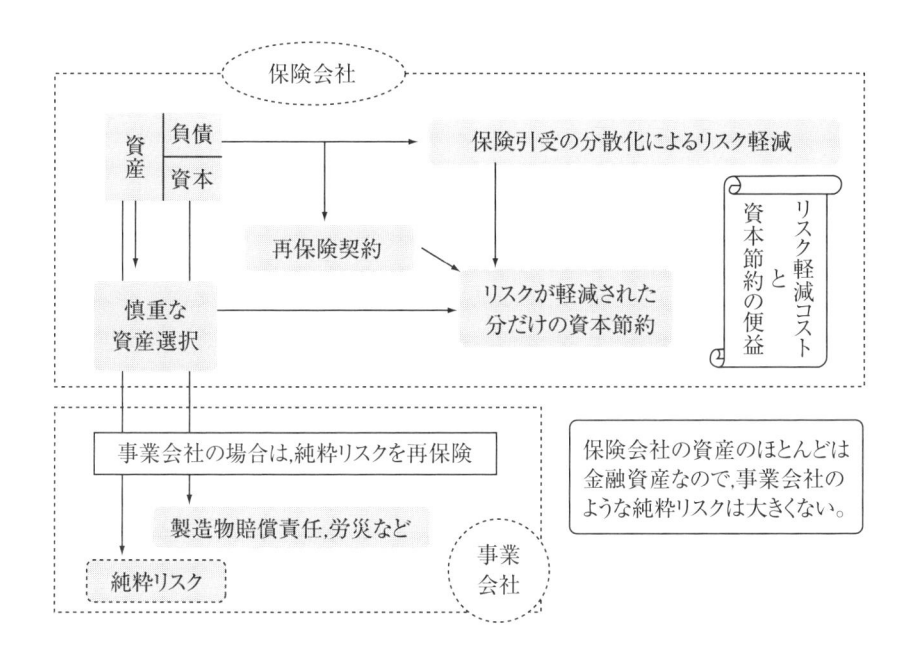

```
┌─────────────── 保険会社 ─────────────────┐
│                                          │
│  ┌──┬負債┐──→ 保険引受の分散化によるリスク軽減
│  │資│  │                                 ┐
│  │産│資本│                          ┌─ リスク軽減コスト
│  │  │  │    ↓                        │    と
│  └──┴──┘   再保険契約              │  資本節約の便益
│   │ │          ↓                     │
│   │ └──→ リスクが軽減された ────┘
│   ↓         分だけの資本節約
│  慎重な ──────→
│  資産選択
└──┼───────────────────────────────────┘
   ↓
┌──┼──────────────────────────────────┐
│  事業会社の場合は，純粋リスクを再保険  │  保険会社の資産のほとんどは
│   ↓                                    │  金融資産なので，事業会社の
│  製造物賠償責任，労災など              │  ような純粋リスクは大きくない。
│   ↓                                    │
│  純粋リスク          事業会社          │
└────────────────────────────────────┘
```

4. 保険会社のリスクマネジメント

　保険会社が提供したきたリスクマネジメント・サービスは，ロス・コントロールが中心です。保険会社の主な機能は，企業や個人からリスクを引き受け，対価として受け取った保険料（期待保険金コスト）を大数の法則を通じて，リスクを軽減することです。大数の法則によりσを軽減することを，リスクの分散ともいいますが，リスク分散だけがリスク軽減の方法ではないことは，すでに学んだ通りです。つまり期待値μそのものの軽減という方法も可能なのです。後者の方法が，ロス・コントロールであることもすでに学習しています。

保険会社は，企業や個人のリスク，とりわけ純粋リスクを取り扱ってきた豊富な経験があります。とりわけ純粋リスクの損失の期待値は，産業や社会集団の特性に大いに依存するものです。したがって，保険会社は，純粋リスクの特性を知る上で，個々の企業や個人と比べて，優位な状況にあります。保険会社は，企業や個人が期待損失コストを下げる活動が，将来の保険金支払額の低下に関係するため，期待損失コストを軽減させるためのノウハウを蓄積しています。これらのノウハウは，産業や社会集団などに特定なものですから，保険会社は，顧客ごとに，その特性に応じたロス・コントロール・サービスを，リスクマネジメント・サービスの提供という呼称で提供してきました。

保険会社は，いわゆるリスクマネジメント・サービスを本体および関連会社によって顧客に提供していますが，ロス・コントロール投資が経済合理的なものである限りにおいて，顧客はそれを活用することになるでしょう。投資の意思決定には，ロス・コントロールによる便益の評価が重要となります。便益の評価は簡単ではありませんが，現代の企業においては，直接損失だけでなく，間接損失の軽減による期待コストの軽減を考慮することが大切です。また期待損失コストが低下する便益を，顧客と保険会社がどの程度分かち合うのか，言い換えれば，保険料がどの程度低下するのかということも顧客企業にとっての関心事でしょう。

5. リスクマネジメントの新潮流(1)：統合リスクマネジメント

企業価値が，簿価的な概念から，時価的な概念に変化すると同時に，グローバル経済の進展によって価格リスクや信用リスクが企業に大きな影響をもたらすようになりました。そこで，現代企業においては，純粋リスクだけがリスクコストを軽減するもっとも重要な要素とはいえなくなっています。純粋リスクは事業会社のファンダメンタルな部分で依然として重要であることは否定しませんが，近年は，広義の価格リスクに含まれる為替リスクや金利リスクの影響が，企業価値の維持・増大にとって重要な要素となっています。また企業間取引のネットワークが広範で複雑になってくると信用リスクもこれまで以上に重

要です。

　企業金融に焦点を絞れば，損失の期待値 μ ではなく，期待値まわりの変動性 σ が重要となります。資産，負債の変動性 σ を上手にコントロールできれば，その差額である企業価値（経済資本）が増大します。そして資産および負債の変動性は，純粋リスク，価格リスクおよび信用リスクが反映したものであるといえます。したがって，純粋リスクだけに焦点を絞ってリスクマネジメントすることでは，企業価値の向上につながるとはかぎりません。すべてのリスクを統合的にマネジメントすることにより，企業価値を増大することが可能となるのです。すでに学習した保険ALMは，資産と負債の特徴に応じて残存期間を調整することにより，企業価値（経済資本）の変動性 σ を小さくする手法でしたが，統合マネジメントは，資産および負債の抱えているあらゆるリスクを洗い出して，統一的にマネジメントしようとするものなのです。これを統合リスクマネジメント（Integrated Risk Management）と呼んでいますが，これはコーポレート・ファイナンスとリスクマネジメントの共有空間にあるものですから，従来のリスクマネジメントでは考慮することの無かった資本負債構成がリスクマネジメント戦略に与える影響等も視野に入ってきます。

6. リスクマネジメントの新潮流(2)：全社的リスクマネジメント

　全社的リスクマネジメント（Enterprise Risk Management）は，統合リスクマネジメントとほとんど同じ内容を意味することがあります。とりわけ，あらゆるリスクを包括的にマネジメントし，企業価値を創造することを目的するという点では共通しています。したがって，主張する人によっては，両者はほとんど区別されない場合があります。しかしながら，全社的リスクマネジメントには，統合リスクマネジメントとは異なる特徴があることも事実です。

　統合リスクマネジメントは，コーポレート・ファイナンスを前提とした財務的なリスクマネジメントの枠組みを提示するものでした。これに対して，全社的リスクマネジメントは，実務的な経験と解決策を重視し，危機管理や危機対策を含めた，総合的なリスクマネジメントの知識を共有化するという志向性を

もっています。統合リスクマネジメントの特徴は，様々な価値評価の手法や価格リスク・信用リスクのヘッジ手法を開発する金融工学が重要な役割を果たしています。また株主と債権者とのあいだの利益相反なども考慮しながら，戦略としてのリスクマネジメントを考えていることも特徴です。つまり戦略論や意思決定論に深くかかわってくる手法です。これに対して，全社的リスクマネジメントは，リスクマネジメントに取り組むための組織づくりという実務的な視点が重要視されています。また個社の企業価値の増大に直接的に結びつくことばかりでなく，社会の安全や人々の主観的な安心にも関連する幅広い判断基準も重要とされます。その意味で，全社的リスクマネジメントは，リスクマネジメントのうち「マネジメント」という側面が強調され，また企業と社会の関係の重要性を考慮するという特徴をもっています。ここでは詳しく解説しませんが，COSOの提示するERMフレームワークは，内部統制を含めた包括的なERMとして知られています。

　すでに述べたように純粋リスクしかも直接損失だけをマネジメントすればそれでよいという時代は過ぎ去っています。したがって，総合的に企業をとりまくリスクをマネジメントすることの重要性は，これからますます増大していくものと考えられます。統合リスクマネジメントも全社的リスクマネジメントも，価値を創造するために，総合的にリスクに対応していくという点で共通しています。そこで，事業会社と金融会社，あるいは産業特性によって，これらのうちのどちらの手法を強調するのかが異なってくるものと考えられます。たとえば，保険会社にとっては，資産および負債の特性から，統合リスクマネジメントの枠組みが重要であり，内部リスクマネジメントの質的向上が企業の競争力の1つの根源となります。これに対して東京ディズニーランドを経営するオリエンタルランドは，金融会社よりも事業継続リスクが大きいため，全社的リスクマネジメントの考え方を重視するかもしれません。

7. まとめ

　本章は，保険会社のリスクマネジメントについて取り扱っています。最初に

保険会社の現行の財務会計による問題点が経済価値ベースの時価会計になると解消することを指摘しました。経済価値ベースの場合，資産と負債の残存期間が同じならば，資産と負債の変動性σの金利感応度は等しいと考えられますが，保険会社の資産と負債には残存期間の相違がみられますので，金利感応度が異なり，資産から負債を差し引いた経済資本の変動性が，企業価値を毀損する可能性があります。保険のALMは，資産をより長期化して負債の残存期間に合わせることによって，経済資本の変動性σは小さくし，企業価値の維持・増大をはかるものです。

　続いて，事業会社と保険会社のリスクマネジメントの相違について学びました。事業会社の活動は，銀行などから資金を借りて，プロジェクトに投資し，利子を上回る利益を生み出すものであるといえます。これに対して，保険会社は，負債の大部分が将来の保険金給付にあてられる責任準備金であり，資産のほとんどは転売可能な金融資産です。保険会社の最大の使命は，将来の保険給付を確実に行うという約束を履行することです。したがって，顧客から引き受けたリスクを，様々な手段を用いて，軽減したり，移転したりして，内部リスクマネジメントを行うことが大変重要な仕事なのです。保険会社には，再保険，増資，そして資産ポートフォリオの選択や契約ポートフォリオの変更等のリスクマネジメントの手法があります。

　最後に従来の保険会社のリスクマネジメントと新しい潮流である統合リスクマネジメントおよび全社的リスクマネジメントの概要と特徴について学習しました。両者の相違についてあまり気にすることがないかもしれませんが，あえて違いを強調すると統合リスクマネジメントが，戦略論，意思決定論に近いのに対して，全社的リスクマネジメントがマネジメントや組織論に親和的であるといえるかもしれません。本書では，これらについて詳しく触れることができませんが，統合リスクマネジメントについてより深く学ぶためには，N.ドハーティ著，森平爽一郎，米山高生監訳『統合リスクマネジメント』中央経済社，2012年が，数値例を数多く用いてマネジメント戦略を理解できるようになっている点で大変有益です。全社的リスクマネジメントについては，日本価値創造ERM学会（http://www.javcerm.org/）の活動が参考になります。

練習問題

1. 金利が上昇すると，解約リスクを無視するならば，日本の伝統的な保険会社にとっては，逆ザヤ解消効果があるため好ましいものといえる。現行の保険財務会計では，資産のほとんどが時価評価であるのに対して，保険負債は簿価である。この場合金利が上昇すると経済資本（企業価値）は，どのようになるだろうか。以下の図を参照しながら，金利上昇の場合の経済資本の変動がどうなるのかを説明しなさい。

金利が上昇し債券価格が下落した時の保険会社のバランスシート

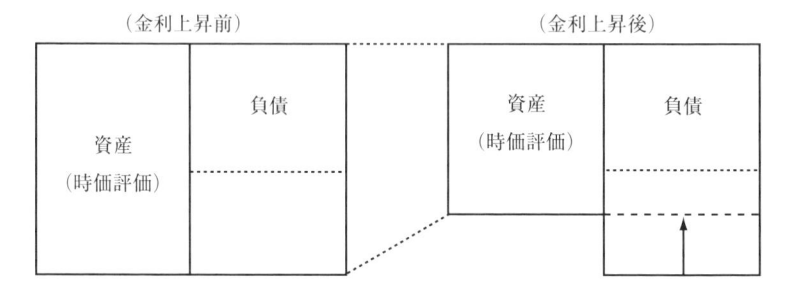

（金利上昇前）　　　　　　　　　（金利上昇後）

|資産
（時価評価）|負債|　|資産
（時価評価）|負債|

2. ALMにおいて資産と負債の残存期間（デュレーション）を一致させることが，なぜ企業価値の増大につながるのかを簡単に説明しなさい。
3. 事業会社の負債と保険会社の負債の特性の相違を簡単に述べなさい。
4. 従来のリスクマネジメント・サービスの中心は，ロス・コントロールであるといわれる。ロス・コントロールへの投資の意思決定は，コスト便益的な観点で行われる。顧客の便益の評価にあたって重要なことを説明しなさい。
5. 保険会社にとって，統合リスクマネジメントの枠組みも全社的リスクマネジメントの考え方も重要である。しかし保険会社の特性からいって，敢えていえば，どちらの考え方が重要であるのかを答え，その理由も述べなさい。

第28章 保険とリスクに関する4つの研究領域

1. 保険とリスクに関する4つの研究領域

　保険とリスクに関する講義は，本章で終了します。これまでの学習の結果，皆さんは保険やリスクマネジメントの専門家になる入口に差し掛かりました。保険実務とは無関係な人でも，本書で学んだ保険とリスクの基礎知識は，様々な分野においても応用可能なものです。中には，もう少し発展的な勉強をしたい人もいることでしょうから，発展的な学習に関する4つの領域を紹介します。

　企業を取り巻くあらゆるリスクに対する包括的なリスクマネジメントのことを，ここではとりあえず「全社的リスク管理」と呼ぶことにします。全社的リ

図28-1　保険とリスクに関する4つの研究領域

＜保険・リスクマネジメント＞

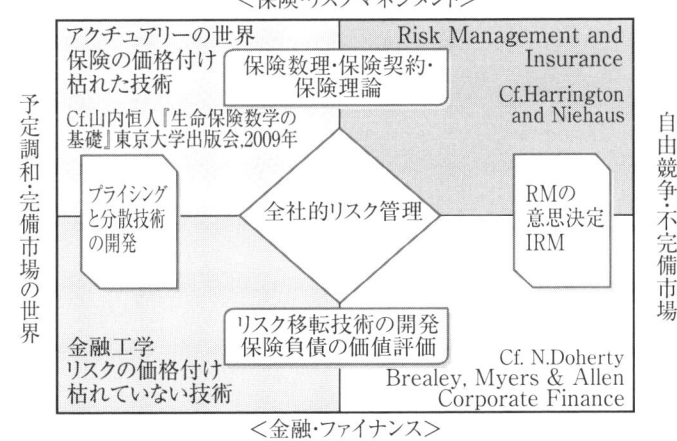

予定調和・完備市場の世界	アクチュアリーの世界 保険の価格付け 枯れた技術 Cf.山内恒人『生命保険数学の基礎』東京大学出版会,2009年	保険数理・保険契約・保険理論	Risk Management and Insurance Cf.Harrington and Niehaus	自由競争・不完備市場
	プライシングと分散技術の開発	全社的リスク管理	RMの意思決定 IRM	
	金融工学 リスクの価格付け 枯れていない技術	リスク移転技術の開発 保険負債の価値評価	Cf. N.Doherty Brealey, Myers & Allen Corporate Finance	

＜金融・ファイナンス＞

（出典）米山高生「基調報告」日本保険・年金リスク学会年次大会（明治大学）2011年11月5日より。

スク管理を達成するためには，図28-1の4つの領域の学問領域が深く関連していることを認識する必要があります。以下，順を追って，4つの領域のそれぞれについて説明していきたいと思います。

2. リスクマネジメントと保険

　リスクマネジメントと保険（Risk Management and Insurance, RMI）は，保険という取引と産業について，経済学をベースに理解する学問領域です。その意味では，保険経済学ともいえますが，保険経済学が経済学の応用分野であるのに対して，RMIは，より実務的な関心が強いものであり，むしろ保険とリスクマネジメントに関する実務的な概念や慣行について，経済学を利用して理解するものです。たとえば，完全な地震保険を実施することがなぜ難しいのかということを，単にリスク分散が難しいという技術的な答えで満足するのではなく，なぜ地震保険がマーケットを通して購入されることが難しいのかというように経済学的な枠組みを用いて明らかにします。この問いの解答については，「第21章リスクの保険可能性の制約」で明らかにしています。

　RMIのもう1つの特徴は，企業経営の中で生じている保険やリスクマネジメントの課題を解決するための手法を理解し，選択の基準を明確にすることにも関心があります。リスクマネジメントの領域では，企業のみならず，社会全体の厚生の増大に配慮し，またリスクをマネジメントする方法とそれを実行する組織の改善にも関心をもっています。

3. コーポレート・ファイナンスから統合リスクマネジメントへ

　コーポレート・ファイナンスは，保険に対して次のような疑問をなげかけました。それは，非公開株式会社が，コストをかけてリスクマネジメントに投資し，企業保険を購入するのは何故かという疑問です。この疑問については，第20章を参照していただきたいのですが，ここでも少しばかり説明をしておきましょう。

保険を含むリスクマネジメントを行うためには，コストが必要です。株式非公開の小規模の株式会社の場合は，会社の価値のリスクと株主の財産のリスクに相関関係があるため，会社がコストをかけてリスクマネジメントをする意味があります。しかしながら，株式を公開する大企業の場合は，株主は自分自身でリスク分散することができます。たとえば，株主は，相関の小さい多くの企業に分散投資することができます。また投資額が少額である場合には，投資信託を購入することでリスクの分散を達成することができます。したがって，株式を公開する大企業の場合は，株主の財産のリスクと企業の価値のリスクは無相関であるといえます。当該企業がリスクマネジメントを行うことでそのコスト分だけ期待収益が低下します。よって株主にとっては，リスクマネジメントの費用の支出に賛成しないものと思われます。にもかかわらず，公開株式会社では，コストをかけてリスクマネジメントを行っており，企業保険の売買は盛んに行われています。それは，何故なのか，というのがコーポレート・ファイナンスから，RMIに投げかけられた疑問です。

　この疑問に対するRMI側のいくつかの回答が示されていますが，この問いかけは，リスクマネジメントや企業保険の購入が，コーポレート・ファイナンスにおいても合理的に説明する必要があることを明らかにしました。また同時に，企業のリスクマネジメント戦略を，株主，債権者などの企業のステークホルダーの存在を前提にして考える必要性が認識されました。N.ドハーティ著，森平・米山監訳『統合リスクマネジメント』では，様々な戦略的リスクマネジメントについて，コーポレート・ファイナンスをベースにしながら，数値例を用いて明らかにしています。

　以上のように考えると，統合リスクマネジメントの理論的枠組みは，RMIとコーポレート・ファイナンスの遭遇したところに誕生したものであると考えることもできます。両者のベースとなる理論は経済学であり，またそれゆえ自由なマーケットと不完備市場を前提として企業のリスクマネジメントを考えるという共通点をもっています。これに対して，予定調和的な完備市場を前提として，リスクの価格付け，あるいは価値評価に関連する理論的研究を行っているのが，保険数理および金融ファイナンスの領域です。

4. 保険数理の貢献と限界

　保険数理は，保険数理的に公平な価格（保険料）を算出するために発達した学問領域です。イギリスをはじめとして世界各国には，アクチュアリー（保険計理人）の専門職団体が存在し，厳格な資格試験を経てアクチュアリーを認定しています。日本では法律によって，保険会社には必ず1人役員として「保険計理人」を置くことが義務付けられていますが，保険計理人は，アクチュアリーとしての能力をもつことが要求されています。

　このように説明すると，保険数理が，専門職集団に入会するためのギルドの教理のように思われるかもしれませんが，アクチュアリー学（actuarial science）は，「保険数学」ともいわれ，数学の応用分野であるとともに，保険実務を数理的な面から体系的に理解しようとする立派な学問です。

　保険料は，一言でいえば，生命表に基づいて，収支相等の原則を満たすような保険料を計算することによって得ることができます。算出された保険料は，収支相等の原則が成立するという予定調和的な状態の時に成立します。保険制度と保険数理によるリスクのプライシングは，長期にわたって企業や個人にロス・ファイナンスの手法を安定的に供給してきました。その意味で，保険数理を前提にした保険制度は，バグが少なく，安定的な「枯れた技術」であるといえます。

　その反面，問題がないわけではありません。保険数理では，予定調和通りにはいかない場合に対して，責任準備金を保守的に計算することで対応してきました。保守的に計算するというのは，期待保険金コストにマージンを乗せるということです。大数の法則によりリスクがゼロとなることはないので，ある程度のマージンを乗せることは許容されることです。そこで，従来の保険会計の考え方ならば，負債を保守的に積み立てるということに特段問題があるわけではありませんでした。しかしながら，経済価値ベースによる評価が会計に導入されますと，保険負債は将来の保険給付の割引現在価値ですから，保守的に計算するということの説得力が弱くなります。さらにマージン額の決定の理論的根拠を問われますと，保険数理からその答えを期待することはできません。な

ぜならば，問われている合理的なマージンは，マーケットを前提とした確率論的な世界における変動性 σ に対応する概念ですから，予定調和でマーケットを前提としていない保険数理の世界で答えることは困難なことです。

5. 金融工学のプライシングと方向性

　金融工学の背景としている世界は，無裁定のマーケット，完備市場です。保険数理も完全調和的な世界と完備市場を前提としていますから，両者には一定の共通点があります。金融工学は，無裁定な市場を前提として，二項モデルおよび複製化を通して，リスクの価格を導出します。この導出方法については，数値例を用いた解説が，下和田功編『はじめて学ぶリスクと保険〔第3版〕』有斐閣，2010年，pp.127-128に掲載されていますので，興味のある方はぜひ参照してください。

　金融工学によるリスクのプライシングは，保険数理のそれとは違って，経済価値ベースの評価に親和的です。というのは，金融工学のプライシングが市場整合的に算出されているからです。ただしその市場とは，動的に変化する現実のマーケットではなく，無裁定のマーケットという，いわば真空状態のマーケットである点に特徴があります。

　リーマンショックによる国際的な金融危機以来，金融工学がプライシングしたCDS（Credit Default Swap）などの証券化商品の悪名が高く，金融工学が貪欲な資本主義を加速化させたという批判があります。しかし，問題なのは金融工学の技術が不完全であったことではなく，金融工学が生み出した商品を額面通りに取り扱った人間ではないでしょうか。たしかに金融工学は，バグが多く，安定性を欠く「枯れていない技術」です。たとえば，サブプライムローンの証券化においては，市場が機能し，様々な証券に分散したリスク間の相関は大きくないという前提で価格付けをしていました。しかし実際には，取引がとまり，市場が機能しない状態が続いた上，期待値まわりで想定していたリスク間の相関が，確率分布の裾野のあたりでは，強い相関となってしまったようです。つまり証券化の結果がアンダープライシングだったことになります。

以上のような問題がありながら，経験の蓄積と金融技術的な発展により，ロス・ファイナンスに様々な手法が提供されることが期待されます。とりわけ，金融機関が売りたいような商品ではなく，ロス・ファイナンスの一手段としての特徴を備える商品が提供されることが期待されます。さらに，保険数理と金融工学が融合する分野の展開も重要です。たとえば，銀行窓販で，一時期，大量に売れた最低保証付変額年金は，年金部分は大数の法則による保険料計算，最低保証部分はデリバティブによるヘッジを行うという，いわゆるハイブリッド商品です。このように，背景の「世界観」を共有する保険数理と金融工学は，プライシングの方法は全く違いますが，一定の親和性をもつものであると考えられます。

6. 保険契約および保険制度

「保険とリスク」に関連する4つの領域は，いずれも実務的な課題と密接に結びついている点で特徴があります。たとえば，保険数学は，数学の応用分野であるばかりでなく，数学を通して保険実務を整合的に理解しようとする学問です。保険経済学は経済学の応用分野ですが，RMIは単なる応用経済学ではなく，経済学を通して保険実務を経済合理的に理解しようという学問です。このように，それぞれの4つの領域は，実務的問題と離れてしまうと，糸の切れた凧のようにバラバラに飛び去ってしまうものです。

ところで，リスクマネジメントは事業会社にとって重要ですし，保険はロス・ファイナンスの1つの手段に過ぎません。しかしリスクマネジメント・サービスを提供するための競争力をもっているのは保険会社であり，また保険はロス・ファイナンスの手段のうちで長い間「枯れた技術」を提供してきた主要な手段です。このようなことから，保険実務および保険制度についての基本知識を得ることが，4つの領域を学ぶ上でとても大切なことだといえます。本書を学びながら，保険実務および保険制度についての基礎知識を得られるような記述に努めましたが，スペースの関係もあって完全なものではありません。保険契約法については，数多く優れた書籍が出版されています。保険論の書籍も数多

く出版されています。保険を取り巻く諸制度については，近年は，ウェッブサイトが充実しているのでそれぞれの制度について参照するに値するサイトもあります。ただし，ウェッブサイトについてあまり信用しすぎないこと，そしてレポートなどを作成する時には，安易なコピー&ペーストはしないように注意してください。

　本章は，練習問題のかわりに，今後の関連する学習に必要な参考文献リストを示して結びとさせていただきます。本書を最後まで読んでくれた皆様に幸いあれ。

補．発展的な学習のための参考文献の紹介

【統計学】
　本書は，統計学の成果の一部を利用していますが，統計学そのものを学ぶものではありません。統計学を学ぶためのすぐれた教科書はたくさんあると思いますが，ここでは宮川公男『基本統計学（第3版）』有斐閣，1999年をあげておきます。

【保険論／RMI】
　優れた保険論の教科書は数多くありますので，ここではそのすべてを紹介できないのが残念です。下和田功（2010）は，リスクと保険に関する理論，消費者からみた保険契約，保険会社からみた保険実務，および社会保険の4部構成からなり，保険を勉強したい人に，充実した内容が提供されています。「はじめて学ぶ」にしては難しいとの感想もありますが，保険に関するこれまでの研究蓄積を網羅的に盛り込もうとすると少々難しくなることはやむを得ないかもしれません。各章の練習問題を解くことによって理解が深まるものと思います。なお練習問題の解答は出版社のウェッブサイトに掲載されています。これに対して，家森信善（2009）は，保険の初学者に必要な知識を絞って書かれており，その意味では名実ともに「はじめて学ぶ」教科書といえます。田畑＝岡村（2010）は，伝統的な保険学を継承しつつ，「（共著者同士が）お互いに自由に批判できる内容で，しかも読者も批判し考えることのできる入門書」という志で書かれた教科書です。練習問題やコラムが豊富で書名どおり「読みながら考える」教科書といえます。解答例がないのが残念ですが深みのある練習問題が豊富です。

　ハリントン＝ニーハウス（2005）は，下和田功（2010）と同様にリスクから出発していますが，その最大の特徴は，理論的な展開が首尾一貫していることです。

公正保険料の概念，保険需要の理論，経済資本の概念について，リスクマネジメントをコーポレート・ファイナンスに橋渡しする役割を十分に果たしている教科書です。本書は，ハリントン＝ニーハウス著から多くのものを学んでいます。本書をステップにして，さらにRMIを学びたい人は，ぜひハリントン＝ニーハウス（2005）に挑戦してください。

下和田功編『はじめて学ぶリスクと保険〔第4版〕』有斐閣，2014年。
田畑康人，岡村国和編著『読みながら考える保険論〔増補改訂版〕』八千代出版，2013年。
家森信善編著『はじめて学ぶ保険のしくみ』中央経済社，2009年。
ハリントン，ニーハウス著，米山高生，箸方幹逸監訳『保険とリスクマネジメント』東洋経済新報社，2005年。(S. Harrington and G. Niehaus, *Risk Management and Insurance*, 2 nd Edition, McGraw-Hill, 2004.)

【統合リスクマネジメント／コーポレート・ファイナンス】

　ハリントン＝ニーハウス（2005）が，RMIからコーポレート・ファイナンスへの接近だとすると，ドハーティ（2012）はコーポレート・ファイナンスの知識を前提として，企業のリスクマネジメント戦略の理論的フレームワークを明らかにした教科書といえます。練習問題はありませんが，数値例が豊富なので，紙と鉛筆を使って自習することによって，先進的な戦略的リスクマネジメントを学ぶことができる好著です。海外の著名なMBAで採用されているテキストが日本語で読めるようになりました。白いハリントンと黒いドハーティという2つの教科書（色は表紙の色）をマスターすれば，保険とリスクマネジメントに関する国際水準の基礎知識は万全です。

　ブリーリー他（2007）とロス（2007）の2つのコーポレート・ファイナンスの教科書は，いずれも欧米で定評のあるMBAの教科書ですが，翻訳があって便利です。ドハーティ（2012）を読むためばかりではなく，保険論やRMIを勉強する場合でも，コーポレート・ファイナンスを学ぶことは重要です。なお以上で紹介した翻訳書はいずれも読みやすいものとなっていますが，翻訳では伝えられないニュアンスがありますから，英語でしっかり読める人は，これらの翻訳書に頼らず英語で読むことをお勧めします。しかし，中途半端な英語だったら，日本語でしっかり考えながら読むことが得策かもしれません。

ドハーティ著，森平爽一郎，米山高生監訳『統合リスクマネジメント』中央経済社，

2012年。(N. Doherty, *Integrated Risk Management*, McGraw-Hill, 2000.)

ブリーリー，マイヤーズ，アレン著，藤井眞理子，国枝繁樹監訳『コーポレート・ファイナンス〔第8版〕』上・下，日経BP社，2007年。(R. Brealey, S.Myers and F. Allen, *Principles of Corporate Finance*, 8/E, McGraw-Hill, 2006.)

ロス，ウェスターフィールド他著，大野薫訳『コーポレートファイナンスの原理〔第7版〕』金融財政事情研究会，2007年。(S. A. Ross, R. W. Westerfield and J. F. Jaffe, *Corporate Finance*, 7/E, McGraw-Hill, 2005.)

【保険数理】

アクチュアリー試験のためのテキストは，アクチュアリーになるために必要ですが，私のように試験を受けない人には，固く門を閉ざしているようにみえます。本当は，そうではないのでしょうが。その中で，誰にでも手に入り，かつ親しみやすそうな本は，山内恒人（2009）です。アクチュアリーをめざす人には，たくさんのテキストがあるでしょうが，生命保険アクチュアリーを志す人には，黒田，松山（2010）は定評のある書物です。

山内恒人『生命保険数学の基礎』東大出版会，2009年。
黒田耕嗣，松山直樹『生命保険数理への確率論的アプローチ』培風館，2010年。

【金融工学】

森平爽一郎（2008）は，金融工学の魅力をわかりやすく伝えてくれる好著。姉妹篇のファイナンスも併せて読んでほしい。ともに日経ビジネス文庫となっている。藤田岳彦（2005）は，数式を極力使わないで金融工学のエッセンスを教えてくれる教科書です。藤田岳彦（2002）は，文系で数学が得意な人が，数理ファイナンスを基礎から学ぼうとする時に役立つ教科書です。金融工学・数理ファイナンスに関する名著はたくさんあるかもしれませんが，とりあえずこの2冊をあげておきたいと思います。

森平爽一郎『物語（エピソード）で読み解くデリバティブ入門』日本経済新聞出版，2007年。
森平爽一郎『物語（エピソード）で読み解くファイナンス入門』日本経済新聞出版，2007年。
藤田岳彦『道具としての金融工学』日本実業出版社，2005年。
藤田岳彦『ファイナンスの確率解析入門』講談社，2002年。

【保険法実務】

　2009年4月から新しい保険契約法である保険法が施行されました。山下友信（2005）は，新しく保険法が制定される前の改正前商法の時代に書かれたものですが，保険法を勉強する上での出発点となる研究書です。保険法に関しては，数多くの名著がそろっていますが，新しく制定された保険法に絞って，しかもその一部だけを紹介しましょう。

　山下＝米山（2010）は，新しく制定された保険法について，生命保険・傷害疾病定額保険の条項を中心に，趣旨，沿革，条文解説を行った書籍です。竹濱修（2009）は，新書版というコンパクトな制約の中に保険法の主要な論点を盛り込んであります。萩本修（2009）は，保険法に関する問いに対して立案担当者が答えるという形式の書籍です。保険実務者が条文解釈を行う上での導きとなるものといえます。潘阿憲（2010）は，保険法の概説書としてバランスのよい書籍であり，法律実務家以外の人でも親しみやすい教科書です。甘利＝福田（2011）は，15のUNITに整理し，重要な判例を取り上げ，判決原文も豊富に引用することによって，判例法理もしっかりと理解できるように工夫された，法律実務家をめざす人向きの教科書です。

山下友信『保険法』有斐閣，2005年。
萩本修編著『一問一答保険法』商事法務，2009年。
竹濱修『保険法入門』日本経済新聞出版社，2009年。
山下友信，米山高生監修『保険法解説：生命保険・傷害疾病定額保険』有斐閣，2010年。
潘阿憲『保険法概説』中央経済社，2010年。
甘利公人，福田弥夫『ポイントレクチャー保険法』有斐閣，2011年。

練習問題解答例

<第1章>
1. たとえば，オゾン層の破壊による環境リスク
2. 以下の通り。

サイコロの確率分布表

サイコロの目	確率
1	1/6
2	1/6
3	1/6
4	1/6
5	1/6
6	1/6

3. 以下の通り。

サイコロの確率分布を表すグラフ

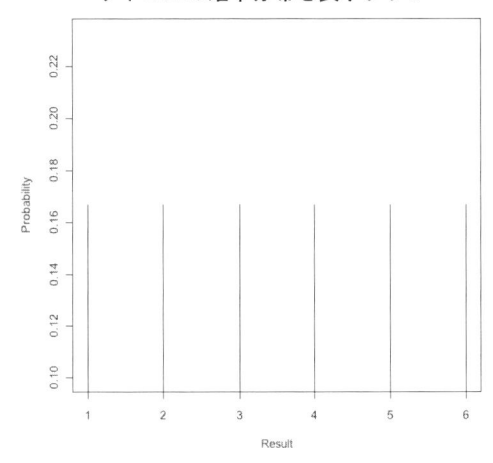

4.
$$\mu = \frac{1}{6} \times (1+2+2+4+5+6) \times 100 = \frac{1}{6} \times 21 \times 100 = 350$$

5. このサイコロ投げを何度も繰り返した場合にもらえる平均的報酬が350円である。

<第2章>
1. 以下の通り。

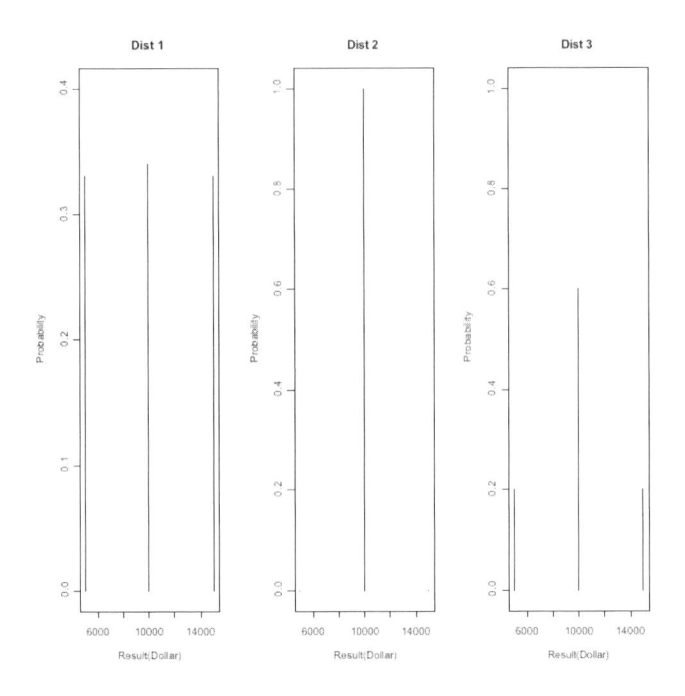

2．以下の表も参照のこと．

　　分布 2
　　分散：$\sigma^2 = 0$
　　標準偏差：$\sigma = \sqrt{\sigma^2} = 0$（ドル）
　　分布 3
　　分散：$\sigma^2 = 10{,}000{,}000$
　　標準偏差：$\sigma = \sqrt{\sigma^2} = 3{,}162.277$（ドル，小数点第 4 位四捨五入）

分布 1 の平均，分散

結果（ドル）	確率	結果×確率	（結果−期待値）^{2}×確率
5,000	0.33	1,650	8,250,000
10,000	0.34	3,400	0
15,000	0.33	4,950	8,250,000
計	1	10,000	16,500,000

分布 2 の平均，分散

結果（ドル）	確率	結果×確率	（結果−期待値）^{2}×確率
5,000	0	0	0
10,000	1	10,000	0
15,000	0	0	0
計	1	10,000	0

分布3の平均，分散

結果(ドル)	確率	結果×確率	(結果−期待値)^2×確率
5,000	0.2	1,000	5,000,000
10,000	0.6	6,000	0
15,000	0.2	3,000	5,000,000
計	1	10,000	10,000,000

3．分布2＜分布3＜分布1
4．リスクは結果のバラツキのことをいい，標準偏差は期待値からの結果のバラツキの大きさを計測した数値であるため．
5．$\sigma = \sqrt{\sigma^2}$

<第3章>

1．縦軸：確率，横軸：結果
2．以下の図で色のついている部分が確率にあたる．

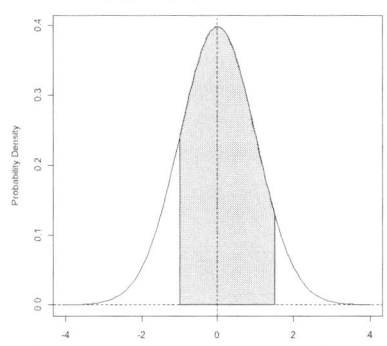

3．以下の図では正規分布を描いている．その場合，色のついている部分が期待値以下の結果が起こる確率にあたる．

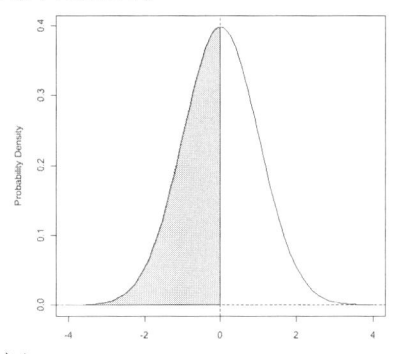

4．だいたい35-40％ぐらい
5．3,000万ドル以上．

＜第４章＞

1. 分散（σ^2）とそれの平方根であるσが主要な尺度である。
2. σのないμはリスクの本性である不確実性が失われてしまい，またμがなければμのまわりのバラツキとしてのσは無意味になってしまうため。
3. 純粋リスクは，通常はそれほど大きな損害は起きないが，いったん生じると比較的大きな損害（負の結果）が生じる。信用リスクは，債務不履行や支払い遅延によって生じるリスクであり，市場要因に加えて他の要因によっても生じる。価格リスクは，マーケットの変動によりさらされているリスクであり，企業経営をめぐる多くのリスクはこれにあたる。
4. 点線より右側については，企業価値に悪影響を与えないので，信用リスクがゼロということを意味しているように思われるが，そうではない。点線より右側の部分，厳密に言えば，カーブと横軸の間の面積は，信用リスクが企業価値に影響を与えない確率を示している。
5. 本文の図４-３で分かるように，純粋リスクの結果は縦軸に偏り，また損失の期待値も０に近い。

＜第５章＞

1. ある年齢の人間の身長や体重
2. いずれのリスクも実際には正規分布であるとは限らない。しかし価格リスクなどは，正規分布に従うと想定してもそれほど不自然ではない。
3.
$$\Pr(-750 < \mu - 2.33\sigma) = 0.01$$
$\mu = 0$なので，
$$\sigma = \frac{750}{2.33} = 321.888 \text{（万円，小数点第４位四捨五入）}$$
4. 信頼水準95%のVaRをXとおく。
$$\Pr(X < \mu - 1.645\sigma) = 0.05$$
$\mu = 0$なので，
$$X = -1.645 \times 321.888 = -529.506 \text{（万円，小数点第４位四捨五入）}$$
5. 以下予想最大損失をXとおく。
   ５％水準の場合
$$X = 1,000 + 1.645 \times 300 = 1,493.5 \text{（万ドル）}$$
   １％水準の場合
$$X = 1,000 + 2.33 \times 300 = 1,699 \text{（万ドル）}$$

<第6章>

1. ここでは，2011年『年末ジャンボ宝くじ』（第614回全国自治宝くじ）の確率分布表を作成する[1]。以下では，1枚300円の宝くじが，発売予定額1,980億円（66ユニット（6億6千万枚）[2]）の全額が売れたものとして計算する。

2011年年末ジャンボ宝くじの当せん金の確率分布

等級	当せん金	本数	確率	結果×確率	(結果-期待値)^2 ×確率
1等	200,000,000	132	0.0000002	40	7999988082
1等の前後賞	50,000,000	264	0.0000004	20	999994040.8
1等の組違い賞	100,000	13,068	0.0000198	1.98	197410.4787
2等	100,000,000	66	0.0000001	10	999997020.4
3等	1,000,000	1,320	0.000002	2	1999404.124
4等	500,000	6,600	0.00001	5	2498510.422
5等	10,000	660,000	0.001	10	97042.59504
6等	3,000	6,600,000	0.01	30	81283.1504
7等	300	66,000,000	0.1	30	2280.70404
はずれ	0	586,718,550	0.8889675	0	19730.66958
計		660,000,000	1	148.98	10004874805

2. 練習問題1で作成した確率分布表より，この宝くじの期待値・分散・標準偏差は下記の通りである。
   ・期待値：$\mu = 148.98$ （円）
   ・分散：$\sigma^2 = 10{,}004{,}874{,}805$
   ・標準偏差：$\sigma = \sqrt{\sigma^2} = 100{,}024.371$ （円）

3. 本文の宝くじは，期待値140.99円，標準偏差49,026.3円であった。本文の宝くじと比較して，この宝くじは期待値，標準偏差とも大きいものとなっている。すなわち，期待値は大きく，期待値まわりの変動が大きくなっている。

4. お金を失う悲しみよりも得る喜びの方が相対的に大きい。

5. 資産が1単位増えるのに対する効用の増分がだんだん小さくなる。つまり限界効用（△効用／△資産）が逓減する。

<第7章>

1. リスク回避的。所得が増加するにつれて限界効用は逓減するため。

---

[1] データはみずほ銀行宝くじコーナーのHP
(http://www.mizuhobank.co.jp/takarakuji/topics/index.html)から得た。
[2] ジャンボ宝くじはユニット制を導入している。ユニット制では，賞金条件や発売額がユニット単位で決定されている。10万枚を1組，100組（1000万枚）を1ユニットとしている。

2．リスク中立的な所得の期待値が同じであれば，リスクが伴っていてもそうでなくても同じ効用になるため．
3．私は，「仕送り前に拾った1,000円の方が嬉しい」とすれば，私は，リスク回避的である．
　または，
　私は，「仕送り後に拾った1,000円の方が嬉しい」とすれば，私は，リスク愛好的である．
4．
$U(300) = \sqrt{300} = 17.320\cdots$
$U(P) = \sqrt{P} = (U(900) + U(300)) \times 0.5 = (\sqrt{900} + \sqrt{300}) \times 0.5 = (30 + 17.320\cdots) \times 0.5 = 23.660\cdots P = (23.660\cdots)^2 = 559.807\cdots$
リスクプレミアム $= 600 - 559.807\cdots = 40.2$（小数点第2位四捨五入）
5．リスク愛好型だけの経済は，個人の財産や企業の資産の将来の価値の不確実性が大きければ大きいほど好まれるということである．保険会社は，大数の法則を利用してリスクを軽減する機能を持っている．つまり個人の財産や資産の将来の価値の不確実性をより確実なものにするというビジネスを行っている．したがってリスク愛好型だけの経済は，保険会社の提供する機能を購入する経済主体は存在しないことになる．

<第8章>

1．$5,000 \times \dfrac{1}{2} = 2,500$（万円）
2．2億円 − 2,500万円 = 1億7,500万円
3．企業Bの方が企業価値は高い．なぜならば，市場を構成する個人や企業の多くが，リスク回避的であるためである．
4．リスクが存在することによる要素が，期待損失と残余的不確実性コストであり，リスクを軽減するために費やす要素が，ロス・コントロール，ロス・ファイナンス，内部リスク分散である．
5．リスクコストを最小化し企業価値を最大化すること．

<第9章>

1．企業保険の締結すること．また企業保険のコストが高い場合には，自家保険やキャプティブなどの代替手段を探すこと．さらに，企業を取り巻くリスクを認識し，あらかじめそれにロス・コントロールの手法を用いて対応することなど．
2．より巨額な安全投資を行い，飛行機事故を減少させて，賠償責任金額の期待値を下げることによって，企業の期待損失コストを軽減する方法，あるいは巨額な安全投資を嫌い，小型飛行機市場から撤退する方法のいずれかであると考えられる．

（実際にアメリカで起こったことは，安全規制当局が意図した前者の方法ではなく，後者の方法であった。そのため新型機が投入されず，旧式な小型飛行機が多くなってしまったために，飛行機事故がますます増大するという結果になってしまった。）
3. 損失程度の軽減に当たる。具体的には，対向車との衝突を防ぐことによって，事故が起こった場合の損失の程度を軽減する。
4. 浅いプール：飛び込みでけがをするリスクに対しては，飛び込み禁止の張り紙をする。
   深いプール：溺れるリスクが高まることに対しては，プールの監視員を増やす，おぼれるリスクがより高い乳幼児や子供を深いプールに入れないようにするなどの対応が考えられる。
5. 両戦略の損失の期待値を下表のように求める。両戦略とも，損失の期待値は0.2（億円）である。

医薬品Aを増産する場合の損失の期待値

直接損失額（億円）	損失頻度（確率）	直接損失額×損失頻度（億円）
4	0.05	4×0.05＝0.2
0	0.95	0×0.95＝0
計	1	0.2

新薬Bを生産する場合の損失の期待値

直接損失額（億円）	損失頻度（確率）	直接損失額×損失頻度（億円）
4	0.05×0.05＝0.0025	4×0.0025＝0.01
2	2×0.05×0.95＝0.095	2×0.095＝0.19
0	0.95×0.95＝0.9025	0×0.9025＝0
計	1	0.2

次に，両戦略の損失強度を求める。まず，医薬品Aを増産する戦略の場合，損失強度の期待値をSと置くと，
$0.05 \times S = 0.2 \quad \therefore S = 4$
となる。

医薬品Bを生産する場合は，
$(0.0025 + 0.095) \times S = 0.2 \quad \therefore S = 2.051$（小数点第4位四捨五入）
となる。

両戦略をロス・コントロールの観点から比較すると，医薬品Bを生産する戦略の方が，医薬品Aを増産する戦略に比べ分散されており，損失強度の期待値が小さくなっている。そのため予想最大損失額を小さくすることが可能となり，その結果企業は予想最大損失に対応するコストを削減することができる。その点で医薬品Bを生産する戦略の方が，医薬品Aを増産する戦略に比べロス・コントロールの機能を果たしていると言える。

<第10章>

1. 下図の通りである。

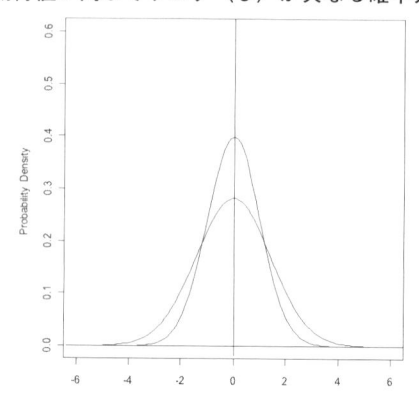

期待値が同じでリスク（σ）が異なる確率分布

2. 大数の法則によって，1件当たりのリスク（σ）を軽減すること。

3. プーリングアレンジメントによるリスク軽減の効果はなく，ノブコ，シゲコが個別でリスクを負担した場合と同じ標準偏差となる。

このような状況の場合のプーリングアレンジメントは下表の通りである。ノブコとシゲコは自動車に乗る時は例外なく一緒であるので，どちらか一方が交通事故に遭遇する場合はもう一方も交通事故に遭遇する。どちらか一方のみが交通事故に遭遇することはありえない。（なお，このような状況は正の完全相関であるという。詳しくは第11章を参照のこと。）

ノブコとシゲコがいつも一緒に自動車に乗る場合のプーリングアレンジメント

	確率	損失額	平均損失額	確率×平均損失額
両者事故	0.01	100,000	50,000	500
両者無事故	0.99	0	0	0
計	1			500

4. 本文のようなプーリングアレンジメントでは成立しない。以下の3つの表では，ノブコの確率分布と損失の期待値，シゲコの確率分布と損失の期待値，そしてこのような2人がプーリングアレンジメントをした場合の確率分布である。

ノブコの確率分布（ノブコの事故率＝0.02）

	確率	損失額	確率×損失額	確率×(損失額−損失の期待値)²
事故あり	0.02	50,000	0.02×50,000 = 1,000	0.02×(50,000−1,000)² = 48,020,000
事故なし	0.98	0	0.98×0 = 0	0.98×(0−1,000)² = 980,000
計	1		1,000	σ² = 49,000,000
				σ = 7,000

シゲコの確率分布 (シゲコの事故率＝0.01)

	確率	損失額	確率×損失額	確率×(損失額－損失の期待値)^2
事故あり	0.01	50,000	0.01 × 50,000 = 500	0.01 × (50,000 － 500)^2 = 24,502,500
事故なし	0.99	0	0.99 × 0 = 0	0.99 × (0 － 500)^2 = 247,500
計	1		500	σ^2 = 24,750,000
				σ = 4,974.937…

プーリングアレンジメントをした場合の確率分布 (事故率：ノブコ＝0.02, シゲコ＝0.01)

	確率	損害額	平均損失額	確率 × 平均損失額
両者事故	0.02 × 0.01 = 0.0002	100,000	50,000	0.0002 × 50,000 = 10
ノブコ事故	0.02 × 0.99 = 0.0198	50,000	25,000	0.0198 × 25,000 = 495
シゲコ事故	0.98 × 0.01 = 0.0098	50,000	25,000	0.0098 × 25,000 = 245
両者無事故	0.98 × 0.99 = 0.9702	0	0	0.9702 × 0 = 0
計	1			750

ノブコの損失の期待値は1,000円，シゲコの損失の期待値は500円，プーリングアレンジメントをした場合の1人当たりの損失の期待値は750円である．この場合，ノブコはプーリングアレンジメントに参加する方が個別にリスクを負担するよりも損失の期待値は下がるため，プーリングアレンジメントに参加するだろう．しかし，シゲコは個別にリスクを負担する方がプーリングアレンジメントに参加するよりも損失の期待値が上がるため，プーリングアレンジメントには参加しないだろう．

ここで，ノブコとシゲコの損失額の合計を，ノブコ:シゲコ＝2:1の割合で負担する契約を考える．もし，ノブコとシゲコがこのような契約を結んだ場合，確率分布はどのように変化するだろうか．以下の表では，損失額の負担割合を上記のように変更した場合に2人がプーリングアレンジメントをした場合の確率分布である．

プーリングアレンジメントをした場合の確率分布 (損失の負担割合変更)

	確率	損害額
両者事故	0.02 × 0.01 = 0.0002	100,000
ノブコ事故	0.02 × 0.99 = 0.0198	50,000
シゲコ事故	0.98 × 0.01 = 0.0098	50,000
両者無事故	0.98 × 0.99 = 0.9702	0
計	1	

	ノブコの 損失負担額	確率× ノブコの損失負担額	確率×（ノブコの損失負担額 －ノブコの損失負担額の期待値）^{2}
両者事故	$100,000 \times 2/3$ $= 66,666.666\cdots$	$0.0002 \times 66,666.666\cdots$ $= 13.333\cdots$	$0.0002 \times (66,666.666\cdots - 1,000)^2$ $= 862,422.222\cdots$
ノブコ事故	$50,000 \times 2/3$ $= 33,333.333\cdots$	$0.0198 \times 33,333.333\cdots$ $= 660$	$0.0198 \times (33,333.333\cdots - 1,000)^2$ $= 20,699,800$
シゲコ事故	$50,000 \times 2/3$ $= 33,333.333\cdots$	$0.0098 \times 33,333.333\cdots$ $= 326.666\cdots$	$0.0098 \times (33,333.333\cdots - 1,000)^2$ $= 10,245,355.555\cdots$
両者無事故	$0 \times 2/3 = 0$	$0.9702 \times 0 = 0$	$0.9702 \times (0 - 1,000)^2$ $= 970,200$
計		$1,000$	$\sigma^2 = 32777777.777\cdots$ $\sigma = 5,725.188\cdots$

	シゲコの 損失負担額	確率× シゲコの損失額	確率×（シゲコの損失負担額 －シゲコの損失負担額の期待値）^{2}
両者事故	$100,000 \times 1/3$ $= 33,333.333\cdots$	$0.0002 \times 33,333.333\cdots$ $= 6.666\cdots$	$0.0002 \times (33,333.333\cdots - 500)^2$ $= 215,605.555\cdots$
ノブコ事故	$50,000 \times 1/3$ $= 16,666.666\cdots$	$0.0198 \times 16,666.666\cdots$ $= 330$	$0.0198 \times (16,666.666\cdots - 500)^2$ $= 5,174,950$
シゲコ事故	$50,000 \times 1/3$ $= 16,666.666\cdots$	$0.0098 \times 16,666.666\cdots$ $= 163.333\cdots$	$0.0098 \times (16,666.666\cdots - 500)^2$ $= 2,561,338.888\cdots$
両者無事故	$0 \times 1/3 = 0$	$0.9702 \times 0 = 0$	$0.9702 \times (0 - 500)^2$ $= 242,550$
計		500	$\sigma^2 = 8194444.444\cdots$ $\sigma = 2,862.594\cdots$

　　この場合，ノブコの損失の期待値は1,000円，プーリングアレンジメントに参加する場合のノブコの損失の期待値も1,000円である。シゲコの損失の期待値は500円，プーリングアレンジメントに参加する場合のシゲコの損失の期待値も500円である。

　　それでは，この場合の標準偏差はどれぐらいになるだろうか。ノブコが個別にリスクを負担する場合の標準偏差は $\sigma = 7,000$ 円である。それに対して，ノブコがプーリングアレンジメントに参加する場合の標準偏差は $\sigma = 5,725.188\cdots$ 円となり，プーリングアレンジメントに参加することでリスク（ここでは σ を指す）が低減することが分かる。同様に，シゲコが個別にリスクを負担する場合の標準偏差は $\sigma = 4,974.937\cdots$ 円である。それに対して，シゲコがプーリングアレンジメントに参加する場合の標準偏差は $\sigma = 2,862.594\cdots$ 円となり，プーリングアレンジメントに参加することでリスク（ここでは σ を指す）が低減することが分かる。

　　よって，ノブコとシゲコの損失額の合計を，ノブコ：シゲコ＝2：1の割合で負担する契約を結んだ場合はプーリングアレンジメントが成立する。

5．伝統的手段：保険→組織を利用したプーリングアレンジメント（保険会社はプーリングアレンジメントを低廉なコストで効率的に運営すること）

　　新しい手法：市場を利用→ポートフォリオによるリスク軽減（リスクのプライシ

ングができれば，リスクを市場で売買し，その結果，リスクが広く市場の投資家に分散所有され，リスクを社会的に分散するという効果をえることができる）

<第11章>

1. ゼロリスクを達成するための費用が，ゼロリスクによってもたらされる便益を上回ってしまうため。いいかえれば，限界費用が限界便益を上回るため。
2. 下表より，最適な安全投資額は<u>8,000,000円</u>となる。

ロス・ファイナンスの最適投資額

安全投資額	賠責発生確率	期待損失額	限界コスト	限界便益
0	0.100	30,000,000		
2,000,000	0.090	27,000,000	2,000,000	3,000,000
4,000,000	0.081	24,300,000	2,000,000	2,700,000
6,000,000	0.073	21,900,000	2,000,000	2,400,000
8,000,000	0.066	19,800,000	2,000,000	2,100,000
10,000,000	0.060	18,000,000	2,000,000	1,800,000
12,000,000	0.055	16,500,000	2,000,000	1,500,000

3. 限界費用が限界便益を上回るため投資を1単位増やしても便益の増大は1単位以下であるため。
4. $-1 \leq \rho \leq 1$
   $\rho = 1$：正の完全相関，$\rho = -1$：負の完全相関，$\rho = 0$：無相関
5. 以下では，収入をX，費用をYとおく。

   ・収入の期待値：$\mu_X = \dfrac{850 + 800 + 500}{3} = 716.666\cdots$（万円）

   ・費用の期待値：$\mu_Y = \dfrac{700 + 650 + 600}{3} = 650$（万円）

   ・収入の分散：$\sigma_X^2 = \dfrac{1}{3} \times \{(850-\mu_X)^2 + (800-\mu_X)^2 + (500-\mu_X)^2\} = 23{,}888.888\cdots$

   ・支出の分散：$\sigma_Y^2 = \dfrac{1}{3} \times \{(700-\mu_Y)^2 + (650-\mu_Y)^2 + (600-\mu_Y)^2\} = 1{,}666.666\cdots$

   ・収入の標準偏差：$\sigma_X = \sqrt{\sigma_X^2} = 154.560\cdots$（万円）

   ・支出の標準偏差：$\sigma_Y = \sqrt{\sigma_Y^2} = 40.824\cdots$（万円）

   ・共分散：$\mathrm{Cov}(X,Y) = \dfrac{1}{3} \times \{(850-\mu_X) \times (700-\mu_Y) + (800-\mu_X) \times (650-\mu_Y) + (500-\mu_X) \times (600-\mu_Y)\} = 5{,}833.333\cdots$

   ・相関係数：$\rho(X,Y) = \dfrac{\mathrm{Cov}(X,Y)}{\sigma_X \sigma_Y} = 0.924\cdots$

<第12章>

1. ロス・コントロールは，事前的かつ事後的に損失の期待値を軽減することに対して，ロス・ファイナンスは，事後的な損失発生後の資金繰りを事前的または事後的に対応することである。
2. ロス・ファイナンスの手法のほとんどは，企業の損失時の金融にかかわることである。また，リスクが及ぼしたロス（損失）をファイナンスするために行われる手法であり，リスクそのものをファイナンスするものではないため。
3. 内部保険料を計算し準備金を積み立てることに伴う諸経費，および期待値まわりの変動（σ）に対応するリスクコストなどが，自家保険のコストである。これに対して自家保険の便益は，保険やヘッジにともなうリスク移転のためのコストを節約できること，および積立金の運用によって発生した収益を期待できることである。
4.
    - 東京金融取引所（TFX）：金利先物，為替証拠金
    - 東京工業品取引所（TOCOM）：貴金属（金，銀，白金，パラジウム，…），ゴム，石油，…
    - 東京穀物商品取引所（TGE）：とうもろこし，大豆，小豆，コーヒー，粗糖，米
    - 関西商品取引所（KEX）：冷凍えび，コーヒー指数，コーン75指数，小豆，粗糖，米国産大豆，とうもろこし，米
    - 東京証券取引所（TSE）
    - 大阪証券取引所（OSE）
5. 企業内部のリスクに関する正確な理解のための情報収集投資

<第13章>

1.
    ① 上から，0.9803922, 98,261, 0.9238454
    ② 上から，88, 0.9516989, 0.9147433
    ③ 472,417P = 432,580,000 ∴ P = 916（小数点第1位四捨五入）
2. プーリングアレンジメントの効果が得られず，保険会社が過度にリスクを負担することになるため
3. 信頼できる過去のデータが得られない場合はプライシングの信頼性が落ちること，またマーケット要因をプライシングに取り込んでいないこと。
4. 供給の特殊性：在庫費用がかからず，需要の変化に対する商品供給も迅速かつ少ない費用で可能であるため，一定の固定費を無視すれば供給量が変わっても単位当たりの価格は変化しない。
   需要：消費者が保険契約金額を変化させることで自らの保険需要を連続的に変化させることができる。
5. この場合は，保険金額／保険価額は1/2である。保険料もこの比率に応じて，全

部保険の保険料の1/2しか支払っていない。よって一部損失が発生したときも実損（実際に生じた損失）の1/2が支払われるのは当然である。もし一部損失でも実損填補しようとする場合には，保険料を増大する必要がある。

<第14章>
1. 学歴を高めることに対して，何らかのコストが必要であり，そのコストを投資したものが労働生産性が高いことが判明している場合。
2. 保険会社はプーリングアレンジメントによるリスク分散によって，1件当たりのσを限りなくゼロに近くすることが可能であるため。
3. 一般の生命保険の方がロングテールである。死亡はいつ起きるか分からず，傷害疾病損害保険よりもより長期の保険期間であるため。
4. 時間の金銭的価値を考慮せず公正保険料を計算した場合，保険契約者から過剰に保険料を徴収することになるため。
5.
   ① 割引現在価値をxとおくと，$x(1+0.1)^{20} = 10{,}000$

   $$\therefore x = \frac{10{,}000}{(1+0.1)^{20}} = 1{,}486.436 \text{（円，小数点第4位四捨五入）}$$

   ② $\dfrac{100{,}000{,}000}{(1+0.1)^{1000}} = 4{,}771.185$ （円，小数点第4位四捨五入）

   ③ 1円が10,000,000円になるのにかかる年数をyとおくと，
   $1 \times (1+0.1)^y = 10{,}000{,}000$
   両辺対数をとると，
   $y\log(1+0.1) = \log 10{,}000{,}000$

   $$\therefore y = \frac{\log 10{,}000{,}000}{\log 1.1} = 169.112 \text{（年，小数点第4位四捨五入）}$$

<第15章>
1. 経費付加保険料や投資家報酬付加保険料は，保険契約者がリスク移転というサービスを享受するために必要なコストにあたるため。
2. 損害調査費の多い保険種目では，調査に時間がかかることが考えられ，そのために保険料を徴収してから保険金を支払うまでの期間は長いと考えられるのでロングテールの保険であることが考えられる。
3.
   ① $10{,}000{,}000 \times 0.005 + 6{,}000{,}000 \times 0.010 + 2{,}000{,}000 \times 0.020 + 1{,}000{,}000 \times 0.050 + 0 \times 0.915 = 200{,}000$ （円）

   ② $\dfrac{200{,}000}{1+0.06} = 188{,}679$ （円，小数点第1位四捨五入）

   ③ $188{,}679 + 50 + 100 = 188{,}829$ （円）（小数点第1位四捨五入）

④ $\dfrac{200{,}000}{1+0.06} + \dfrac{200{,}000 \times 0.12}{1+0.06} + 50 + 100 = 211{,}471$(円，小数点第1位四捨五入)

4．十分に競争的な市場を前提とする場合，企業利潤を上乗せする企業の保険は価格競争力を失うため．
5．公正保険料の4つの要素は全て将来の予測で決まることを意味している．

＜第16章＞

1．
- 保険者：保険給付を行う義務を負う者のこと．例えば保険会社がこれにあたる．
- 保険契約者：保険料（または掛金）を支払う義務を負う者のこと．
- 被保険者：保険給付を受ける事象（損害保険契約であれば損害，生命保険契約であれば生存または死亡，傷害疾病定額保険契約であれば傷害または疾病）が生じる者のこと．
- 保険金受取人：保険給付を受ける者のこと．（生命保険契約，傷害疾病定額保険契約の場合のみ）
- 損害保険契約：何らかの事故によって生ずる損害を塡補すること約束する契約．
- 傷害疾病損害保険契約：損害保険契約のうち，人の傷害疾病によって生ずることのある損害を塡補することを約束する契約．
- 生命保険契約：人の生存又は死亡に関し一定の保険給付を行うことを約束する契約．
- 傷害疾病定額保険契約：人の傷害疾病に基づき一定の保険給付を行うことを約束する契約．

2．保険法では，保険契約は定義されているものの，保険そのものは定義されていない．（その他，複数解答の可能性あり．）
3．(1) 保険者が保険金支払いを確実にするため
(2) 取引コストを低下させて，保険によるリスク移転のためのコストを節約し，効率的な保険市場を達成するため
(3) 保険契約の不完備性を補い，契約の信頼性を高めるため
4．保険は中世の海上保険以来，リスク移転の手段として頻繁に用いられ，技術に由来するバグ（欠陥）が出尽くしており，安定しているリスク移転の技術であること．
5．傷害疾病損害保険（第34条），生命保険（第58条），傷害疾病定額保険（第87条）の場合，被保険者は，保険契約者に対して契約を解除することを請求することができる．

＜第17章＞

1．保険法第55条では，保険契約者又は被保険者が告知義務違反を行った場合，保険者は生命保険契約を解除することができると規定している．

2.
   - 保険業法の契約者保護：現実の保険契約の中で，契約者に対する不当な行為や理由のない不利益に対して保護をする考え。
   - 保険法の契約者保護：保険契約の基本ルールの中で保険契約者が不利に立場になっていないかを考える。
3. 強行規定は，保険者が保険約款に保険法と異なる規定を定めることを認めないものである。そのうち，片面的強行規定は，保険契約者あるいは被保険者に有利な変更については認めるものである。
4. 必ずしも一致していない。例えば農業災害補償制度は保険業法ではなく農業災害補償法に基づいて運営されている。
5.
   - 普通約款：保険契約について基本的かつ標準的な契約条件を定めた約款のこと。
   - 特別約款：普通保険約款の内容に変更を加えたり，普通保険約款に規定されていない事項について定めたりする約款。特別約款のみで保険契約がなされることはない。

<第18章>
1. 保険の場合，保険料としてリスク移転のコストだけではなく損失の期待値（期待損失額）を支払っている。また，近代保険は前払確定保険料式であることが挙げられる。
2. 保険料徴収コストが大きくなり，その結果，収支相等の原則が成立せず，例えば保険事故が急増した場合，保険会社が破たんすることが考えらえる。
3. ネットワークで完結するのは難しい。例えばアンダーライティングや保険事故の内容の調査は，ネットワークだけでは困難であるといえよう。
4.

保険会社のバランスシート（貸借対照表）

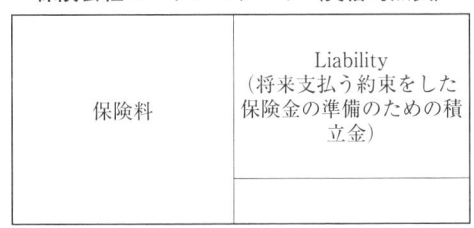

保険料	Liability （将来支払う約束をした保険金の準備のための積立金）

5.
   - 保険法の保険契約の分類（典型契約）：損害保険契約，生命保険契約，傷害疾病定額保険契約，の3種類。
   - 保険業法の分類：損害保険事業，生命保険事業，の2種類

<第19章>
1. 安心の程度＝リスク回避度，であるならばこの主張は真である。しかし安心という心理状態とリスク回避度が異なるとすれば，この主張は正しいとはいえない。
2. 全部保険，一部保険，どちらの場合でも財産の期待値は同じであるため，リスク回避的な人を仮定するならば，将来の財産の不確実性（σ）の小さい方を選ぶため。
3. リスクを半分しか移転していないため。
4. 資産を分散保有することで，自らリスク軽減ができるため。
5. 知らないがゆえにリスクについて楽観的になる場合は保険需要が小さくなる。逆に，知らないがゆえにリスクについて悲観的になる場合は保険需要が大きくなる。

<第20章>
1. 株主はリスク分散することにより，自らの財産の変動と企業価値の変動の間の相関をゼロに近づけることが可能である。そのような場合は，その企業がコストをかけてRMを実施してもコストをかかる分だけ株主の期待収益を下げてしまうため。
2. RMの実施や企業保険の購入により，企業の期待キャッシュフローを増大させる場合。
3. ロス・ファイナンスには，新規投資機会に対する期待損失コストを軽減することによって，期待キャッシュフローを増大する効果がある。
4. 企業の破綻確率がある閾値を超えると，例えば，サプライヤーの契約条件の変更，労働者の労働条件の変更，販売先に対する価格交渉力の低下，決済条件の悪化，資金調達コストの上昇，により企業の期待キャッシュフローが減少する。
5. 累進課税の下では，RMの実施や企業保険の購入によって，期待納税額が低下する（本文の図を参照）。

<第21章>
1. 本来は満たされるべき需要が満たされない状態。例えば，保険契約者の主観的期待損失コストが保険会社の知る期待損失コストと異なる場合。
2. 老後の生活を完全介護つきで保障するLong Term Care（LTC）保険は，期待保険金コストが大きいため，一般の人にとっては大変高価である。日本の公的介護保険は2000年に導入されたが，それ以前は，介護保険のニーズが存在しながら，介護保険を利用することが出来ない状態であった。前者は，購入可能性が制約されている事例であり，後者は利用可能性が制約されていた例である。要するに，保険の購入可能性とは，その保険が消費者にとって必要であったとしても，保険契約者の所得では保険料が高すぎて購入することが出来ない可能性があることを意味する。また保険の利用可能性とは，保険のニーズがあっても，保険商品あるいは保険制度が存在せず，利用できない可能性があるということを意味している。

3.

まず，この設問での全部保険料の場合の保険料は，
$(200 \times 0.5 + 0 \times 0.5) \times 1.1 = 110$
一部保険（半分だけ保険）の場合は，
$(200 \times 0.5 + 0 \times 0.5) \times 1.1 \times 0.5 = 55$
である。
全部保険，一部保険，無保険の場合の1年後の財産の期待値は下記の通りである。

＜全部保険＞
$(1,000 + 200 - 110) \times 0.5 + (1,000 - 200 + 200 - 110) \times 0.5 = 1,090 \times 0.5 + 890 \times 0.5 = 990$

＜一部保険＞
$(1,000 + 200 - 55) \times 0.5 + (1,000 - 200 + 100 - 55) \times 0.5 = 1,145 \times 0.5 + 845 \times 0.5 = 995$

＜無保険＞
$(1,000 + 200) \times 0.5 + (1,000 - 200) \times 0.5 = 1,000$

4. リスクの保険可能性を制約する三つの要素のうちモラルハザードと逆選択がないものとすると，残りの要素の付加保険料を考慮することになる。付加保険料は，投資家報酬付加保険料（profit loading）と経費付加保険料（expense loading）からなる。雨傘の紛失・盗難の期待損失コストと高級時計の紛失・盗難の期待損失コストが同じということは，前者の紛失・盗難確率が後者に比べて格段に大きいはずである。期待損失が同じなので，資本調達コストにあたる投資家報酬付加保険料については大きくは変わらないと考えることができる。しかし経費付加保険料は，保険事故発生確率が高く，したがって保険給付の頻度が雨傘の紛失・盗難の保険の方が大きくなる。したがって，雨傘の紛失および盗難に対する保険の方が，高級時計の紛失および盗難に対する保険よりも，期待損失コストに対する付加保険料（経費付加保険料）の比率が高く，自由な保険市場を前提にした場合に，需要の減退が大きい。よって雨傘の紛失・盗難は，高級時計の紛失・盗難よりもリスクの保険可能性がより大きく制約されているといえる。

5.

＜地震保険の仕組み＞

　地震保険は，地震災害による被災者の生活の安定に寄与することが目的である。地震災害の特徴としては，（1）巨大災害，広域災害の可能性があり，1災害による損害が保険会社の担保力を大幅に上回る巨額なものとなる恐れがあること，(2) 災害の発生時期や発生頻度の予測が極めて困難であり，大数の法則に乗りにくいこと，が挙げられる。そのため，地震保険は民間の損害保険会社だけでは提供することが出来ない。地震保険は政府が再保険という形で損害保険会社をバックアップすることで成り立っている。

　具体的には，地震保険は「地震保険に関する法律」に基づき，政府と民間の損

害保険会社が共同で運営されている。地震保険は，一定規模以上の支払保険金が生じた場合，損害保険会社が支払う保険金の一部を政府が負担する再保険制度が導入されている。

　地震再保険の仕組みは下記の通りである。まず，損害保険会社が引き受けた地震保険は，全て日本地震再保険会社に再保険され，受領した保険料全額が再保険料として支払われる。次に，日本地震再保険会社は，自ら保有する分，損害保険会社に再び再保険する（再々保険）分，政府に再保険する分，の3つに分けて再保険の手配を行う。保険契約者の支払った保険料は，将来の巨大地震に対する保険金支払いの備えとして，損害保険会社は「危険準備金」として他の感情と明確に区分して積み立てており，政府も「地震再保険特別会計」として保険料を積み立て，区分経理を行っている。

＜地震保険の補償内容＞

　地震・噴火・津波を直接または間接の原因とする火災・損壊・埋没・流失による損害を補償する。補償対象は居住用建物と生活用動産（家財）である。

契約方法は火災保険とセットで契約する。契約金額は火災保険の契約金額の30-50％の範囲内で決める。また，契約限度額は，居住用建物は5,000万円，家財は1,000万円である。

　保険料支払について，全壊の場合は契約金額の全額，半損の場合は契約金額の半額，一部損の場合は契約金額の5％が支払われる。

＜第22章＞

1.
   - （1）保険者が保険契約者または被保険者の私的情報をコストなしで知ることができないこと。
   - （2）保険契約者が自らの私的情報を保険者にコストなしで伝えることができないこと。
2. 例えば，難関のアクチュアリー試験を受け一定の成績をおさめることで，保険会社に対してシグナリングとなる。なぜならば，クリスマス時期に試験を行うアクチュアリー試験を受験することによって自分がクリスマスにデートするような遊び人でないことを示し，かつ一定の成績を残すことで，自分の能力を示すことができるからである。
3. GPA（Grade Point Average）とは，各科目の成績から特定の方式によって算出された学生の成績評価値である。文型の大学で考えると，大学の成績評価は，一般的に言えば，それほど厳しくない。したがって，まじめに出席していれば相応の成績が取れる。よって，GPAが高い人は，授業にまじめに出席することができるという能力と相関が大きいものと想定される。しかし，その人の学力の高さと強い相関があるとは考えられない。以上のような認識が正しいとしたら，GPAは，大学で比較的まじめに授業に出席していたことについてのスクリーニ

ングとなるが，学生の学力のシグナリングとなるかどうかは定かではない（他にも複数解答の可能性あり）。
4．保険料が上がっても，低リスク者の一部が契約しているため。その場合，低リスク者の余分に払った保険料が，高リスク者に内部移転されている。
5．控除免責によるスクリーニングは成立しない。なぜならば，このような場合，高リスク者も低リスク者も控除免責が小さい保険に加入するため。

<第23章>

1．
- モラルハザード：契約後に被保険者の行動によって契約時の期待損失が事後的に増大してしまうというインセンティブ問題（契約後の情報の非対称性によって生じる問題）。
- 逆選択：保険者が被保険者のリスクをコストなしで見分けることができない場合に，契約に際して生じるインセンティブ問題（契約前の情報の非対称性によって生じる問題）。

2．
(1) モラルハザードを抑制するためのリスク・シェアリングによるもの
モラルハザードがなければ全部保険が行われるところを，モラルハザードが存在するために，一部のリスクが保険できないことになる。
(2) 期待損失コストの増加
保険契約者の機会主義的行動によって期待損失コストが増大する。また，保険契約においてモラルハザードが予想される場合，制度的な対応策を考えないとすれば，期待損失コストを増額することで対応することになる。この時，モラルハザードによって増額された保険料が保険契約者に提示されると，保険契約者は本来の期待損失コストよりも高いため，保険需要が減退する。

3．1回

4．経験料率は，モラルハザード抑制のために過去の経験を次期の保険料に反映するものである。保険会社が過去の損失（保険金支払い）を取り戻すために保険料を上げているわけではない。よって，公正保険料は，保険者の過去の損失を公正保険料に上乗せできないとしていることと矛盾しない。さらに保険料の上昇は，事故があったことによって，他の被保険者よりも期待損失コストが上昇するものと考えられる。よって保険料の上昇分は，過去の損失ではなく，期待値の上昇である。これらのことから，経験料率の考え方は，公正保険料の考え方と大きく矛盾するわけではないといえる。

5．入院費用を補償する保険で，短期間の入院については補償しないもの。ただしこのような規定は，入院期間を意図的に延ばそうとするモラルハザードを引き起こすかもしれない（複数解答の可能性あり）。

<第24章>

1.
   (1) リスクの相関が高いため
   (2) モラルハザードの影響があるため
   (3) 標準的な保険購入者には必要のない保険填補を除外するため
2. 以下の場合に，保険者は契約を解除できる。
   ・危険増加：損害保険（第29条），生命保険（第56条），傷害疾病定額保険（第85条）
   →告知事項についての危険が高くなり，保険契約で定められている保険料が当該危険を計算の基礎として算出される保険料に不足する状態になること
   ・重大事由：損害保険（第30条），生命保険（第57条），傷害疾病定額保険（第86条）
   →保険契約者等が故意に保険事故を招致した場合や，保険金詐欺等の強度の不信行為をした場合。
3. ヘッジではなく投機になる。
4. 保険会社および共済団体は，履行期を明確に示すことが必要とされており，保険実務では，迅速な保険金支払いへのインセンティブが強くなったものと予想される。しかも遅延リスクが市場金利より高い法定金利であるため，遅延支払いに対しては，保険者側に負担がある。よって現行保険実務においては，保険金支払いの履行期間のインセンティブが強く働いているものと予想される。しかしながら，現行の市場金利が法定金利を上回るような場合には，支払い遅延による利子負担が小さくなるため，保険金支払いの遅延防止に対するインセンティブが損なわれる可能性が大きいものと予想される。
5. 実際に生じた損失額とヘッジによって填補される金額の差額の変動のこと。

<第25章>

1. 以下の5社である（2012年1月現在）。
   住友生命保険相互会社，日本生命保険相互会社，富国生命保険相互会社，朝日生命保険相互会社，明治安田生命保険相互会社
2. （2012年1月17日現在）
   ・株式会社：69社
   ・特定非営利活動法人：1団体
3.
   (1) 移転するリスクの性質によって契約者にとっての将来のキャッシュの意味が異なるため
   (2) 保険商品は，背景となる社会の文化的・制度的要因が保険商品の普及・定着に大きな影響を及ぼすこと等，金銭的な合理性だけで需要が決定されるものではないため。

4．
 ・会計上の純資産：簿価で資産から負債を引いた差額
 ・経済資本：経済価値ベースの評価の場合の資産から負債を引いた差額
5．
 (1) 資本を増加させること
 (2) 負債が増加したら資産もそれだけ増加するようにしておくこと

<第26章>

1．保険契約者が，保険会社の財務状態を知るためには，相当のモニタリングコストがかかる。したがって，保険契約者の一人ひとりが，高いモニタリングコストを支払って保険会社の財務状況を正確に知ることは経済合理性に欠く。そのため破綻保険会社の保険契約者の損失のすべてを契約者個人に負わせるのは過酷である。よって，保険契約者保護機構を設立して，破綻会社の保険契約者の損失の一部を補填することには一定の合理性がある。
2．生命保険の基本的な補償の考え方は，責任準備金の90％を保証するということであるが，損害保険の基本的な補償の考え方は，破綻後3ヵ月は保険金については100％保証するというものである。生命保険が財産的な価値を重視するのに対して，損害保険が補償を重視するためにこのような相違が生まれるのである。
3．
 (1) 生命保険会社の場合
　　資産運用リスクがリスク総額の3/4を占めている。また，損害保険会社に比べて予定利率リスクがリスク総額に占める割合は非常に高い。
 (2) 損害保険会社
　　資産運用リスクがリスク総額の半分弱を占めているものの，巨大災害リスクがそれと同程度占めている。
4．ソルベンシーⅡでは，保険会社の資産と負債を簿価ではなく経済価値ベースで評価し，負債が資産を上回る確率を一定の信頼水準とするための必要資本量を計算し，保険会社が常にその必要資本量を満たすように規制を行うものであるため。
5．報告書p.5「Ⅰ-4経済価値ベースのソルベンシー評価」
　日本の財務健全性規制の方向性としては，経済価値ベースで保険会社のソルベンシーを評価する方法を目指すべきである。
　現行制度の責任準備金の積み立ては，ロック・イン方式（契約当初の予定利率等の基礎率を契約期間全体に固定して適用して責任準備金を評価する方式）が用いられている。また，ソルベンシー・マージン比率を求める際のリスク測定は，リスクファクター方式（リスク種類ごとに定められた係数表（ファクター・テーブル）に基づきリスク量を計算する方法）が用いられている。このことは，現在の規制では，資産が時価評価により変動しても，負債は固定されたままであることを意味している。したがって，現在のソルベンシー評価の方式では，例えばALMによりリスク

管理を行っても，それがリスク量やマージンの十分な評価に必ずしもつながらないこととなりえる。

また，企業価値を向上させることが企業のステークホルダー（利害関係者）にとって大きな目標の1つであることを考慮する必要がある。

以上より，保険会社のソルベンシー評価を行う際には，企業価値を示す指標が重視されているとの観点から，経済価値ベースでの純資産自体の変動をリスク量として認識し，その変動を適切に管理する経済価値ベースのソルベンシー評価を行うことが計測手法として整合的である。

＜第27章＞
1. 現行の保険財務会計では，資産は時価評価であるのに対して，保険負債は時価評価ではなく，その大部分を占める責任準備金は予定利率等のパラメーターを固定して計算している。つまりロックイン（固定された値）されている。

   そのため，逆ザヤ解消効果は負債には反映される，債券価格上昇による資産減のみが反映されるため，見かけ上の経済資本が小さくなる。

   （本来ならば，金利が上昇すると逆ザヤ解消効果により負債が小さくなり，また，債券価格が下落するため資産も小さくなる。そのため，バランスシートが小さくなると考えられる。）
2. デュレーションの違いによって，金利の変動による資産と負債の変動差が生じるのを防ぐため。
3.
   ・事業会社の負債：大部分が責任準備金である。大数の法則によってリスク分散ができる。それでも分散できなかったリスクは再保険や増資によって手当てする。
   ・保険会社の負債：資産に投資するための借入金等になる。そのため，金利のリスクや信用リスクが重視される。
4.
   ・直接損失だけではなく，間接損失の軽減による期待コストの軽減を考慮すること。
   ・期待損失コストが低下する便益を，顧客と保険会社がどの程度分かち合うか，つまり，保険料がどの程度低下するのかということ。
5. 敢えて言うならば，統合リスクマネジメントが重要である。それは，資産や負債の特性から，資産および負債の抱えているあらゆるリスクを洗い出し，統一的にマネジメントすることにより，企業価値の変動を小さくし，それにより企業価値の向上が図れるため。

あとがき

　「リスクと保険」という分野は，統計学，経済学，数理ファイナンス，コーポレート・ファイナンス，保険法実務などの知識が必要とされているため，私のようないずれの領域においても未熟な人間が一人で教科書を書き上げるのは荷が重すぎることは承知している。研究会を組織して，最上の教科書を作り上げるという作業を行うというのが，良識的な方法だったかもしれない。

　しかし旧著『戦後生命保険システムの変革』でお世話になった，同文舘出版の市川良之氏から教科書執筆のお話をいただいた時に，集団で書き上げるのではなく，単著とすることを決意した。一人で書くことによって，たとえ誤ったところがあったとしても，それが執筆者の首尾一貫した考え方から生まれたものであるならば，その責任の所在が明らかなので，その考え方のどこに欠陥があるのか，あるいはどのようにしたらより普遍的で説得性のある記述が可能かということを考える材料となると考えたからである。デカルトは『方法序説』で次のように述べている。「多くの部品から組み立てられ多くの親方の手でできた作品には，多くの場合，ただひとりが仕上げた作品におけるほどの完全性は見られない。」(デカルト著，神野彗一郎訳『方法序説』中公新書，14頁。)

　とはいってもこの教科書は，完全なものでも，まったくの白紙状態から独力で生まれたものではない。筆者は，保険教育という伝統の中で，ハリントン＝ニーハウスやドハーティの教科書の翻訳作業にかかわりながら，学部では「リスクと保険」，HMBAでは「保険リスク管理」の授業を担当してきた。その中で，大学における保険およびリスクマネジメントの教育の理想像を追い求めてきた。

　その過程で幸いにも保険研究における志を共にする中堅・若手の研究者に恵まれた。今回は，その中から，比較的お願いしやすい中堅・若手の研究者に校正刷を見ていただくことにした。お願いした研究者の皆様には，学年末のお忙しい時期にご迷惑だったかと思うが，私としては，期待以上の素晴らしいコメ

ントを頂戴して感動している。お蔭様で多くの誤りが事前に修正でき，また私の独善的な理解や表記がずいぶん中和されたものとなったと思う。順不同であるが，石井昌宏（上智大学），石坂元一（福岡大学），柳瀬典由（東京経済大学），中林真理子（明治大学），浅井義裕（明治大学），大倉真人（長崎大学），岡田太（日本大学），諏澤吉彦（京都産業大学），金　鎔（久留米大学）の皆様方に対して深く感謝申し上げる。さらに大学院生の高松良光君，石田貴行君には，学生の視点からのコメントをいただき，また解答例の原稿を作成してもらった。ここに深く感謝申し上げる。

　前著『物語で読み解くリスクと保険』の「まえがき」では，原稿のほとんどを喫茶店などで書いたことを告白したが，本書の原稿は，主として研究室および自宅で書いた。その結果，遊びの少ない本になってしまったが，前著と比べると教科書としての役割を果たす内容となったものと思う。あえて遊びを見つけるならば，本書を28章構成としたことぐらいか。これは，モーツァルトの「ピアノ協奏曲27曲」に大好きな「ピアノ木管五重奏曲」を加えた28曲と数字的に一致する。

　最後に，これまでに私の保険論などの授業を受講したすべての学生の皆様に感謝したい。振り返れば，間違った説明をしたり，簡単なことを難しく解説したりしていた過去の自分に冷や汗をかく思いがする。保険やリスクマネジメントを勉強し，研究するすべての若者にエールを送りたい。

　冬学期が終了した国立の研究室にて

著　者

索　引

(あ　行)

アクチュアリー学 ………………………… 232
アトムの世界 ……………………………… 142
アンダーライティング …………………… 142

一部保険 …………………………… 103, 151
医的診査 …………………………………… 142
インソルベンシー ………………………… 207

運営管理コスト …………………… 118, 122

ALM ………………………………… 207, 221
ADR ………………………………………… 194
営利保険 …………………………………… 146
エクイタブル生命保険会社 ……………… 200
エクスペンス・ローディング …………… 122

オプション …………………………………… 92

(か　行)

外国損害保険会社協会 …………………… 201
改正保険業法 ……………………………… 135
価格規制 …………………………………… 210
価格リスク …………………………… 22, 23
確率分布の期待値 …………………………… 7
確率密度 ……………………………………… 15
片面的強行規定 …………………………… 137
株式会社 …………………………… 158, 201
株式公開企業 ……………………………… 158
枯れた技術 ………………………………… 75

機会主義的行動 …………………… 35, 175
企業価値 …………………………… 56, 206, 224
　　　──の最大化 ……………………… 157
企業形態 …………………………………… 200
企業形態論 ………………………………… 204
企業保険の代替的戦略 …………………… 91
企業利潤 …………………………………… 122
規制緩和 …………………………………… 210
期待キャッシュフロー …………………… 160
期待効用 ……………………………… 45, 47
　　　──仮説 …………………………… 47
期待損失コスト …………………………… 111

期待値 ………………………………………… 6
　　結果の── …………………………… 70
　　損失の── ……………………… 63, 70
　　──まわりの変動性 ………………… 12
期待納税額 ………………………………… 162
期待保険金コスト ………………………… 111
逆選択 ……………………………… 174, 183
ギャンブル …………………………… 40, 90
狭義の不確実性 ……………………………… 5
強行規定 …………………………………… 136
共済契約 …………………………………… 137
強制保険 …………………………… 146, 178
協定保険価額 ……………………………… 196
協同組合保険 ……………………… 145, 201
共分散 ……………………………………… 84
均衡価格 …………………………………… 176
金融工学 …………………………………… 233
　　　──によるリスクのプライシング ……… 100
金融資産 …………………………………… 206
金融商品 …………………………… 190, 205
金融庁 ……………………………… 145, 202
金融派生商品 ……………………………… 92

グループ企業間によるリスク分散 ………… 90

経験料率 …………………………………… 185
経済価値ベース …………………………… 206
経済資本 …………………………………… 207
契約者保護 ………………………………… 136
結果の期待値 ……………………………… 70
結果の不確実性 ……………………………… 2
限界投資額 ………………………………… 80
限界便益 …………………………………… 80

コインシュアランス ……………… 185, 187
公営保険 …………………………………… 201
広義の不確実性 ……………………………… 5
控除免責 …………………………………… 178
更生手続き ………………………………… 211
公正保険料 ………………………………… 110
厚生労働省 ………………………………… 202
購入可能性 ………………………………… 165
効用曲線 …………………………………… 45
コープ共済連 ……………………………… 202

264　索　引

コーポレート・ファイナンス ……… 225, 230
ゴールド免許 ………………………………… 180
国際会計基準 ………………………………… 206
告知義務 ……………………………………… 138
　──違反による解除の効果 ………… 193
告知制度 ……………………………………… 192
コスト便益分析 ………………………………… 81

（さ　行）

災害訓練 ………………………………………… 65
最大善意契約性 ……………………………… 127
再調達価格 …………………………………… 196
再保険 …………………………………………… 75
　──者 ……………………………………… 75
財務健全性規制 ……………………… 135, 194
先物契約 ………………………………………… 92
先渡契約 ………………………………………… 92
サブプライムローン ………………………… 233

JA共済連 ……………………………………… 202
JF共水連 ……………………………………… 202
自家保険 ………………………………………… 90
時間の金銭的価値 …………………………… 112
シグナリング ………………………………… 180
　──・コスト ……………………………… 109
σの世界 ………………………………………… 61
σをともなったμ ……………………………… 88
自殺免責 ……………………………………… 191
資産負債管理 ………………………………… 207
資産ポートフォリオ …………………………… 33
市場契約コスト ……………………………… 204
市場リスク ……………………………………… 22
実損填補の原則 ……………………………… 191
実損填補方式 ………………………………… 104
質問応答義務 ………………………………… 193
私的情報 ……………………………… 133, 174
シナリオテスト ………………………………… 35
社会政策保険 ………………………………… 145
社会保険 …………………………… 25, 201
収支相等の原則 ………………………………… 99
修正比例填補方式 …………………………… 104
純資産 ………………………………………… 206
純粋リスク ……………………………… 22, 25
純保険料 ……………………………………… 118
傷害疾病損害保険 …………………………… 145
傷害疾病定額保険 …………………………… 144
少額短期保険業者 ………………… 201, 203
消極保険 ……………………………………… 144
証券化 …………………………………………… 35

証拠金 …………………………………………… 92
情報の非対称性 ……………………… 174, 183
ショートテール ……………………………… 114
所有権コスト ………………………………… 204
所有権理論 …………………………………… 204
新規投資機会 ………………………………… 161
人保険 ………………………………………… 146
信用リスク ………………………………… 22, 24
信頼水準 ………………………………………… 34

スクリーニング ……………………………… 180
スワップ ………………………………………… 92

生活協同組合法 ……………………… 201, 202
正規分布 ………………………………………… 16
正の完全相関 …………………………………… 83
生命価値 ………………………………………… 65
生命保険 ……………………………………… 144
生命保険協会 ………………………………… 202
生命保険契約者保護機構 …………………… 211
生命保険事業 ………………………………… 144
セーフティーネット ………………… 194, 210
責任準備金 …………………………………… 206
責任保険 ……………………………………… 144
ゼロリスク ……………………………………… 78
全国共済農業協同組合連合会 ……………… 202
全国共済水産業協同組合連合会 …………… 202
全国生活協同組合連合会 …………………… 202
全国大学生協共済生活協同組合連合会 …… 202
全国労働者共済生活協同組合連合会 ……… 202
全社的リスクマネジメント ……… 62, 225
全日本火災共済協同組合連合会 …………… 202
全部保険 …………………………… 103, 151
戦略的リスクマネジメント ………………… 231
全労済 ………………………………………… 202

相関係数 ………………………………………… 84
相互会社 ……………………………………… 201
増資 ……………………………………………… 75
双務有償契約性 ……………………………… 127
ソルベンシー・マージン比率 ……………… 214
ソルベンシーⅡ ……………………………… 217
ソルベンシー規制 …………………………… 214
損害保険 ……………………………………… 143
　──の通知義務 ………………………… 191
損害保険契約者保護機構 ………… 211, 212
損害保険事業 ………………………………… 144
損失：
　非金銭的── …………………………… 155

――回避 ………………………………… 78
　　――軽減 ………………………………… 64
　　――の期待値 …………………… 63, 70
　　――予防 ………………………………… 64

（た　行）

大学生協共済連 ……………………… 202
大数の法則 …………………………… 71, 222
多角化 …………………………………… 94
宝くじ …………………………………… 37
諾成契約 ………………………… 128, 140

超過保険 ……………………………… 103, 191

定額保険 ……………………………… 104, 145
典型契約 ……………………………… 145
塡補限度額 …………………………… 180

等級制度 ……………………………… 185
統合リスクマネジメント ……… 62, 225
投資家への公正利益 …………… 120, 122
投資家報酬付加保険料 ………… 121
トーア再保険株式会社 ………… 202
特別約款 ……………………………… 138
特別融資枠 …………………………… 93
特約再保険 …………………………… 75

（な　行）

内部補助 ……………………………… 177
内部リスク分散 …………………… 65

日火連 ………………………………… 202
日本共済協会 ……………………… 202
日本コープ共済生活協同組合連合会 … 202
日本再共済生活協同組合連合会 … 202
日本地震保険再保険株式会社 … 201
日本損害保険協会 ……………… 201
任意規定 ……………………………… 136
任意再保険 ………………………… 75
任意保険 …………………………… 146

農業協同組合法 ………………… 202
農水省 ……………………………… 202

（は　行）

破綻確率 …………………………… 162
バリュー・アット・リスク（VaR） … 29, 33

P&Iクラブ ………………………… 203

非営利組織 ……………………… 146
非営利保険 ……………………… 146
非金銭的損失 …………………… 155
非公開企業 ……………………… 158
ビットの世界 …………………… 142
被保険者 …………………………… 130
　　――の解除請求 ……………… 138
被保険利益 ……………………… 191
評価済保険 ………………… 195, 196
標準偏差 …………………………… 10
比例塡補方式 ……………………… 104

ファットテール ………………… 35
プーリングアレンジメント …… 71
不確実性：
　　結果の―― ……………………… 2
　　広義の―― ……………………… 4
　　狭義の―― ……………………… 4
　　――のコスト ………………… 54
賦課式保険 ………………… 141, 201
付加保険料 ……………………… 118
附合契約性 ……………………… 127
負債と資本の比率 …………… 162
普通保険約款 ………………… 138
不定額保険 ………………… 145, 191
不法行為責任 ………………… 144
不要式契約性 ………………… 128
プルデンシャル生命保険会社 … 201
プロフィット・ローディング … 122
分散 …………………………………… 10
　　――投資 ……………………… 159

ベーシスリスク ……………… 105, 197
ペット保険 ……………………… 146
ベルカーブ ………………………… 15

防災運動 ………………………… 65
ポートフォリオ ……………… 74
保険 ………………………………… 75
　　公営―― …………………… 201
　　再―― ………………………… 75
　　自家―― ……………………… 90
　　人―― ……………………… 146
　　生命―― …………………… 144
　　全部―― ………………… 103, 151
　　損害―― …………………… 143
　　強制―― ………………… 146, 178
　　超過―― ………………… 103, 191
　　定額―― ………………… 104, 145

任意――	146
非営利――	146
評価済――	195, 196
賦課式――	141, 201
不定額――	145, 191
ペット――	146
無――	103, 151
物――	146
労災――	25
――の自由化	210
――の目的物	146
保険価額	103
保険可能性	165
保険監督法	132, 194
保険給付の履行期	138, 194
保険供給	102
保険業法	145
保険金受取人	130
保険金額	103
保険金不払い	135
保険契約	125
――のコスト	91
保険契約者	130
――保護機構	135
保険契約法	132, 174
保険計理人	232
保険需要	102
保険商品の特殊性	101
保険数理	232
――によるリスクのプライシング	100
保険法	126, 132
保険約款	138, 193
保有	90
ボラティリティ	74

（ま　行）

マイクロ・インシュアランス	169
前払確定保険料式	140
μの世界	61
無裁定	233
無認可共済	202
無保険	103, 151
無リスク	3
免責	195
自殺――	191
元受保険者	75

モニタリング・コスト	109
物保険	146
モラルハザード	174, 183
モラルリスク	184

（や　行）

友愛組合	201
予想最大損失	29, 32
――額	66

（ら　行）

リーマンショック	35
リスク：	
価格――	22, 23
市場――	22
純粋――	22, 25
信用――	22, 24
ゼロ――	78
無――	3
モラル――	184
――の計量化	35
――の分類方法	22
――はコスト	52
リスク・エクスポージャ	32, 168
――・ユニット	32
リスク・シェアリング	188
リスク愛好型	3
リスク回避型	3
リスク回避度	154
リスクコスト	55
リスク中立型	3
リスクプレミアム	38, 40
リスク分散	70
グループ企業間による――	90
内部――	65
リスクマネージャ	62
リスクマネジメント：	
戦略的――	231
――・サービス	161
――と保険	230
――の目的	57
利用可能性	165
レバレッジ	162
ロイズ	171, 200
労災保険	25
労働組合	201

ロス・コントロール…………………………… 89
　——投資の最適水準 ………………………… 79
ロス・ファイナンス………………………… 90, 93
　——のコスト ………………………………… 93
ロングテール ………………………………… 114

(わ 行)

割引期待保険金コスト ……………………… 114
割引現在価値 …………………………… 112, 160

〈著者紹介〉

米山　高生（よねやま・たかう）

一橋大学名誉教授。法制審議会保険法部会審議委員，総務省独立行政法人評価委員会審議委員，文科省教科用図書選定審議会委員（商業科教科書）。金融庁「ソルベンシーマージンの算出等に関する懇談会」座長，同「保険の基本問題に関するWG」委員などを歴任。現在，総務省情報通信審議会委員，金融行政モニター委員（金融庁総務企画局参事）。

（著書・翻訳書）

ヘンリー・ハンズマン著，米山高生訳『企業所有論−組織の所有アプローチ』慶應義塾大学出版会、2019年。Robin Pearson and Takau Yoneyama eds., *Corporate forms and organizational choice in international insurance*, Oxford University Press, 2015. ドハーティ著，森平・米山監訳『統合リスクマネジメント』中央経済社、2012年。山下・米山編『保険法解説：生命保険・傷害疾病定額保険』有斐閣、2010年。『物語で読み解くリスクと保険入門』日本経済新聞出版社、2009年（単著）。ハリントン＝ニーハウス著，米山・箸方監訳『保険とリスクマネジメント』東洋経済新報社、2005年。『戦後生命保険システムの変革』同文舘出版、1997年（単著）。David Jenkins and Takau Yoneyama (ed.), *The History of Insurance*, 8 Vols, Pickering & Chatto, 2000. 他。

平成24年 4 月18日　初 版 発 行　　《検印省略》
令和 6 年 5 月30日　初版10刷発行　　略称：リスクと保険

リスクと保険の基礎理論

　著　者　　米　山　高　生
　発行者　　中　島　豊　彦

発行所　**同文舘出版株式会社**

東京都千代田区神田神保町1-41　〒101-0051
電話 営業 (03)3294-1801　編集 (03)3294-1803
振替 00100-8-42935　https://www.dobunkan.co.jp

©T. YONEYAMA　　　　　　　　　印刷・製本：萩原印刷
Printed in Japan 2012

ISBN 978-4-495-44081-7

JCOPY〈出版者著作権管理機構 委託出版物〉

本書の無断複製は著作権法上での例外を除き禁じられています。複製される場合は、そのつど事前に、出版者著作権管理機構（電話 03-5244-5088, FAX 03-5244-5089, e-mail: info@jcopy.or.jp）の許諾を得てください。